高等职业教育交通运输数字化系列规划教材

桥梁工程技术

李冬松　徐　刚　王　东　主编
　　　　霍君华　曹英浩　副主编

人民交通出版社股份有限公司
China Communications Press Co.,Ltd.

内 容 提 要

本书为高等职业教育交通运输数字化系列规划教材之一。本书共分11个学习项目，系统介绍了桥梁工程技术相关内容，主要包括桥梁基本概念以及总体设计，梁式桥、拱桥等常见桥型构造与施工技术等。

本书可供高职高专道路与桥梁工程技术、城市轨道交通工程技术等相关土木工程类专业学生选作教材使用，也可供相关工程技术人员参考使用。

本书配有二维码，读者可通过扫码查看相关视频、动画资源。教师可通过加入"职教路桥教学研讨群"（QQ:561416324）和"职教轨道教学研讨群"（QQ:129327355）进行教学交流与研讨。

图书在版编目(CIP)数据

桥梁工程技术 / 李冬松,徐刚,王东主编. —北京：人民交通出版社股份有限公司，2019.3
高等职业教育交通运输数字化系列规划教材
ISBN 978-7-114-14785-2

Ⅰ．①桥… Ⅱ．①李… ②徐… ③王… Ⅲ．①城市铁路—铁路桥—桥梁工程—高等学校—教材 Ⅳ．①U448.13

中国版本图书馆 CIP 数据核字(2018)第 121804 号

高等职业教育交通运输数字化系列规划教材

书　　名：	桥梁工程技术
著 作 者：	李冬松　徐　刚　王　东
责任编辑：	刘　倩
责任校对：	宿秀英
责任印制：	刘高彤
出版发行：	人民交通出版社股份有限公司
地　　址：	(100011)北京市朝阳区安定门外外馆斜街3号
网　　址：	http://www.ccpress.com.cn
销售电话：	(010)59757973
总 经 销：	人民交通出版社股份有限公司发行部
经　　销：	各地新华书店
印　　刷：	北京印匠彩色印刷有限公司
开　　本：	787×1092　1/16
印　　张：	14
字　　数：	323千
版　　次：	2019年3月　第1版
印　　次：	2020年12月　第2次印刷
书　　号：	ISBN 978-7-114-14785-2
定　　价：	42.00元

(有印刷、装订质量问题的图书由本公司负责调换)

编审委员会

主　任　王　彤
副主任　欧阳伟　顾　威
委　员　(按姓氏笔画排序)

于可鑫　于国锋　于忠涛　才西月
王力艳　王　东　王立争　王光远
车　媛　毛海涛　田　兴　朱芳芳
朱红斌　刘　波　杨晓林　李云峰
李冬松　李立军　李冲光　李俊丹
肖福星　迟长玉　张家宇　季成春
周　烨　孟祥竹　孟祥辉　赵同峰
赵旭东　赵国峰　哈　娜　徐义洪
徐　达　徐　刚　曹英浩　霍君华

联合建设单位：

辽宁省交通高等专科学校
中交路桥北方工程有限公司
中国铁路沈阳局集团有限公司
中铁四院集团岩土工程有限责任公司
辽宁五洲公路工程有限责任公司
辽宁省交通建设管理有限责任公司
辽宁省铁岭县交通局
沈阳市市政工程设计研究院
沈阳市苏家屯区公共资源交易管理办公室
沈阳市政集团有限公司
沈阳砼行建筑材料科技有限公司
沈阳振达公路工程有限公司

序

《国务院关于加快发展现代职业教育的决定》(国发〔2014〕19号)明确指出:"高等职业教育承担着优化高等教育结构和人力资源结构的重要使命"。2016年,辽宁省交通高等专科学校承担了教育部《高等职业教育创新发展行动计划(2015—2018年)》骨干专业建设任务,几年来,我校高等职业教育交通运输类专业始终坚持走内涵发展道路,密切产学研合作,形式以"设计勘察、预算招标、施工管理、现场检测、竣工验收"五个能力培养为核心,对交通产业转型升级,形成了"产教融合、同步升级、层级递进"的高职人才培养模式。对接职业岗位需求,构建"技能型岗位、技术型岗位、复合型岗位"三级递进的专业培养目标;对接岗位工作内容开发"基本素质课程、通用职业课程和岗位职业课程"三级递进课程体系;对接职业岗位技能设计"基本技能训练、专项技能训练和综合技能训练"三级递进实践教学体系;对接职业成长规律设计"基本素质教育、职业素质养成、社会能力培养"三级递进的素质教育过程。适应现代交通产业发展,培养复合式、创新型、发展型技术技能型人才的需要。

本套数字化教材是交通运输高等职业教育骨干专业的重要成果之一,是全体专业教师、一线工程技术人员共同的智慧和劳动成果。该教材实现了纸质教材与数字化资源的完美结合,具有以下特色:

(1)教材从岗位核心能力入手,突出专业化与岗位技术相适应,明确了人才的培养方向,更加适应高职技术教育改革的教学理念。

(2)教材注重学习者的认知逻辑和学习效能,从知识、技能的逻辑性入手,用浅显生动的语言描述配以丰富的资源展示,使学习者学习轻松、运用自如。

(3)教材与数字化资源配套使用,对教与学双向辅助,有效地保证学习者对资源的有效检索和运用,形成了以学习者为中心的教育形式。

（4）教材紧跟生产技术一线，符合行业标准和技术规范，融合新技术、新工艺，再现真实环境下的岗位核心技能，具有较强的实践指导性。

辽宁省交通高等专科学校校长

2018 年 4 月

前　言

随着我国经济快速发展，城市的交通压力和城市用地问题日益严峻，大力发展城市轨道交通工程能够缓解交通压力并提高出行效率。国内轨道交通工程投资巨大、建设周期长、专业技术性强、专业人才紧缺，给城市轨道交通工程技术专业的飞速发展带来了挑战。

本书是根据当代职业技术教育的特点，结合工程技术实际，针对高职高专学生的培养要求编写的。全书以工程常见的桥梁类型为主，重点介绍了轨道桥梁工程的结构特点与施工方法，对重要知识点，配合数字资源进行讲解。同时，注重学生技术能力的培养和综合素质的提高，按照"理论够用为度、注重实践技术技能培养"的原则编写，体现了职业教育教材的特色。

本书由辽宁省交通高等专科学校李冬松、徐刚，中铁四院集团岩土工程有限公司王东担任主编并统稿，参编人员有辽宁省交通高等专科学校曹英浩、霍君华、王光远、徐达。具体分工如下：李冬松编写项目一、项目二、项目三；徐刚编写项目四、项目五；曹英浩编写项目六；徐达编写项目七；王光远编写项目八、项目九；王东编写项目十；霍君华编写项目十一。

由于编者的学识水平和实践经验有限，书中难免存在不妥和错漏之处，敬请各位读者批评指正。

编　者

2018 年 6 月

目　录

项目一　绪论 ………………………………………………………………………… 1
　任务一　桥梁基本知识 …………………………………………………………… 1
　任务二　桥梁的设计程序与一般原则 …………………………………………… 10
　任务三　桥梁上的作用 …………………………………………………………… 13
　复习思考题 ………………………………………………………………………… 18

项目二　桥面布置与桥面构造 ……………………………………………………… 19
　任务一　有砟桥面与无砟桥面 …………………………………………………… 19
　任务二　桥面附属结构 …………………………………………………………… 23
　复习思考题 ………………………………………………………………………… 27

项目三　梁式桥的构造与设计 ……………………………………………………… 28
　任务一　梁式桥的分类 …………………………………………………………… 28
　任务二　钢筋混凝土简支梁桥的构造与设计 …………………………………… 31
　任务三　预应力混凝土连续梁桥 ………………………………………………… 42
　复习思考题 ………………………………………………………………………… 49

项目四　拱桥构造与设计 …………………………………………………………… 50
　任务一　拱桥组成及主要类型 …………………………………………………… 50
　任务二　主拱圈及拱上建筑的构造 ……………………………………………… 52
　任务三　拱桥的其他细部构造 …………………………………………………… 55
　任务四　拱桥上部结构设计 ……………………………………………………… 57
　复习思考题 ………………………………………………………………………… 61

项目五　其他体系桥梁 ……………………………………………………………… 62
　任务一　刚构桥 …………………………………………………………………… 62
　任务二　悬索桥 …………………………………………………………………… 63
　任务三　斜拉桥 …………………………………………………………………… 67
　复习思考题 ………………………………………………………………………… 71

项目六　桥梁支座 …………………………………………………………………… 72
　任务一　支座类型与构造 ………………………………………………………… 72
　任务二　支座设计 ………………………………………………………………… 79
　复习思考题 ………………………………………………………………………… 83

项目七　桥梁墩台与基础 …………………………………………………………… 84
　任务一　桥梁墩台的基本认知 …………………………………………………… 84

  任务二 桥墩 ·· 86
  任务三 桥台 ·· 90
  任务四 桥梁基础 ·· 94
  复习思考题 ·· 100
项目八 桥梁施工概述 ·· 101
  任务一 桥梁施工方法的分类及特点 ·· 101
  任务二 施工准备工作及桥位施工测量 ··· 106
  复习思考题 ·· 110
项目九 梁式桥上部结构施工 ··· 111
  任务一 简支梁的预制与架设 ·· 111
  任务二 连续梁现浇施工 ·· 128
  任务三 连续梁装配化施工 ··· 135
  复习思考题 ·· 141
项目十 拱桥上部结构施工 ·· 142
  任务一 拱桥就地浇筑施工 ··· 142
  任务二 拱桥的装配化施工 ··· 148
  任务三 拱桥的转体施工 ·· 157
  复习思考题 ·· 161
项目十一 桥梁下部施工 ·· 162
  任务一 明挖基础施工 ··· 162
  任务二 沉井基础施工 ··· 170
  任务三 桩基础施工 ·· 187
  任务四 桥梁墩台施工 ··· 200
  复习思考题 ·· 210
参考文献 ··· 211

项目一 绪 论

学习目标：

(1) 了解桥梁在交通工程中的地位和发展概况。
(2) 掌握桥梁荷载的种类。
(3) 熟练桥梁设计的一般原则和程序。

任务描述：

阐述桥梁在交通工程中的作用及其在社会经济和文化发展中的重要地位，介绍桥梁的组成、分类和结构体系以及荷载种类，叙述桥梁设计的一般原则和程序。

任务一 桥梁基本知识

一、桥梁概述

桥梁工程是土木工程的一个分支。"桥梁工程"一词通常有两层含义：一是指桥梁建筑的实体；二是指建造桥梁所需的科技知识，包括桥梁的基础理论和研究，以及桥梁的规划、设计、施工、运营、管理和养护维修等。

桥梁就是供车辆（汽车、列车等）和行人等跨越障碍（河流、山谷、海湾或其他线路等）的工程建筑物。简而言之，桥梁就是跨越障碍的通道。"跨越"一词，突出表现出桥梁不同于其他土木建筑物的结构特征。从线路（公路或铁路）的角度讲，桥梁就是线路在跨越上述障碍时的延伸部分或连接部分。

当原始人类尚不知如何造桥时，会利用自然界的物体，如天然倒下的树干（梁的雏形）、因自然地壳变化侵蚀而形成的拱状物（拱的雏形）、森林里攀缠悬挂的藤萝（索的雏形）等，来帮助他们跨越溪流、山涧和峡谷。人类的学习和创造能力，逐渐促使他们在遇到溪流山涧时自己动手建造简陋的桥梁，如碇步桥、圆木桥、踏板桥等。碇步桥可能是桥梁起源的标志，它是沿河道横向间断摆放的高出水面的一连串的石头，以便帮助人们在水流较小时踏石过河。将未经刨削加工的树干搭放在小溪两岸而成的桥，为圆木桥或独木桥。将稍长稍平坦的石板搁放在石堆上，就形成踏板桥。这些桥的共同特点是建桥材料不用加工，使用时间不长。等到人类能够聚族而居、拥有简单生产劳动工具的时候，桥梁也势必得到发展。

尽管对桥梁起源的考察还没有确切的结论，但可以确定的是，桥梁是随着历史的演进和社会的进步而逐渐发展起来的。综观近代历史,每当陆地交通运输工具(火车、汽车等)发生重大变化(这对桥梁在载重、跨度方面提出新的要求),每当工程材料(钢材、混凝土等)产生重大进步,便会推动桥梁工程技术的发展。桥梁发展到今天,其基本类型虽仍是梁桥、拱桥和悬索桥,但设计建造更加先进合理、建筑材料更加坚固耐用、结构形式更加丰富多彩、使用功能更加完备齐全。

在当今社会中,大力发展交通运输事业,建立四通八达的公路、铁路交通网,对促进交流、发展经济、提高国力具有非常重要的意义。在公路、铁路线路中,桥梁以及涵洞是其重要组成部分。从技术上讲,一座重要的特大跨度桥梁通常会集中体现出一个国家在工程设计、建筑材料和制造工艺等方面的水平。从经济上讲,一条线路中桥涵的造价通常要占到线路总造价的10%~20%(对山区公路和铁路,这一比值会更高,有时高达80%以上)。从美学上讲,桥梁不仅仅是满足实用要求的工程结构物,还常作为建筑艺术实体长久地存在于社会生活之中。那些工程宏大、结构造型雄伟壮观的大桥,往往成为一座城市的标志和骄傲。

我国幅员辽阔,大小山脉纵横,江河湖泊众多。随着社会主义市场经济的快速发展,需要大力加强基础设施(包括公路、铁路、地铁、轻轨等)建设,因而修建了大量的公路桥、铁路桥和城市桥。

二、桥梁组成与分类

1. 桥梁组成

桥梁组成部分的划分与桥梁结构体系有关,通常由以下几部分组成。

(1)上部结构

指桥梁位于支座以上的部分,包括桥跨结构和桥面构造两部分。前者指桥梁中直接承受桥上交通荷载的、架空的主体结构部分,后者指为保证桥跨结构能正常使用而需要建造的桥上各种附属结构或设施。桥跨结构的形式多样,对梁桥而言,其主体结构是梁;对拱桥而言,其主体结构是拱肋;对悬索桥而言,其主体结构是缆索。

(2)下部结构

指桥梁位于支座以下的部分,也称支承结构。它包括桥墩、桥台以及墩台的基础,是支撑上部结构、向下传递荷载的结构物。桥梁墩台的布置是与桥跨结构相对应的。桥台设在桥跨结构的两端,桥墩则分设在两桥台之间。桥台除起到支承和传力作用外,还起到与路堤衔接、防止路堤滑塌的作用。为此,通常需在桥台周围设置锥体护坡。墩台基础是承受由上至下的全部荷载(包括交通荷载和结构重力)并将其传递给地基的结构物,它通常埋入土层之中或建筑在基岩之上,时常需要在水中施工。

(3)承重结构

架空的主体结构与支承结构一起,组成承重结构。承重结构由梁、墩或柱、拱、塔、缆等构件组成,例如由梁、桥墩、桥台组成的梁桥,由塔、缆、锚碇组成的悬索桥等。承重结构承受荷载、跨越空间并支承在基础之上。承重结构的任何一部分破坏,结构就破坏;而附属结构的破坏,则不会导致结构的彻底破坏。

在桥跨结构与墩台之间,还需要设置支座,以连接桥跨结构与桥梁墩台,这是荷载由上部结构向下部结构传递的途径。

(4)附属结构或设施

指公路桥的行车道铺装,铁路桥的道砟、枕木、钢轨,伸缩装置,排水防水系统,人行道,安全带(护栏),路缘石,栏杆,照明等。

除此之外,根据具体情况,与桥梁配套建造的附属结构物可能还有挡土墙、护坡、导流堤、台阶扶梯、导航装置等。

为便于读者理解,现结合图1-1,对桥梁工程中常用的专有名词和技术术语简要说明如下:

(1)主桥与引桥

对规模较大的桥梁工程,通常包含主桥(也称正桥)与引桥两部分。正桥指桥梁跨越主要障碍物(如通航河道)的结构部分。一般来说,正桥采用跨越能力较大的结构体系,需要深基础,是整个桥梁工程中的重点。引桥指连接正桥和路的桥梁区段,其跨度一般较小,基础一般较浅。在正桥和引桥的分界处,有时还会设置桥头建筑(桥头堡)。

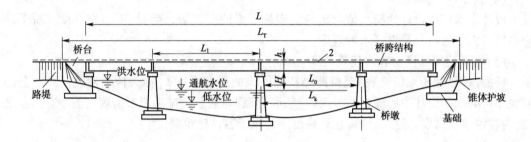

图1-1 简支桥梁基本组成

(2)跨度

也称为跨径,表示桥梁的跨越能力。对多跨桥梁,最大跨度称为主跨。一般而言,跨度是表征桥梁技术水平的重要指标。桥跨结构相邻两支座间的距离 L_1,称为计算跨径。桥梁结构的分析计算以计算跨径为准。对梁式桥,设计洪水位线上相邻两桥墩(或桥台)间的水平净距 L_0,称为桥梁的净跨径。各孔净跨径之和,称为总跨径,它反映出桥位处泄洪能力的大小。

对公路梁桥,把两桥墩中线间距离或桥墩中线与台背前缘的间距,称为标准跨径 L_k(也称为单孔跨径)。当跨径在50m以下时,通常采用标准跨径(从0.75m至50m,共21级,常用者为10m、16m、20m、40m等)设计。对铁路梁桥,则以计算跨径作为标准跨径(从4m至168m,共18级,常用者为20m、24m、32m、48m、64m、96m等)。采用标准跨径设计,有利于桥梁制造和施工的机械化,也有利于桥梁养护维修和战备需要。

(3)桥长

对梁桥,两桥台侧墙或八字墙尾端之间的距离 L_T,可称为桥梁全长,它标志着桥梁工程的长度规模。两桥台台背前缘(对铁路桥,指桥台挡砟前墙)之间的距离 L,可称为多孔跨径总长(公路)或桥梁总长(铁路),它仅作为划分特大桥、大桥、中桥、小桥和涵洞的一个指标,如表1-1所示。

桥梁涵洞按跨径分类 表1-1

桥涵类别	公 路 桥 涵		铁路桥涵
	多孔跨径总长 L(m)	单孔跨径 L_k(m)	桥长 L(m)
特大桥	$L>1000$	$L_k>150$	$L>500$
大桥	$100 \leqslant L \leqslant 1000$	$40 \leqslant L_k \leqslant 150$	$100<L \leqslant 500$
中桥	$30<L<100$	$20 \leqslant L_k<40$	$20<L \leqslant 100$
小桥	$8 \leqslant L \leqslant 30$	$5 \leqslant L_k<20$	$L \leqslant 20$
涵洞	—	$L_k<5$	—

注：1. 单孔跨径系指标准跨径。
2. 梁式桥、板式桥的多孔跨径总长为多孔标准跨径的总长；拱式桥为两端桥台内起拱线间的距离；其他形式桥梁为桥面系车道长度。
3. 管涵及箱涵不论管径或孔径大小、孔数多少，均称为涵洞。
4. 标准跨径：梁式桥、板式桥以两桥墩中线间距离或桥墩中线与台背前缘间距为准；拱式桥和涵洞以净跨径为准。

(4) 桥下净空高度

设计洪水位或设计通航水位对桥跨结构最下缘的高差 H，称为桥下净空高度。桥下净空高度应大于通航及排洪要求的规定。

(5) 桥梁建筑高度与容许建筑高度

桥面(或铁路桥梁的轨底)至桥跨结构最下缘的垂直高度 h，称为桥梁建筑高度。公路或铁路桥梁线路设计中所确定的桥面(或轨底)高程与通航及排洪要求所规定的净空高度之差，为容许建筑高度。显然，桥梁建筑高度不得大于容许建筑高度。

2. 桥梁分类

桥梁有各种不同的分类方式，每一种分类方式均反映出桥梁在某一方面的特征。比如，可以按工程规模划分，有特大桥、大桥、中桥、小桥等，如表1-1所示。

按桥梁用途划分，有铁路桥、公路桥、公铁两用桥、人行桥等。铁路桥专供铁路列车行驶，桥的宽度和跨度有限，其所承受的车辆活载相对较大。由于铁路迂回运输不易实现，铁路桥必须结实耐用且易于修复。与铁路桥相比，公路桥的车辆活载相对较小，桥的宽度和跨度相对较大。通常，除高速公(铁)路上的桥梁外，其他公路桥梁均具备行人过桥的通道。公铁两用桥，指同时承受公路和铁路车辆荷载的桥。我国长江上的主要特大桥(如武汉、南京、九江、芜湖等地的长江大桥)以及黄河上的郑州公铁两用特大桥都是如此。一般认为：由于桥的墩台和基础可以共用，在费用增加不多的情况下可以考虑将公路、铁路桥合建。人行桥，指专供行人(有时包括非机动车)使用的桥，它跨越城市繁忙街道处(也称天桥)或市区内河流或封闭的高速公路，为行人提供方便。

按桥跨结构所用的材料来划分，有钢桥、钢筋混凝土桥、预应力混凝土桥、结合梁桥，以及用砖、石、素混凝土块等砌体材料(习惯称圬工)建造的拱桥和木桥等。由于钢材具有匀质性好、强度高、自重小等优点，钢桥具有较大的跨越能力，在跨度上处于领先地位。在我国，传统的铁路桥采用钢桥(钢板梁桥、钢桁梁桥等)较多，但是，近年来随着经济的发展和大跨度公路悬索桥和斜拉桥的应用，公路桥采用钢桥也越来越多。钢筋混凝土桥和预应力混凝土桥的建造费用较少，养护维修方便，是目前应用最为广泛的桥梁，在中、小跨度内已逐步取代钢桥，在大跨度范围内也具有较强的竞争力。钢与混凝土形成的结合梁桥(有时也称叠合梁桥),主要指钢梁与钢筋混凝土桥面板组合形成的梁桥或钢与混凝土组成的加劲梁桥。圬工桥主要指石拱桥,其取材方便、构造简单,适用于跨度不大、取材方便的山区拱桥。出于保护环境和可持续发展的考虑,除临时性桥梁和林区桥梁外,一般不采用木桥,因此,木桥的设计和施工一般不包含在桥梁工程中。在历史上,还曾先后采用过铸铁和锻铁作为建桥材料,在结构钢出现之后,这类桥梁就退出了历史舞台。

按结构体系(结构受力特征及立面形状)划分,主要有梁桥、拱桥、悬索桥三种基本体系,以及由两种或两种以上的基本体系组合,或一种基本体系与梁、塔、斜索等构件形成的组合体系梁桥,如图1-2i)所示的斜拉桥和图1-2j)所示的系杆拱桥。

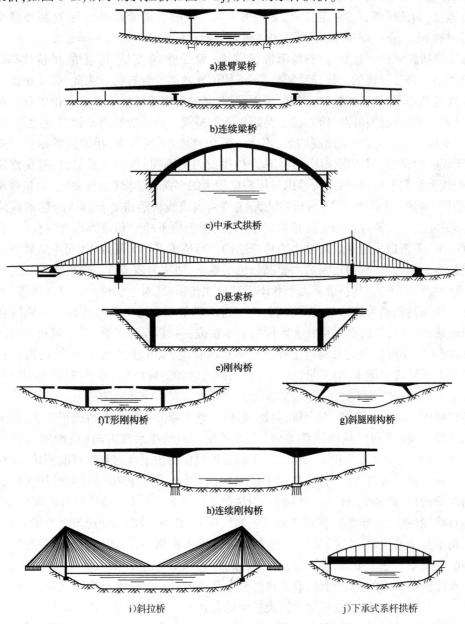

图1-2 桥梁结构体系分类示意

按桥跨结构与桥面的相对位置划分,有上承式、下承式和中承式桥。对梁桥和拱桥,桥面布置在桥跨结构上面的,称为上承式桥;相应地,布置在下面的称为下承式桥[图1-2j)],布置在中间的称为中承式桥[图1-2c)]。桥面位置的选择与容许建筑高度和实际需要有关。上承式桥被广泛采用,适用于容许建筑高度较大的情况,其特点是上部结构的宽度较小、墩台的材料用量有所节省、桥面视野开阔等。在容许建筑高度很小、布置上承式桥困难时,可采用下承式桥。由于桥跨结构在桥面之上且需要满足桥面净空的要求,故下承式桥结构横向宽度相对较大,墩台尺寸也相应有所增加。有时因地形限制或结构造型需要,把桥面布置在桥跨结构高度的中间部位,形成中承式桥。因承重结构有一部分位于桥面之上,占用了桥面宽度,为使桥面宽度满足要求,必须加宽两片拱肋或桁梁的中心距,这将使横梁跨度增加,用料偏多。在一座桥中,桥跨结构与桥面的相对位置也可以有不同形式。

按桥梁所跨越的对象划分,有跨河桥、跨谷桥、跨线桥、立交桥、地道桥、旱桥、跨海桥等。大部分桥梁是跨越河流的。修建跨河桥,不可使河流功能受到损害。为此,必须遵循桥涵勘测设计规范的要求,使桥的孔径、跨度、桥面高程、基础埋深等既能保证桥在排洪和通航时的安全,又不妨碍河流的功能。跨谷桥指跨越谷地的桥梁。谷地的特点是地形变化大、地质变化大、水流变化大,谷底至桥面高差大,不适于采用跨度小、跨数多、桥墩高的结构形式。通常,对于较窄的河谷,可考虑采用一跨结构(如拱或斜腿刚构)作为正桥越过,避免修建高桥墩;对于较为开阔平坦的河谷,可考虑采用跨度较大的多跨连续梁(刚构)桥。直接跨越其他线路(公路、铁路、城市道路等)的桥称为跨线桥。当跨线桥还需要与其所跨越的线路互通时,就形成立交桥。跨线桥和立交桥多建于城区,由于桥下净空和桥面高程的要求,容许建筑高度有限,需考虑采用建筑高度小的桥跨结构。当桥梁采用下降方式(而不是架空方式),从被跨越线路的下方穿过时,因其主要部分位于地下,便称为地道桥。旱桥指建在无水地面的桥,其跨度一般不大,其桥墩截面形状不需适应水流需要,对于引桥的不过水区段,有时用此名称。跨海桥泛指跨越海峡、海湾或为连接近海岛屿而在海上建造的桥。在通航频繁的狭窄海峡或海上航道处,多采用特大跨度的悬索桥或斜拉桥作为正桥;对水域相对宽阔的海面,引桥可采用多跨的预应力混凝土梁。跨海桥的长度,从几千米到几十千米,需在自然条件复杂的海洋环境中施工,对质量(尤其对材料耐久性和防腐蚀)的要求高,应采用以大吨位预制浮运架设为主的施工方法,尽量减少海上作业量及对海洋环境的影响。

按桥梁的平面形状划分,有直桥、斜桥、弯桥。绝大部分桥梁为直桥或正交桥,其纵轴线方向同水流方向(或所跨越的线路方向)基本正交。斜桥指水流方向(或所跨越的线路方向)同桥的纵轴线不呈直角相交的桥。由于斜桥所提供的桥下净空有效宽度相比直桥要小,为提供同样的桥下有效宽度,斜桥的跨度就需加大,因此,不宜使桥梁斜交过甚。在水平面上呈曲线状的桥,就称为弯桥或曲线桥。当桥位于线路的曲线区段时,若桥的跨度小,可以用多跨直线梁(按折线布置),仅让桥面适应曲线要求;若跨度较大,便应改变桥梁的形状,使桥跨结构本身呈曲线形状。需要注意的是,由于曲率的影响,曲线连续箱梁桥易发生工程病害,因此,在设计和施工中都应给予足够的重视,以确保桥梁的安全。

按预计使用时间的长短划分,有永久性桥梁和临时性桥梁。永久性桥梁指用钢材、混凝土、石材等耐久材料所修建的桥梁。这类桥梁的设计和施工应该遵照适用的规范要求,达到经济合理的目标,期望的使用寿命在100年左右。临时性桥梁也称为便桥,指为了使线路早日开通,对使用寿命不作长久打算的桥。其材料可用木材、钢材和制式设备(如万能杆件等),孔径和跨度可以不考虑洪水影响。当造桥物资不充足时,还可以对桥上的行车提出一些限制。

绝大部分桥梁在建成后不可移动,称为固定式桥梁。在特殊情况下,为同时满足线路高程要求和河流通航要求,也修建开启桥或活动桥。开启桥指一部分桥跨结构(通常为钢梁)可以提升或转动(平转或竖转)的桥,而升高或转动的目的则是为了让桥下可通过较高的船舶。与固定式桥梁相比,开启桥的建造费用可以节省,但其交通量将受限制,维修管理费用也较高。

为军事目的而修建的桥,称为军用桥。军事上常用的临时性桥梁之一就是贝雷桥,其由桁架组成,拆装简便,运输方便,承载力大;另一种就是浮桥或舟桥,其用船或浮箱代替桥墩,浮在水面上。

伴随着城市交通的发展,也需要修建高架桥或高架路,其主要目的是让线路高出于地面,从而保持线路畅通或增加其通行能力。在山区修建高架桥,主要目的则是为了保护森林植被,减少对自然环境的破坏。高架桥也指跨越深谷或宽谷的高桥。

在码头上用于沟通河岸与轮船,以装卸货物或上下旅客的通道,称为栈桥。栈桥采用桩和梁作为承重结构,因其与古代栈道相似而得名。在桥梁施工中,为在河岸与水中桥墩之间建立通道,往往也搭建临时性栈桥。

专为输水而修建的架空渠道称为渡槽或水道桥,而为输送天然气、煤气、自来水、电力等而建造的桥,统称为管线桥。连接运河的桥称为运河桥,桥上可行船,如2003年10月建成的德国马格德堡水桥。

当然,除了以上的分类方法以外,还可以根据桥梁的突出构造特点进行命名和分类,这里不再一一列举。

三、桥梁结构体系

按结构体系及其受力特点,桥梁可划分为梁、拱、索三种基本体系和由基本体系组成的组合体系。不同的结构体系具有不同的结构形式和受力特点。

1. 梁桥

梁桥是古老的结构体系之一。梁作为承重结构,主要是以其抗弯能力来承受荷载的。在竖向荷载作用下,其支承反力也是竖直的;简支的梁部结构只受弯、剪,不承受轴向力。

常用的简支梁其跨越能力有限,跨度通常不超过40m,因此,悬臂梁[图1-2a)]和连续梁[图1-2b)]得到发展。它们都是利用增加中间支撑以减少跨中正弯矩,更合理地利用材料和分配内力,加大跨越能力。悬臂梁采用铰接或一简支跨(称为挂孔)来连接其两个端头,其为静定结构,受力明确,计算简便。悬臂梁因其结构变形、在连接处不连续而对行车和桥面养护产生不利影响,近年来已很少采用。连续梁因桥跨结构连续,克服了悬臂梁的不足,是目前采用得较多的梁式桥型。

梁桥分实腹式和空腹式。实腹梁的横截面形式多为T形、I形和箱形等,空腹梁主要指桁架式桥跨结构。梁的高度和截面尺寸可在桥长方向保持一致或随之变化。对中小跨度的实腹梁桥,常采用等高度T形梁(混凝土)或I形梁(钢);跨度较大时,可采用变高度(在中间支承处增大梁高)的箱形截面预应力混凝土连续梁(刚构)桥或钢桁架梁,并配合悬臂方法施工。

2. 拱桥

拱桥[图1-2c)]的主要承重结构是具有曲线外形的拱圈。在竖向荷载作用下,拱圈主要承受轴向压力,但也受弯、受剪。拱趾处的支承反力除了竖向反力外,还有较大的水平推力。

根据拱的受力特点,多采用抗压能力较强且经济合算的砌体材料(石材等)和钢筋混凝土来修建拱桥;因拱是有推力的结构,对地基的要求较高,故一般宜建于地基良好之处。按照静力学划分,拱分成单铰拱、双铰拱、三铰拱和无铰拱。因铰的构造较为复杂,一般常采用无铰拱体系。

随着施工方法的进步,除了传统的满堂支架或拱架施工方法外,现可采用悬臂施工、转体施工、劲性骨架施工等无支架施工新技术,这对拱桥在更大跨度范围内的应用,起到了重要的促进作用。

3. 悬索桥

悬索桥主要由缆(又称索)、塔、锚碇、加劲梁等组成,如图1-2d)所示。对跨度较小(如小于300m)、活载较大且加劲梁较刚劲的悬索桥,可以视其为缆与梁的组合体系。但大跨度悬索桥的主要承重结构为缆,组合体系的效应可以忽略。在竖向荷载作用下,其悬索受拉,锚碇处会承受较大的竖向(向上)和水平(向河心)力。悬索通常用高强度钢丝制成圆形大缆,加劲梁多采用钢桁架梁或扁平箱梁,桥塔可采用钢筋混凝土或钢。因缆的抗拉性能得以充分发挥且其尺寸基本上不受限制,故悬索桥的跨越能力一直在各种桥型中名列前茅。不过,由于结构较柔,悬索桥较难满足当代铁路桥的要求。

修建跨度相对较小(通常不大于300m)的悬索桥,当两岸用地受到限制而无法布置锚碇时,出于景观需要可采用自锚式悬索桥。其特点是:将大缆的两端固定在加劲梁的两端,省略了大尺寸的锚碇,但导致了梁的材料用量的增加,也增加了施工难度。

4. 组合体系

组合体系桥指承重结构采用两种基本体系,或一种基本体系与某些构件(梁、塔、柱、斜索等)组合在一起的桥。在两种结构体系中,梁经常是其中一种,与梁组合的,则可以是柱、拱、缆或塔、斜索。具有代表性的组合体系有以下几种。

(1)刚构桥

刚构桥是梁与立柱(或称为墩柱)的组合体系。刚构桥中的梁与立柱刚性连接,形成刚构,如图1-2e)所示。其主要特点是:立柱具有相当的抗弯刚度,故可有效分担梁部跨中正弯矩,达到降低梁高、增大桥下净空的目的。在竖向荷载作用下,主梁与立柱的连接处会产生负弯矩;主梁、立柱承受弯矩,也承受轴力和剪力;柱底约束处既有竖直反力,也有水平反力。刚构桥多采用立柱直立的、单跨或多跨的门形框架,柱底约束可以是铰接或固结。钢筋混凝土刚构桥适用于中小跨度的、建筑高度要求较严的城市或公路跨线桥。

立柱斜向布置的刚构桥称为斜腿刚构桥,如图1-2g)所示,其受力特点与刚构桥大致相同。在竖向荷载作用下,斜腿以承压为主,两斜腿之间的梁部受到一定的轴向力。斜腿底部可采用铰接或固结形式,并受到较大的水平推力。对跨越深沟峡谷、两侧地形不宜建造直立式墩柱的情况,斜腿刚构桥表现出其独特之处。另外,墩柱在立面上呈V形并与梁部固结的桥梁,称为V形刚构桥,其在受力上具有连续梁和斜腿刚构的特点。由于V形支撑的作用,支点负弯矩及梁高可适当减小,跨度可适当加大,外形也较美观。

(2)T形刚构桥和连续刚构桥

随着预应力技术和悬臂施工方法的发展,具有刚构形式和特点的桥梁可用于跨径更大的情况,如T形刚构桥[图1-2f)]。预应力混凝土T形刚构桥是因悬臂施工方法的发展而衍生出来的一种桥型。其桥墩的尺寸及刚度较大,墩顶与梁部固结,墩底与基础固结,仍在跨中设铰或挂孔来连接相邻两T形刚构。它融合了悬臂梁桥和刚构桥的部分特点:因是静定结构,能减少次内力,简化主梁配筋;T形刚构有利于对称悬臂施工,但粗大的桥墩因承受较大弯矩而费料;桥面线形不连续而影响行车。目前,已很少采用这种桥型。

在连续梁桥的基础上,把主跨内较柔细的桥墩与梁部固结起来,就形成所谓的连续刚构桥,如图1-2h)所示。其特点是:桥墩(为单墩或双薄壁墩)较为纤细,以承受轴向压力(而不是弯矩)为主,表现出柔性墩的特性,这就使得梁部受力仍然体现出连续梁的受力特点(主跨梁部仅受到较小轴向力作用)。这种桥型除保持了连续梁的受力优点外,还节省了大型支座的费用,减少了桥墩及基础的工程量,改善了结构在水平荷载下的受力性能,有利于简化施工工序,适用于需要布置大跨、高墩的桥位。近年来,预应力混凝土连续刚构体系在桥梁工程中的应用越来越普遍,公路桥的跨度已超过300m。

为突出结构造型上的不同,将T形刚构桥和连续刚构桥划归为组合体系。但从主要受力特点上看,T形刚构桥和连续刚构桥仍主要表现出梁的受力特点。字面上,"刚构"一词可以理解为墩梁刚性连接形成的桥跨结构。

(3)梁、拱组合体系

梁、拱组合体系同时具备梁的受弯和拱的承压特点。组合形式可以是刚性拱及柔性拉杆(称为系杆拱),也可以是柔性拱及刚性梁,见图1-2j)。这类结构的主要优点是:利用梁部受拉(若是混凝土梁部则对其施加预应力)来承受和抵消拱在竖向荷载下产生的水平推力。这样,桥跨结构既具有拱的外形和承压特点,但又不存在大的水平推力,可在一般地基条件下修建。相对而言,梁、拱组合体系的施工较为复杂。

(4)斜拉桥

斜拉桥是梁与塔、斜索组成的组合体系,结构形式多样,造型优美壮观,见图1-2i)。在竖向荷载作用下,梁以受弯为主,塔以受压为主,斜索则承受拉力。梁体被斜索多点扣住,表现出弹性支承连续梁的特点。这样,梁所承受的恒载弯矩减小,梁高可以降低,结构自重可以减轻,跨度可以增加,塔和斜索的材料性能也能得到较充分地发挥。因此,斜拉桥的跨越能力仅次于悬索桥。

(5)其他组合体系

其他组合体系主要包括斜拉体系(塔及斜索)与梁、拱、索的组合。

①矮塔、斜索与变截面预应力混凝土连续梁或连续刚构形成的组合体系,国内称为矮塔斜拉桥或部分斜拉桥。这种桥型将原来置于梁体内的一部分预应力钢筋外置,以便提高预应力效率;外形上与斜拉桥相近,但受力上介于传统梁桥和斜拉桥之间。典型的桥例有:瑞士的甘特桥(主跨174m,1980年)、中国的柳州三门江桥(主跨160m)。斜拉体系也可与大

跨度钢桁架梁组合,在这种体系中,主要承重结构是钢桁架梁,斜拉体系只起到辅助施工和分担荷载的"加劲"作用,如芜湖长江大桥。

②斜拉体系与拱的组合,形成斜拉拱桥。在这种桥型中,将斜索下端锚于桥面以分担荷载,如马来西亚的 SeriSaujana 桥(主跨300m,2002年)。

③将斜索布置在悬索桥桥塔两侧,形成斜拉—悬索组合体系。这一桥型现主要用于悬索桥加固,也曾在一些跨海峡特大桥(如直布罗陀大桥、印度尼西亚的爪哇—巴厘桥等)中使用。

对结构体系的分类,目前还没有固定的分类方法(例如,悬索桥和斜拉桥可划分为缆索承重桥一类),上述分类也不可能包容式样繁多的桥型。需要强调的是,仅仅对桥梁的结构体系有所了解,还远不能完全把握住桥梁的力学特点。在结构体系选择时,还需要对与结构体系相适应的建桥材料、结构横截面形状及布置(多主梁,或箱梁,或桁架梁)、结构的横向和立面布置(如斜拉桥的塔及索面的布置和造型)、重要构造细节(如预应力配筋方式、节点处理)、施工方法(如浮运、顶推、悬臂施工)等进行比较、分析和选择。这样,才能设计建造出受力合理、经济效益好的桥梁。

任务二　桥梁的设计程序与一般原则

一、桥梁设计程序

1. 基本程序

大型桥梁的设计工作可分为前期工作和设计两个阶段。前期工作包括编制预可行性研究报告和可行性研究报告;设计阶段按"三阶段设计"进行,即初步设计、技术设计与施工设计(也称施工图设计),对常规桥梁,通常采取两阶段(初步设计、施工设计)设计。各个阶段都有各自需要包含的内容和深度,以及要达到的目的和需解决的问题。各阶段设计文件完成后的上报和审批都由国家指定的主管部门(或建设单位)办理。批准后的文件就是各建设程序进行的依据,也是下一阶段设计文件编制的依据。

一座桥梁的建设程序包括几个阶段:审批项目建议书,进行工程立项;审批可行性研究报告,确定设计任务书;在初步设计基础上形成招标文件并进行工程施工设计招投标;工程施工等。

2. 可行性研究

桥梁建设的前期工作包括预可行性研究报告与可行性研究报告。两者应包括的内容及目的基本是一致的,只是研究的深度不同。这部分工作有时也称为桥梁规划设计。预可行性研究报告是在工程可行的基础上,着重研究工程必要性和经济合理性;可行性研究报告则是在预可行性研究报告审批后,着重研究工程上和投资上的可行性。前期工作的重点在于论证建桥的必要性和可行性,并确定建桥的地点、规模、标准、投资控制等一系列宏观和重大的问题,为科学地进行项目决策提供依据,避免盲目性及其他不良后果。

桥梁的必要性主要论证是否需要建桥的问题,评估建议修建的桥梁工程在国民经济和交通工程中的作用。铁路桥梁一般不做单独的必要性研究。桥梁的可行性论证包括工程可行性和经济可行性两部分:工程可行性需要基本确定桥梁设计标准、桥位、桥式等技术问题,而经济可行性则需解决工程投资、资金筹措等问题。一座桥梁的工程可行性论证涉及的因素很多,只有通过充分的调查研究,通过全面的权衡分析,才能得出合理的设计方案和参数,提出符合实际的设计任务书。因此,在进行桥梁工程可行性论证时,需要进行相关的勘测和调查工作。

(1)桥梁标准的制定

首先,需调查研究桥上可能通行的交通种类和它们的要求(如是否有等级以外的特殊荷载,桥上是否需要铺设附属设备等),预测交通量和今后可能发生的增长率,由此确定线路等级;其次,要确定容许车速、桥梁纵坡和曲线半径等;此外,还要确定航运标准、航运水位、航运净空、船舶吨位以及要求的航道数量及位置等。

(2)桥位选择

一般而言,桥位的选择在大方向上应服从桥梁所在线路的走向,在大范围内服从路网规划的要求,在小范围内,桥位可作适当移动。从线路的观点来看,既要降低桥梁的建筑和养护费用,也要避免或减少因车辆绕道而增加投资和运输费用;从桥梁的观点出发,应尽可能把桥位选择在河道顺直、河槽固定、水流平稳、河面较窄、地质良好、河床冲淤变化较小、可基本正交跨越的河段,以降低工程造价,保证工程结构的安全性和稳定性。因此,对重要的或在经济上影响较大的桥梁,其桥位选择应通过综合比较后确定。

在确定桥位时,还需要对其他因素(如通航条件、地质条件、水文条件、建桥与周边环境的关系等)进行比较。一般需要提交2~3个桥位方案,以便进行多指标多方面的综合比较,从中选择出合理桥位。

(3)桥式方案比较

在可行性研究报告阶段进行桥式方案比较的目的,仅在于评估方案的技术可行性,特别是基础工程的可行性,而不是为了提出某一推荐方案。为此,应该采取比较成熟的方案以提高评估的可信性。在编制桥式方案时,应当根据水文、地质及航运条件,研究正桥、引桥长度及跨度,并以各种结构形式及不同材料的上部结构进行对比,研究它们的可行性,并提供各个方案的工程量。以工程量适当偏高、技术先进并且可行的方案作为一个桥位的桥式参选方案。

(4)调查工作

上述几项工作应在实地调查的基础上进行,调查工作包括:

①地形测量。为调查自然条件及周围环境而进行的勘测工作称为草测。一般需要根据1/10000地形图,进行纸上定线,在实地桥位两岸设点,用测距仪测得跨河距离加以校正,并进行现场核查。

②地质勘探。该阶段的地质工作以收集资料为主,辅以在两岸适当布置钻孔进行验证。重点要探明覆盖层的性质、岩面高低、岩性及构造,有无大的断层等,并从地质角度对各桥位做出初步评价。

③水文资料。为确定桥梁的建筑高度、跨径、基础埋置深度等,需要调查和测量河流的水文情况,包括:设计流量,历史最高、最低水位,百年一遇洪水位,常水位情况及流速等资料。

1-河槽演变

④外部条件。调查、了解其他与建桥有关的情况,包括:当地的砂、石、水、电等的供应情况,当地及附近的运输条件,施工场地的征用(是否占用农田、有无需要拆迁的建筑物等),有无文物、古迹或不能拆迁的建筑物,桥梁高度是否在机场航空净空范围以内,附近有无码头、过江电缆、航运锚地等。以上均属要调查清楚的外部条件,对涉及的问题都必须妥善加以处理。

3. 初步设计

在桥梁可行性研究报告的基础上,经主管建设部门审查通过,就可确定一座桥梁工程的建设项目并编制设计任务书。设计任务书是初步设计的依据。在初步设计阶段,设计单位应根据设计任务书中所确定的桥位、荷载等级、各项技术要求,按照桥梁设计原则,进行桥梁的方案设计,包括拟定结构形式(桥型、体系、孔径等)及其主要构造尺寸,提出施工方案,估算经济指标(如工程概算、主要建筑材料数量)等。

初步设计的目的是,在设计任务书的技术范围内提交一份供比选的建桥项目文件。通过初步设计,达到以下目的:

(1)说明本桥梁工程的特点和要求。
(2)提出若干可行的比较方案。
(3)推荐准备采用的较好方案。
(4)估算实现推荐方案所需的费用、工期、技术措施等。

初步设计的内容主要包括:

(1)设计任务的来源和要求。
(2)桥址处自然条件的基本资料。
(3)技术条件的选定。
(4)桥位方案的比选,上下部结构方案的研究、比较和确定。
(5)推荐方案及其理由。
(6)推荐方案的指导性施工组织,包括施工方法、进度安排、场地布置、主要机具、材料和劳力配置等。

4. 技术设计

对常规桥梁,通常不需要进行技术设计而直接进行施工设计(铁路桥梁的跨度和梁长有统一的规定,采用统一的尺寸,便于工厂成批生产和运营中更换);对新型、复杂、重要、大型的桥梁结构,通过技术设计便于发现可能存在的问题,进一步优化设计。技术设计的主要内容是对选定的桥式方案中的各个结构总体的、细部的技术问题进一步研究解决,包括结构断面、配筋、构造细节处理、材料清单及工程量等。

5. 施工设计

施工设计需按照已批准的技术设计进行。可以由原编制技术设计的单位继续进行,也可以由中标的施工单位进行,内容包括结构设计计算、绘制能让施工人员按图施工的施工详图等。绘制施工详图过程中,对断面不宜做大的变动,但对细节处理及配筋,特别是钢筋布置则允许作适当变动。

铁路桥涵建筑物数量很多,为了减少计算和绘图工作量,加快设计进度,提高设计质量,并便于统一加工制造、互换使用,有关部门对各种桥涵建筑物进行了标准设计,汇编成册,供具体设计时选用,这种图册称为标准设计图或定型图。铁路标准设计分为标准图、通用图及参考图三种。具体为：
(1)对统一性强、涉及面广、重复使用量大、全路通用的建筑物,编制标准图。
(2)对重复使用量大,但使用条件有一定局限性、地区性的设计,编制通用图。
(3)对有重复使用价值的个别设计、图表等,编制参考图。

二、城市轨道桥梁设计的基本原则

(1)结构构件的内力,按弹性受力阶段计算。
(2)预应力混凝土桥梁结构,应按《铁路桥涵设计规范》(TB 10002—2017)规定验算其强度、抗裂性、稳定性、应力及变形。
(3)计算预应力混凝土连续梁内力时,应考虑温差、基础不均匀沉降以及由于混凝土收缩徐变和预应力所引起的二次力。计算二次力时,尚应考虑体系转换的影响。
(4)结构应满足《铁路桥涵设计规范》(TB 10002—2017)要求的最小配筋率和最大裂缝宽度的要求。
(5)箱梁应考虑抗扭计算。
(6)墩顶允许位移除满足行车安全及桥梁自身的受力外,还应结合轨道结构形式做具体分析,以保证轨道结构的正常使用。
(7)计算桥墩内力时,应特别注意考虑无缝线路引起的墩顶水平力。
(8)墩台自身应验算强度、纵向弯曲稳定、墩顶弹性水平位移。
(9)墩顶弹性水平位移、顶帽尺寸及构造要求,暂执行《铁路桥涵设计规范》(TB 10002—2017)的规定。
(10)桩基设计考虑土的弹性抗力,可按"K法"或"m法"计算。
(11)摩擦桩设计,按土的阻力验算桩的承载力,按材料强度验算混凝土及钢筋应力,验算桩身开裂程度。
(12)基础的允许沉降量,应满足列车安全运营和乘客舒适度的要求,并控制在轨道结构允许变形的范围之内。

任务三 桥梁上的作用

桥梁上的作用,包括主力、附加力和特殊荷载。主力分为恒载和活载两种,轨道桥梁上的作用见表1-2。在桥涵设计时,应就其可能的最不利组合情况进行计算。

桥涵荷载 表1-2

荷载类别		荷载名称
主力	恒载	结构构件及附属设备自重、预加力、混凝土收缩和徐变的影响、土压力、静水压力及水浮力、基础变位的影响
	活载	列车竖向静活载、公路(城市道路)活载、列车竖向动力作用、离心力、横向摇摆力、活载土压力、人行道人行荷载、气动力

续上表

荷载类别	荷载名称
附加力	制动力或牵引力、支座摩阻力、风力、流水压力、冰压力、温度变化的作用、冻胀力、波浪力
特殊荷载	列车脱轨荷载、船只或排筏的撞击力、汽车撞击力、施工临时荷载、地震力、长钢轨纵向作用力(伸缩力、挠曲力和断轨力)

注:1. 如杆件的主要用途为承受某种附加力,则在计算此杆件时,该附加力应按主力考虑。
2. 流水压力不与冰压力组合,两者也不与制动力或牵引力组合。
3. 船只或排筏的撞击力、汽车撞击力,只计算其中的一种荷载与主力相组合,不与其他附加力组合。
4. 列车脱轨荷载只与主力中恒载组合,不与主力中活载和其他附加力组合。
5. 地震力与其他荷载的组合应符合《铁路工程抗震设计规范》(GB 50111)的相关规定。

本任务要求学生熟练掌握桥梁上的作用类型,并能够按照实际情况进行荷载组合。

2-铁路桥梁设计

一、恒载

(1)一般常见材料重度应符合表1-3规定。

一般常用材料重度表　　　　表1-3

材料名称	材料重度(kN/m³)
钢、铸钢	78.5
铸铁	72.5
铅	114.0
钢筋混凝土或预应力混凝土(配筋率在3%以内)	25.0~26.0
混凝土和片石混凝土	24.0
浆砌块石或料石	24.0~25.0
浆砌片石	23.0
干砌块石或片石	21.0
碎(砾)石	21.0
级配碎石	22.0
填土	17.0~18.0
填石(利用弃砟)	19.0~20.0
碎石道砟	21.0
浇筑的沥青	15.0
压实的沥青	20.0
不注油的木材	7.5
注油的木材	9.0

(2)作用于墩台上的土的侧压力可按库仑(楔体极限平衡)理论推导的主动土压力计算,详见《铁路桥涵设计规范》(TB 10002—2017)。

(3)墩台基础设计应根据所处地基状况考虑水浮力的影响,按以下原则计算:

①位于碎石土、砂土、粉土等透水地基上的墩台,检算稳定性时,应考虑设计洪水频率水位的水浮力;计算基底应力或基底偏心时,仅考虑常水位(包括地表水或地下水)的水浮力。

②检算墩台身截面或检算位于黏性土上的基础,可不考虑水浮力。

③检算岩石(破碎、裂隙严重者除外)上的基础且基础混凝土与岩石接触良好时,可不考虑水浮力。

④位于粉质黏土和其他地基上的墩台,不能确定是否透水时,应分别按透水与不透水两种情况检算基底并取其不利者。

二、活载

(1)列车竖向静活载。列车竖向静活载主要考虑轻轨和地铁车辆荷载,设计采用的列车荷载标准应符合《铁路列车荷载图式》(TB/T 3466—2016)的规定。

(2)同时承受多线列车荷载的桥梁,其列车竖向静活载计算应符合下列规定:

①采用 ZKH(客货共线铁路)或 ZH(重载铁路)活载时,双线桥梁结构活载按两条线路在最不利位置承受 90% 计算;三线、四线桥梁结构活载按所有线路在最不利位置承受 80% 计算;四线以上桥梁结构活载按所有线路在最不利位置承受 75% 计算。

②采用 ZK(高速铁路)或 ZC(城际铁路)活载时,双线桥梁结构按两条线路在最不利位置承受 100% 的 ZK 或 ZC 活载计算。多于两线的桥梁结构应按以下两种情况最不利者考虑:按两条线路在最不利位置承受 100% 的 ZK 或 ZC 活载,其余线路不承受列车活载;所有线路在最不利位置承受 75% 的 ZK 或 ZC 活载。

③桥上所有线路不能同时运转时,应按可能同时运转的线路计算列车竖向力、离心力。

④对承受局部活载的杆件均按该列车竖向活载的 100% 计算。

⑤对于货物运输方向固定的多线重载铁路桥梁结构,列车竖向活载计算时可根据实际情况考虑相应折减。

(3)设计加载时列车荷载图式可以任意截取。加载的结构(影响线)长度应符合下列规定:

①需要加载的结构(影响线)长度超过运营列车最大编组长度时,可采用列车最大编组长度。

②对于多符号影响线,可在同符号影响线各区段进行加载,异符号影响线区段长度不大于 15m 时可不加活载;异符号影响线区段长度大于 15m 时,可按空车活载 10kN/m 加载。

③用空车检算桥梁各部构件时,竖向活载应按 10kN/m 计算。

④疲劳验算时异符号影响线区段长度内均应按活载图式中的均布荷载加载。

(4)列车静活载在桥台后引起的侧向土压力可按主动土压力计算,列车静活载可换算为当量均布土层厚度计算,详见《铁路桥涵设计规范》(TB 10002—2017)附录 A。

(5)桥涵结构计算应考虑列车竖向活载动力作用,可按竖向静活载乘以动力系数 $(1+\mu)$ 确定。实体墩台、基础计算可不考虑动力作用。

三、附加力

1. 制动力或牵引力

列车在桥梁上制动或起动时,由于车轮与钢轨的摩擦,列车对钢轨将产生水平力,并经支座传送至桥墩台。制动时产生与列车行进方向相同的纵向水平力,称为制动力;起动或加速时相反,称为牵引力。列车制动力或牵引力计算应符合下列规定:

(1)制动力或牵引力应按计算长度内列车竖向静活载的10%计算;但当与离心力或列车竖向动力作用同时计算时,制动力或牵引力应按计算长度内列车竖向静活载的7%计算。

(2)双线桥梁按一线的制动力或牵引力计算;三线或三线以上的桥梁按双线的制动力或牵引力计算。

(3)车站内的桥梁应根据其结构形式考虑制动和起动同时发生的可能进行设计。

(4)桥头填方破坏棱体范围内的列车竖向活载所产生的制动力或牵引力可不计算。

(5)采用铁路列车荷载图式中的特种活载时,不计算制动力或牵引力。

(6)重载铁路制动力或牵引力作用在轨顶以上2.4m处,其他标准铁路的制动力或牵引力均作用在轨顶以上2m处。当计算桥梁墩台时移至支座中心处,计算台顶以及刚构桥、拱桥制动力或牵引力时移至轨底,均不计移动作用点所产生的竖向力或力矩。

2. 列车的横向摇摆力

列车横向摇摆力作为一个集中荷载取最不利位置,以水平方向垂直线路中心线作用于钢轨顶面。横向摇摆力按表1-4取值并应符合下列规定:

(1)多线桥梁可仅计算任一线上的横向摇摆力。

(2)客货共线铁路、重载铁路空车时应考虑横向摇摆力。

横向摇摆力计算取值表　　　　　表1-4

设计标准	重载铁路	客货共线铁路	高速铁路	城际铁路
摇摆力(kN)	100z	100	80	60

3. 风力

风力是作用在受风物体上的水平力,它的大小可按照所受的风荷载强度 W 乘以受风面积 A 求得。用 P_W 表示风力: $P_W = WA$。

风力为水平力,其方向可以垂直于线路(横风),也可以平行于线路(纵风),作用点为受风面积的形心。作用于桥梁上的风荷载强度可按下式计算:

$$W = K_1 K_2 K_3 W_0 \tag{1-1}$$

式中: W_0 ——基本风压值(Pa),一般情况可按《铁路桥涵设计规范》(TB 10002—2017)中"全国基本风压分布图"查得,并通过实地调查核实后采用;

K_1 ——桥墩风载体形系数;

K_2 ——风压高度变化系数,风压随离地面或常水位的高度而异,除特殊高墩个别计算外,为简化计算,全桥均取轨顶高度处的风压值;

K_3 ——地形、地理条件系数。

计算风力时,需注意以下规定:

(1)横向风力的受风面积应按桥跨结构杆件中心线轮廓面积乘以下列系数取值计算:

①钢桁梁及钢塔架,按0.4取值。

②钢拱两弦间的面积,按0.5取值。

③桁拱下弦中心线与系杆间的面积或上弦中心线与桥面系间的面积,按0.2取值。

④整片的桥跨结构,按1.0取值。

(2)列车横桥向受风面积应按 3m 高的长方带计算,其作用点在轨顶以上 2m 高度处。

(3)桥上有车时,风荷载强度应按 W 的 80% 计算,并不大于 1250Pa;桥上无车时按 W 计算。

(4)检算桥台时,桥台本身所受风力不予计算。桥台施工时孤立状态的风荷载强度,应根据具体情况按有关规定计算。

(5)纵向风力与横向风力计算方法相同。对于列车、桥面系和各类上承梁所受的顺桥向风荷载可不予计算;对于下承式桁梁和塔架顺桥向风荷载强度,可按其横向风荷载强度的 40% 计算。

(6)对于高墩等高耸建筑物,其自振周期较大时,应考虑风振的影响。

4. 流水压力

位于水中的桥墩,其上游迎水面因受到流水冲击而产生流水压力,流水压力 P 与水流速度和桥墩平面形状有关,可按式(1-2)计算:

$$P = KA\frac{\gamma_w v}{2g_n} \tag{1-2}$$

式中:P——流水压力(kN);

A——桥墩阻水面积(m^2),通常计算至一般冲刷线处;

γ_w——水的重度,一般采用 $10kN/m^3$;

g_n——重力加速度(m/s^2);

v——计算时采用的计算流速(m/s),检算稳定性时采用设计频率水位的流速,计算基底应力或基底偏心时采用常水位的流速;

K——桥墩形状系数,方形桥墩为 1.47,尖端形桥墩为 0.67,矩形桥墩长边与水流平行时为 1.33,圆端形桥墩为 0.60,圆形桥墩为 0.73。

流水压力的分布假定为倒三角形,其合力作用点位于水位线以下 1/3 水深处。

四、特殊荷载

1. 地震力

地震力不与其他附加力同时计算,其作用应按《铁路工程抗震设计规范》(GB 50111—2006)的规定计算。

2. 汽车撞击力

桥墩有可能受到汽车撞击时,应考虑汽车的撞击力。撞击力顺行车方向应采用 1000kN,横行车方向应采用 500kN,两个等效力不同时考虑,撞击力作用于行车道以上 1.20m 处。

3. 长钢轨断轨力

桥上无缝线路由于疲劳、纵向力过大或其他原因损伤可能造成断轨,从而产生断轨力。在正常运营养护条件下,发生断轨的概率比较小,而断轨力的值又比较大。因此,在计算时只考虑一轨的断轨力,并将其作为特殊荷载。在荷载组合上,只考虑它与主力组合。

4. 其他荷载

在一般情况下不控制检算。

复习思考题

1. 桥梁的组成构件主要有哪些？
2. 按承重构件的受力情况，桥梁如何分类？
3. 什么是桥梁的计算跨径？什么是拱桥的矢跨比？
4. 桥梁设计的基本原则是什么？

项目二 桥面布置与桥面构造

学习目标：

(1) 了解桥面系的组成与布置方法。
(2) 掌握有砟桥面与无砟桥面的类型及适用范围。
(3) 掌握桥面附属构造的类型及基本布置方式。

任务描述：

轨道桥梁的桥面根据道砟设置情况分为有砟桥面和无砟桥面两类。桥面附属结构主要有防水设施、伸缩装置、人行道、栏杆与声屏障几部分。本任务要求学生掌握各类型桥面的形式、特点，特别对于无砟桥面几个常见类型，应加强理解；对桥面的附属结构能够有所了解，并掌握各部分的布置特点。

任务一 有砟桥面与无砟桥面

一、有砟桥面

普通混凝土梁的有砟桥面包括道床、防排水系统、人行道、栏杆和伸缩缝等。有砟桥面上的道砟具有弹性，能最大限度地保证桥上线路和路基上线路的一致性，若桥梁位于曲线或坡道上，对调整超高和坡度及校正线路中心线与桥梁中心线的偏移较为有利。其缺点是桥面质量大，一般为明桥面的 2~3 倍，会导致桥梁的结构断面较其他类型桥面要大，而且会降低梁的自振频率。

道床由钢轨、护轨、轨枕、道砟、道砟槽板、挡砟墙等组成（图 2-1）。道床的作用有：

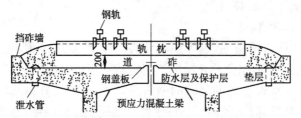

图 2-1 道床构造（尺寸单位：cm）

(1) 承受来自轨枕的压力并均匀地传递到梁顶面上。

(2)提供轨道的横向阻力,保持轨道的稳定。
(3)提供轨道弹性,减缓和吸收轮轨的冲击和振动。
(4)便于轨道养护维修作业,校正线路的平纵断面。

挡砟墙的作用是挡住道砟。为了不使挡砟墙参与梁的共同受力,沿其纵向每隔3~4m设横向断缝(包括挡砟墙上纵向钢筋断开),缝内填塞防水材料。

二、无砟桥面

无砟桥面是通过扣件直接把钢轨和混凝土桥面连接起来的。无砟轨道与有砟轨道相比,其优点是轨道结构自重轻,可减少桥梁二期恒载,节约工程投资;轨道结构高度小,能争取较大桥梁净空;轨道稳定性、连续性和平顺性好,减少了行车时轨道侧向不平顺振动对桥梁的影响;轨道结构耐久性能好,延长了桥面结构的使用寿命;桥上工务养护、维修工作少,可减少养护设备的投入;避免了高速行车时散粒体道砟的飞溅。但是无砟轨道造价较贵,适应变形能力差,桥梁变形控制标准高,对桥梁沉降、混凝土收缩徐变及温度变化产生的变形控制要求严格,且一旦产生病害,修复难度大。

应用较广泛的是在混凝土梁上二次浇筑混凝土纵向承轨台。图2-2所示是城市轨道高架混凝土桥无砟轨道结构,纵向承轨台高150mm,分段隔开,以利于排水,两纵向支承台间设置防脱轨矮墙以代替护轨。

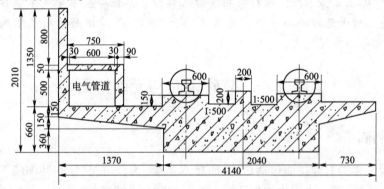

图2-2 轨道高架混凝土桥无砟轨道结构(尺寸单位:mm)

目前,国内客运专线铁路无砟轨道技术大部分从国外引进,轨道结构形式可分为5大类,即CRTS Ⅰ型板式无砟轨道(日本板)、CRTS Ⅱ型板式无砟轨道(德国博格板)、CRTS Ⅲ型板式无砟轨道(国产化研发)、CRTS Ⅰ型双块式无砟轨道(德国RHEDA2000型)、CRTS Ⅱ型双块式无砟轨道(德国旭普林型)。

1. CRTS Ⅰ型板式无砟轨道

CRTS Ⅰ型板式无砟轨道由钢轨、弹性分开式扣件、充填式垫板、轨道板、水泥乳化沥青砂浆(CA砂浆)调整层、凸形挡台及其周围填充树脂等组成,如图2-3所示。预制轨道板通过水泥沥青砂浆调整层铺设在现场浇筑的钢筋混凝土底座上,并由凸形挡台限位。混凝土底座通过竖向钢筋与桥梁连接,竖向钢筋可预埋于混凝土保护层中,也可在梁面预埋或后期植入。

优点:①成套技术较成熟;②不同线下基础上的轨道系统受力、传力明确;可实现标准化设计,设计通用性强;③制造、施工较为简单;④明确的层状体系设计,方便维修,可修复性强。

缺点:①结构含水泥乳化沥青砂浆、树脂等化工材料,生产和施工的专业性强;②施工顺序自下而上,铺轨阶段的轨道精调工作量大;③单元轨道板受温度梯度的变化影响,易产生翘曲变形。

目前,CRTS Ⅰ 型板式无砟轨道在哈大客专、广深港客专等线路上投入使用。

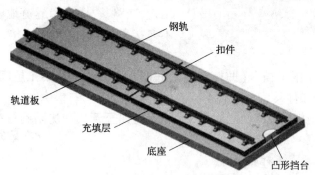

图 2-3　CRTS Ⅰ 型板式无砟轨道

2. CRTS Ⅱ 型板式无砟轨道

CRTS Ⅱ 型板式无砟轨道是通过水泥乳化沥青砂浆调整层将预制轨道板铺设在现场摊铺的混凝土支承层或现浇筑的钢筋混凝土底座上,并适应 ZPW-2000 轨道电路要求的纵连板式无砟轨道结构形式,由钢轨、扣件系统、轨道板、水泥沥青砂浆层、混凝土支承层或钢筋混凝土底座、侧向挡块、滑动层(桥上隔离层)等组成,如图 2-4 所示。

特点:由预制轨道板通过铣床制作出精确的钢轨定位;安装就位后,用专用的连接件将轨道板沿纵向串连起来,实现轨道结构的纵向连续性。

目前,CRTS Ⅱ 型板式砟轨道在京沪高铁、京津城际及其他大部分高铁和客专线中均有使用。

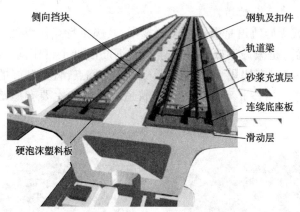

图 2-4　CRTS Ⅱ 型板式无砟轨道

3. CRTS Ⅲ 型板式无砟轨道

原铁道部于 2009 年在成都至都江堰城际客运专线,开展了具有完全知识产权的板式无砟轨道成套技术工程试验与设计创新工作,并取得了成功,于 2010 年 12 月正式定型为

图2-5 CRTS Ⅲ型板式无砟轨道

CRTS Ⅲ型轨道板。CRTS Ⅲ型板式无砟轨道总体结构方案为带挡肩的新型单元板式无砟轨道结构,主要由钢轨、扣件、预制轨道板、配筋的自密实混凝土(自流平混凝土调整层)、限位挡台、中间隔离层(土工布)和钢筋混凝土底座等部分组成,如图2-5所示。轨道结构采用单元分块式结构,在路基、桥梁和隧道地段轨道板间均采用不连接的分块式单元结构,标准板外形尺寸4930mm×2400mm×190mm。底座板在每块轨道板范围内设置两个限位挡台(凹槽结构),底座板与自流平混凝土层间设置中间隔离层。扣件采用WJ-8C型扣件。

目前,CRTSⅢ型板式无砟轨道在湖北城际、盘锦至营口和沈阳到丹东客运专线铁路中均有应用。

4. CRTS Ⅰ型双块式无砟轨道

CRTS Ⅰ型双块式无砟轨道由钢轨、扣件系统、道床板(包括双块式轨枕)、隔离层、保护层+限位凸台等组成,如图2-6所示。施工时以现场浇筑混凝土的方式将轨枕浇入均匀连续的钢筋混凝土道床内。桥梁上道床板按5~7m的长度分段设置以适应桥梁伸缩与挠曲变形的要求,道床板浇筑于钢筋混凝土底座或保护层上,在底座中部设置限位凸台或凹槽。

特点:结构整体性及横向稳定性强,结构整体平顺性较好;分层设计,受力明确;施工灵活,适应性强;双块式轨枕采用桁架钢筋连接,工厂化生产,精度高;轨道结构刚度从上至下逐层递减;轨道结构整体性强;桥上双块式无砟轨道,道床板为单元分块结构,道床板与底座间设置中间隔离层,并采用凹槽限位;无砟轨道结构只包含道床板与底座/支承层两层,造价相对较低。

目前,CRTSⅠ型双块式无砟轨道在兰新客专、武广客专线路、佛肇城际铁路中有所应用。

5. CRTS Ⅱ型双块式无砟轨道

CRTS Ⅱ型双块式无砟轨道是引进德国的技术,其施工特点是以现场浇筑混凝土方式将预制的双块式轨枕通过机械振动嵌入均匀连续的钢筋混凝土道床内,如图2-7所示。实际施工中,可参考CRTS Ⅰ型双块式无砟轨道埋入式施工特点,将预制好的双块式轨枕组装成轨排然后埋入道床内。CRTS Ⅱ型双块式无砟轨道施工方法主要有旭普林机械施工方法和人工轨排施工两种方法。

图2-6 CRTS Ⅰ型双块式无砟轨道

图2-7 CRTS Ⅱ型双块式无砟轨道

旭普林机械施工方法主要工序为：①道床板基底面、测设基桩检查，对基底进行冲洗清理并在线路两侧将轨枕按间距要求堆放；②定位安装支脚、轨道模板，进行支脚精调，同时绑扎钢筋；③道床板混凝土浇筑，组装横梁，在固定架上安装轨枕，浇筑至设计高程后利用机械振动将轨枕嵌入混凝土中；④混凝土抹面，拆除固定架、横梁、支脚、模板，混凝土养护，质量检查。

人工轨排施工方法主要工序为：①道床板基底面、测设基桩检查，对基底进行冲洗清理并在线路两侧将轨枕按间距要求堆放；②绑扎钢筋，轨枕布置，工具轨、扣件就位，托盘（横梁）、螺杆就位，轨道粗调和精调；③道床板混凝土浇筑；④混凝土抹面，拆除固定架、横梁、支脚、模板，混凝土养护，质量检查。

两种施工方法核心区别在于：旭普林机械施工法属于机械压入法，是先完成混凝土浇筑，再利用机械将轨枕嵌压入混凝土结构内，而人工轨排法属于埋入法，是在轨枕已经布置就位并加固的情况下，后浇筑混凝土道床板，将轨枕埋入道床板内。

目前，CRTSⅡ型双块式无砟轨道在遂渝无砟轨道试验段、郑西客专等线路中有所应用。

任务二　桥面附属结构

一、防水设施

为保护客运专线铁路桥梁的耐久性，应在桥梁结构的顶面铺设密闭有效的防水设施。防排水系统由防水层、保护层、泄水管组成，如图2-8所示。

有砟轨道桥面采用双侧排水，挡砟墙内侧人字形排水坡坡度为2%，并设置外径为160mm的PVC泄水管，挡砟墙外侧电缆槽内从外到内设置2%排水坡，如图2-9所示。

无砟轨道桥面可根据轨道板结构或景观需要采用三列排水、两侧排水、中间排水的方式。排水管的布置根据排水方式、轨道形式及桥跨布置确定，两侧排水泄水管设置于防护墙内侧，中间排水泄水管设置于两线承轨台间，三列排水除防护墙内侧设置排水管外，还需在两线承轨台中间设置泄水管，如图2-10所示。

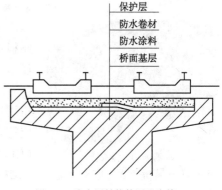

图2-8　防水层结构简图泄水管

为保证桥面排水畅通，在保护层施工时，应注意根据泄水管位置设置一定的汇水坡，在泄水管处需将保护层设置45°倒角，以便使积水快速流到泄水管。

对于无砟轨道梁，桥面防水层及保护层应在全桥架梁完成后在桥上进行铺设。有砟轨道梁挡砟墙内侧防水层及保护层可在制梁场内铺设，也可在桥上铺设；挡砟墙外侧防水层及保护层应在电缆槽竖墙浇筑后铺设。在制梁场铺设防水层及保护层时，应在制梁时一同浇筑100mm高挡砟墙，以便进行防水层的封边处理。

无砟轨道桥面防水层、保护层应根据轨道与桥梁的连接形式确定。底座板与桥面设置

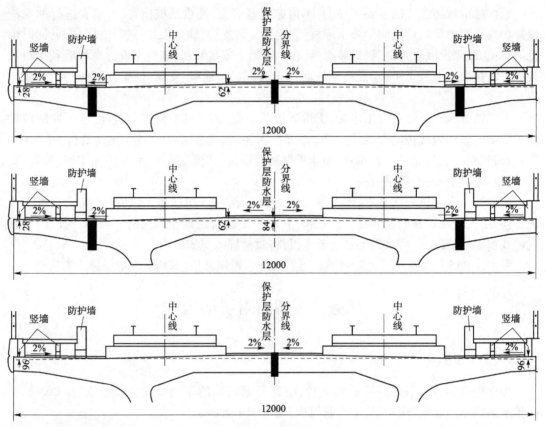

图 2-9 桥面排水流向示意(尺寸单位:mm)

图 2-10 泄水管

隔离层时,应全桥铺设防水层,保护层根据防水层种类及底座板构造需要设置;底座板与桥面直接连接时,底座板下不设防水层及保护层。

为避免因铸铁泄水管锈蚀对梁体造成污染,泄水管采用硬质聚氯乙烯管,即 PVC 管,管壁厚度采用 8mm。泄水管应符合《无压埋地排污、废水用硬聚氯乙烯(PVC-U)管材》(GB/T 20221—2006)的要求,保证承载能力及耐久性能。泄水管安装完毕后,应对泄水管与结构接缝处进行封边处理,严防渗漏水。泄水管的连接应采用螺纹接口形式。

二、桥面伸缩装置和钢轨伸缩调节器

1. 桥面伸缩装置

梁缝包括梁与梁、梁与台之间的横向伸缩缝及两片梁之间的纵向构造缝。轨道交通桥梁缝处理比较简单,图 2-11 是纵、横向梁缝处理构造:在梁缝上设置铁盖板或钢筋混凝土盖板,板下隔一定距离焊有短钢筋,以防止盖板移位。如梁缝较宽,可以焊两排钢筋。

2. 钢轨伸缩调节器

钢轨伸缩调节器是在铁路的钢轨伸缩时,保持其轨缝变化不致过大,以维持线路通顺的装置,如图 2-12 和图 2-13 所示。当铁路桥上部结构因连续长度较大,而使其活动端和相邻结构(邻跨或桥台)间的相对变位较大时,为使铺设在桥面的钢轨不妨碍上部结构在温度变化、活载(含双线桥的偏载作用)等作用下所发生的相对变位,同时也使上部结构变位不影响桥面线形的通顺,应在该处设置钢轨伸缩调节器。在特大跨度铁路桥梁上,特别是在悬索桥上,除考虑结构伸缩给桥面带来的影响外,还应考虑结构的角变位影响。

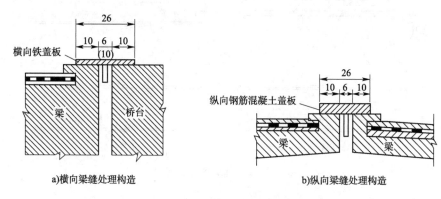

a)横向梁缝处理构造　　　　　b)纵向梁缝处理构造

图 2-11　梁缝处理(尺寸单位:cm)

图 2-12　秦沈线连续梁桥钢轨伸缩调节器

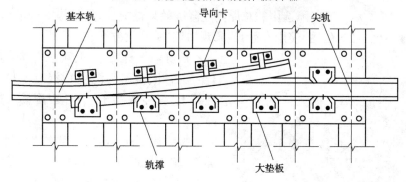

图 2-13　钢轨伸缩调节器示意

钢轨伸缩调节器按接缝处的平面形式划分为双尖式、斜线型、折线型、曲线型 4 种,如图 2-14 所示。双尖式一般仅适用于伸缩量很小处。斜线型和折线型是基本轨不动,尖轨伸缩,其缺点是伸缩时轨距有变化,对行车及养护不利。20 世纪 60 年代,我国这两种定型设计的伸缩量分别为300mm、600mm。曲线型伸缩调节器的尖轨呈圆弧(或复合曲线)状,基本轨不预先顶成曲线,而是在组装时由尖轨圆弧和按圆弧布置的基本轨轨撑,把基本轨顶弯成相应的曲线;当基本轨伸缩时,尖轨固定不动,因此轨距保持不变,基本轨和尖轨始终保持密贴(在尖轨刨切范围内),平顺性好,行车平稳。

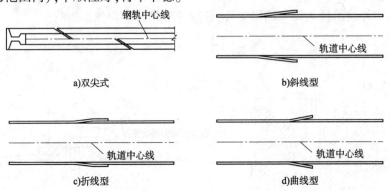

图2-14 钢轨伸缩调节器的形式

三、其他附属构造

1. 人行道与栏杆

城市轨道桥梁设置人行道是为了养护人员工作及翻修道床时临时堆放道砟。一般混凝土简支梁的人行道及栏杆角钢支架通过预埋在挡砟墙内的U形螺栓进行固定,预制钢筋混凝土步板铺设在支架上。位于曲线上的桥梁,由于有离心力的作用,需要设外轨超高,在挡砟墙上加设有挡砟块。道砟桥面应设置双侧人行道。在挡砟墙内,预埋了供安装人行道钢支架的U形螺栓。人行道支架、栏杆、扶手多采用型钢,人行道板是用钢筋混凝土制成,通常按标准设计图进行拼制。

2. 声屏障

为减轻行车噪声对附近居民的影响而在声源和接收者之间插入一个设施,使声波传播有一个显著的附加衰减,从而减弱接收者所在的一定区域内的噪声影响,这样的设施称为声屏障,如图2-15所示。声屏障选用的总原则是降噪效果性能良好、结构安全可靠、材料价格经济、安装成本低、经久耐用、使用寿命长、景观协调、美观大方等。

声屏障按材质不同,可以分为:金属声屏障(金属百叶、金属筛网孔)、混凝土声屏障(轻质混凝土、高强混凝土)、PC声屏障、玻璃钢声屏障等。

按用途不同,可以分为铁路声屏障、公路声屏障、城市景观声屏障、居民区降噪声屏障等。

图2-15 某铁路沿线声屏障

3. 电缆槽、竖墙、盖板及防护墙

电气化铁路桥梁还设有电缆槽、竖墙、盖板及防护墙,一般布置方式如图2-16所示。竖墙兼有分割电缆槽、连接遮板和支撑电缆槽盖板的作用。在梁体现浇完成后,在桥面上现场浇筑竖墙。电缆槽竖墙按 2m 一段设置单元,竖墙施工时各竖墙的高度必须保持一致,确保电缆槽盖板受力均匀。电缆槽盖板为预制结构,分为通信、信号电缆槽盖板和电力电缆槽盖板两大类。

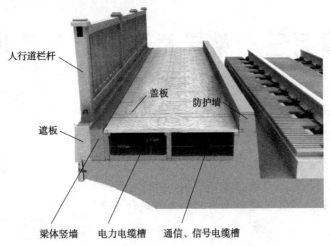

图 2-16　电缆槽、竖墙、盖板及防护墙布置示意

复习思考题

1. 有砟桥面与无砟桥面分别由哪些构件组成?
2. 无砟桥面常见的类型有哪些?
3. 桥面的附属结构主要由哪些部分构成?
4. 桥面防水设施主要有哪些?

项目三 梁式桥的构造与设计

学习目标:

(1)了解掌握梁式桥的分类以及各类别的特点。
(2)熟练掌握钢筋混凝土简支梁桥的构造与设计要点。
(3)熟练掌握钢筋混凝土连续梁桥的构造与设计要点。

任务描述:

梁式桥的主梁为主要承重构件,受力特点为主梁受弯。主要材料为钢筋混凝土、预应力混凝土,多用于中小跨径梁桥,一般适用于跨度为20m及以下的铁路、公路桥梁。梁式桥因具有构造简单、适应范围广、不受基础条件限制、便于在曲线地段使用、易于建造和标准化等特点,故在我国广泛采用。

优点:采用钢筋混凝土建造的梁桥能就地取材、工业化施工,耐久性好、适应性强、整体性好且美观;这种桥型在设计理论及施工技术上都已经比较成熟。

缺点:结构本身的自重大,占全部设计荷载的30%~60%,且跨度越大,其自重所占的比值越大,大大限制了其跨越能力。

任务一 梁式桥的分类

一、按主要承重结构所用材料分类

按主要承重结构所用材料来划分,有木桥、钢桥、钢筋混凝土桥和预应力钢筋混凝土桥。

(1)木桥。用木料建造的桥梁。木桥的优点是可就地取材,构造简单,制造方便,小跨度多做成梁式桥,大跨度可做成桁架桥或拱桥。其缺点是容易腐朽、养护费用高且易引起火灾。多用于临时性桥梁或林区桥梁。

(2)钢桥。桥跨结构用钢材建造的桥梁。钢材强度高,性能优越,表观密度与容许应力的比值小,故钢桥跨越能力较大。钢桥的构件制造最适合工业化,运输和安装均较为方便,架设工期较短,破坏后易修复和更换。但钢材易锈蚀,养护困难。

(3)钢筋混凝土桥。又称普通钢筋混凝土桥,桥跨结构采用钢筋混凝土建造。这种桥梁的砂石材料可以就地取材,维修简便,行车噪声小,使用寿命长,并可采用工业化和机械化施工。与钢桥相比,其钢材用量与养护费用均较少,但自重大,对于特大跨度的桥梁,在跨越能力、施工难度和速度方面,钢筋混凝土桥常不及钢桥。

(4)预应力钢筋混凝土桥。桥跨结构采用预应力混凝土建造的桥梁。这种桥梁,利用钢筋或钢丝(索)预张力的反力,可使混凝土在受载前预先受压,在运营阶段不出现拉应力(称为全预应力混凝土),或有拉应力而未出现裂缝或控制裂缝在容许宽度内(称为部分预应力混凝土)。其优点是:能合理利用高强度混凝土和高强度的钢材,从而可节约钢材,减轻结构自重,增大桥梁的跨越能力;改善了结构受拉区的工作状态,提高了结构的抗裂性,从而可提高结构的刚度和耐久性;在使用荷载阶段,具有较高的承载能力和疲劳强度;可采用悬臂浇筑法或悬臂拼装法施工,不影响桥下通航或交通;便于装配式混凝土结构的推广。它的不足之处是施工工艺较复杂、质量要求较高和需要专门的设备。

二、按照承重结构的截面形式分类

目前,城市轨道交通高架桥的区间标准梁的形式主要有:板梁、T形梁、箱形梁、槽形梁和下承式脊梁等。

(1)板梁。承重结构为矩形截面的钢筋混凝土或预应力混凝土板。其主要特点是建筑高度较低,便于压低线路高程;但位于受拉区域的混凝土材料不能发挥作用,反而增大了结构的自重,当跨度稍大时就显得笨重而不经济,板梁的经济跨度一般在 16~20m;相应刚度较小,梁部后期收缩徐变较大,不利于轨道交通线路轨道调高要求,整体受力性差。接触网立柱较难处理,故景观效果差。

(2)T形梁。承重结构由配筋混凝土的上翼缘和梁肋结合而成的梁称为T形梁,因主梁的截面形状如英文字母T而得名。T形梁截面受压区利用耐压的混凝土做成翼缘板并兼作桥面;受拉区用钢筋或预应力钢筋承受拉力。T形梁一般在工厂预制,施工中用架桥机吊装就位,方便施工。其缺点是横向刚度和抗扭刚度比较差,横向稳定性差,对平面线形的适应性差,在曲线上一般采用折线平分中矢分布,景观性较差。T形梁由于材料相对比较集中,所以刚度稍微小一些,但施工方便,在线路高程不控制、景观要求不高的长大直线段区间仍可考虑采用。

3-T形梁构造

(3)箱形梁。横截面呈一个或几个封闭箱形的梁桥简称为箱形梁桥,一般由盖板、腹板、底板以及隔板组成。这种结构除了梁肋和上部翼缘板外,在底部尚有扩展的底板,因此它提供了能承受正、负弯矩的足够的混凝土受压区。箱形梁桥的另一重要特点,是在一定的截面面积下能够获得较大的抗弯惯性矩,而且抗扭刚度也比较大,在偏心活载作用下各梁肋的受力比较均匀。箱形梁是目前城市轨道交通采用比较广泛的梁型结构,其优点是建筑高度适中,工程量较省;适用性好,既可用在直线地段,也可用于曲线、变宽、出岔地段;整体受力性能好,结构后期变形较小;外观线形流畅、美观;设计、施工经验成熟,既可采用现浇法施工,也可采用预制、吊装法施工。

(4)槽形梁。为了减少自轨面到梁底的高度,从而增加桥下净空而提出的一种桥梁形式,如图 3-1 所示。槽形梁的特点是建筑高度低,便于与城市道路间立体交叉,降低线路高程,节约工程投资;断面利用率较高,两侧主梁可兼起防噪、防护等作用。但该梁施工复杂,造价较高,适用于较小跨度和车站内的桥梁,以单线梁分修为宜。

我国对槽形梁的研究始于20世纪70年代末期。20世纪80年代初期,在怀柔跨京丰公路和通州跨京承高速相继建造了1孔跨度为20m双线槽形梁桥和2孔跨度为24m的单线槽形梁桥。如今,槽形梁在上海地铁8号线、南京地铁2号线、重庆地铁1号线、广州地铁2号线、台北内湖的木栅线延伸段等工程中均得到应用。

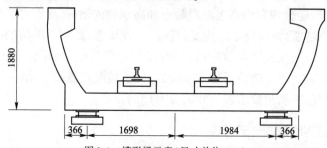

图3-1 槽形梁示意(尺寸单位:mm)

(5)下承式脊梁。在脊梁的下底板位置带大悬臂挑臂的结构形式称为下承式脊梁,如图3-2所示。该梁型建筑高度即为挑臂板的厚度,不受跨度改变的影响,为定值,易于线路的线形布置;建筑高度低,便于降低线路高程,减少工程量;结构上需要的部分也可兼做他用,如脊梁、边梁可防噪,脊梁顶可用做检修通道等;造型独特,具现代感;可采用预制杆件拼装施工,快速,干扰少。但在我国无先例,设计、施工经验少。

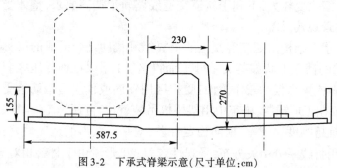

图3-2 下承式脊梁示意(尺寸单位:cm)

三、按承重结构的静力体系分类

按承重结构的静力体系划分,梁桥主要包括简支梁桥、连续梁桥、悬臂梁桥等。

(1)简支梁桥。简支梁桥是建桥实践中使用最广泛、构造最简单的梁式桥[图3-3a)]。简支梁属静定结构,且相邻桥孔各自单独受力,故最易设计成各种标准跨径的装配式构件。多孔简支梁桥因各跨构造和尺寸划一的特点,能简化施工管理工作,并降低施工费用。

(2)连续梁桥。连续梁桥是由承重结构(板梁、T形梁或箱梁)不间断地连续跨越几个桥孔而形成一超静定的结构[图3-3b)],连续孔数一般不宜过多。当桥梁跨径较大时,需要沿桥长分建成几组(或称几联)连续梁。连续梁由于在荷载作用下支点截面能产生负弯矩,从而显著减小了跨中的正弯矩,这样不但可减小跨中的建筑高度,而且能节省钢筋混凝土数量,跨径越大,这种节省就越显著。连续梁通常适用于桥基条件良好的场合,否则,任一墩台基础发生不均匀沉陷,桥跨结构内就会产生附加内力。

(3)悬臂梁桥。悬臂梁桥[图3-3c)]的主体是长度超出跨径的悬臂结构。仅一端悬出者称为单悬臂梁,两端均悬出者称为双悬臂梁。对于较长的桥,还可以借助简支的挂梁与悬臂梁一起组成多孔桥。在力学性能上,悬臂根部产生的负弯矩,减小了跨中正弯矩,所以悬臂梁与连续梁相似,也可以节省材料用量。悬臂梁桥属于静定结构,墩台的不均匀沉陷不会在梁内引起附加内力。

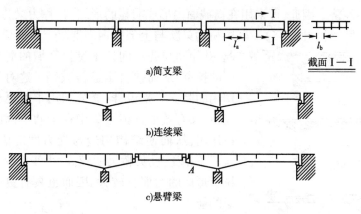

图3-3 梁式桥基本体系

四、按施工方式分类

按施工方式划分,梁桥主要有整体式和装配式两种。

(1)整体式。整体浇筑式梁桥的施工作业全部是在施工现场进行,由于全桥在纵向和横向都是现场整体浇筑,所以桥梁结构整体性好,可以按需要做成各种外形。但施工速度比较慢,工业化程度低,又要耗费较多的支架和模板等材料,目前除了弯、斜桥和部分连续梁桥外,一般情况下较少修建。

(2)装配式。装配式梁桥的上部构造是在预制场分块分片预制,再运到现场吊装就位,然后在接头处把构件连接成整体。装配式桥的预制构件采用工厂化施工,受季节影响小,质量易于保证,而且还能与桥梁下部工程同时施工,加快了施工进度,并能节约支架和模板等材料。装配式梁桥是目前铁路、公路简支梁中广泛采用的桥梁类型。

任务二 钢筋混凝土简支梁桥的构造与设计

钢筋混凝土简支梁适用于跨度在16m及以下的桥跨结构,而且多采用装配式结构。主梁分片预制,每片梁重应适应架桥机的起吊能力,每片梁尺寸应满足运输限界要求。当装吊或运输条件受限制时,可采用现浇施工方法。

一、简支板桥与整体式肋梁桥

钢筋混凝土板桥的主要承重结构通常就是矩形截面的钢筋混凝土板(图3-4)。板桥的主要特点是构造简单、施工方便,而且建筑高度较小。然而位于受拉区域的混凝土材料不但不能充分发挥作用,反而增大了结构自重。因此,目前钢筋混凝土板桥中用得最多的是跨径小于6m的简支板桥。对于城轨或

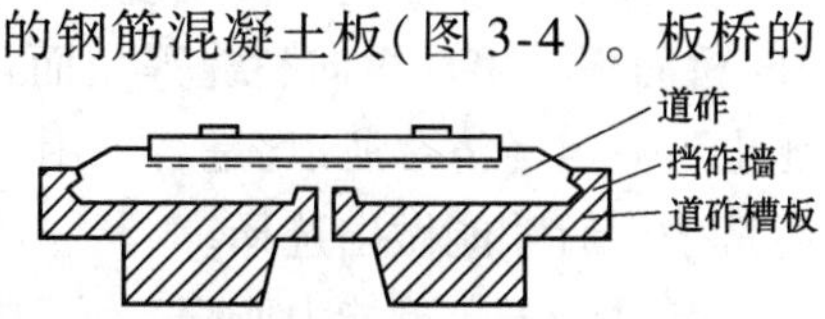

图3-4 铁路钢筋混凝土板桥横截面图

铁路桥梁,板式结构沿纵向分成两片,由于底板支承面很宽,每片不会发生侧倾,因此两片之间不需做任何联系。

钢筋混凝土桥的跨度超过8~10m时,由于承重结构高度的增加,修建普通的钢筋混凝土板桥就很不经济。因此,可采用在横截面内形成明显肋形结构(称为梁肋,有时也称腹板)的钢筋混凝土肋梁桥(图3-5)。肋梁桥的梁肋与上部的钢筋混凝土桥面板合理地结合在一起,并使肋与肋之间处于受拉区域的混凝土得到很大程度的挖空,从而使自重显著减轻。这对于仅承受正弯矩作用的简支梁来说,既充分利用了混凝土桥面板的抗压能力,又有效地发挥了集中在梁肋下部的受力钢筋的抗拉作用,从而使结构构造与受力性能达到理想的配合。与板桥相比,肋梁桥梁肋较高,由于混凝土抗压和钢筋受拉所形成的力偶臂较大,因而也具有更大的抵抗荷载弯矩的能力。

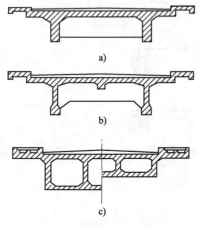

图3-5 整体式梁桥横截面图

根据桥梁跨度的大小、施工方法的不同以及地基条件的好坏等,肋梁桥可以修建成各种各样的形式。目前,用得最多的钢筋混凝土肋梁桥是简支梁体系,常用跨度为8~20m。在设计整体式梁桥时,因梁肋尺寸不受起重安装的限制,故可以根据钢筋混凝土体积最小的经济原则来确定截面尺寸。整体现浇的梁桥具有整体性好、刚度大、易做成复杂形状(如曲线桥、斜交桥等)等优点,但其施工速度慢,工业化程度较低,支架模板木料耗费量大,目前在一般情况下较少修建。

二、装配式钢筋混凝土简支梁桥构造

1. 梁的截面形式

图3-6为各种装配式梁桥的横截面形式。考虑到起重设备的能力,为便于预制和安装,装配式梁桥一般采用多梁式结构,主梁间距通常在2.0m以内,梁高为跨径的1/16~1/11。随着起重能力的提高、高强度材料的应用以及轻型薄壁结构的推广,为了使设计更经济、更合理,目前已有加大主梁间距、减少梁数的趋势。

图3-6b)是目前我国采用最多的装配式T形梁桥横截面。各主梁之间的横向联系主要借助间距为4~6m的横隔梁通过焊接钢板来实现,以保证各主梁间荷载的分布。

为简化预制工作,并避免架梁后在操作困难的横隔梁集整工作,还修建了不少无中横梁的装配式简支梁桥,主梁间的横向联系主要由加强桥面板来实现。图3-6c)即表示这种梁桥的横截面形式,在相邻主梁的翼板内均伸出连接钢筋,架梁完毕后在接缝内现浇混凝土以保证桥面板的连接强度。实践表明,不设横隔梁虽可行,但在运营质量上往往不及有横隔梁的好(桥面板易出现纵向裂缝等),而且,为了加强桥面板而多使用的材料与设置几道横隔板来比也不一定经济。所以,是否采用无横隔梁的结构,尚应根据建桥的具体情况,在分析技术经济条件后才能做出选择。

有时由于起重能力所限,为了减轻主梁构件,也可以用纵向水平缝将梁肋与桥面板分开预制[图3-6d)、e)],这种结构也称为组合式梁桥。组合式梁桥的梁肋通常做成工字形截面,以便肋顶有足够尺寸来安装桥面板块件并浇筑接缝混凝土。盖于梁肋之间的桥面板块件可以做成矩形平板[图3-6d)左侧],但目前常用的则是做成微弯板形式[图3-6d)右侧],因为微弯板两边嵌固后在受力时具有类似拱的特点,这样可以减少板中钢筋用量。

图3-6e)表示装配式的箱形截面,腹板和底板的一部分构成倒T形的预制构件,在底板上留出纵向的现浇接头,顶板采用微弯板形式以节省钢材。如前所述,箱形截面梁桥主要用在悬臂式或连续式的桥上。

2. 构造图例

图3-7为跨度16m的道砟桥面钢筋混凝土梁的一般构造图。

(1) 梁的总体布置

梁全长16.5m,梁部结构用纵缝分为两个T形块件,主梁高度为1.9m,道砟槽宽1.92m,两片梁的中心距为1.8m。跨中部分腹板厚30cm,靠近梁端部分增厚到49cm,以适应腹板内斜向拉力变化的需求。为了保证主筋之间有一定的净距和钢筋保护层,下翼缘宽70cm。道砟槽板厚按规定最小为12cm,为使道砟槽板与主梁共同工作,在道砟槽板与梁肋相交处设置梗肋,其底坡为1∶3,板与肋相交处的板厚为24cm,满足规范要求。

在梁端以及距梁端5.25m处,设有与梁一起浇筑的横隔板。横隔板的作用不仅在于使两片梁连成整体以保持横向稳定性,更重要的是使两片梁在列车荷载下能很好地分担荷载,并共同工作和防

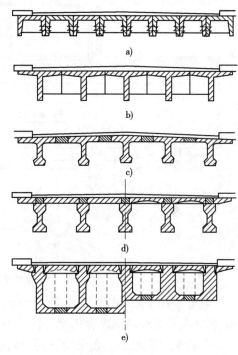

图3-6 装配式梁桥横截面形式

止梁受扭转变形。两片梁架好后,应先将横隔板连接好才能通车。中间横隔板厚度为16cm,端横隔板厚度较大,为46cm,主要是考虑到维修或更换支座时,需在端横隔板下放置千斤顶。因此,端横隔板又称顶梁。为了便于维修检查,所有横隔板中间应留有方孔。

(2) 梁内钢筋布置

图3-8为跨度16m的钢筋混凝土直线梁的钢筋布置图。为了便于了解各部分钢筋的详细布置情况,下文将对梁体、桥面板、横隔板几个部分的钢筋作分别介绍。

①梁体钢筋布置[图3-8a)]。每片梁肋主要受力钢筋共有43根Φ20(N1~N15)。N1~N12(共23根)由跨中向两端相继弯起锚固在梁的受压区,和箍筋一起承受主拉应力。其中,N1~N10弯至梁顶后伸入受压区的长度大于20倍的斜筋直径,满足锚固长度要求,不设与纵筋平行的直段,且不设弯钩;N11、N12因不能满足上述锚固长度要求,需要向上弯转锚固在受压区。N15钢筋(共16根)伸入支座,与弯起的N13、N14钢筋端部均加直角钩以保证具有足够稳定性。主钢筋在梁下翼缘内的布置参见图3-8a),为了缩小下翼缘尺寸,采用三根钢筋成束布置。N1~N7布置在下翼缘中心部分且在最上两排,使它们能在腹板较薄的

跨中部分相继弯起。N8~N14 或布置在下翼缘中心偏外部分,或布置在下翼缘的底排,它们只能在腹板较厚的梁端部分相继弯起。

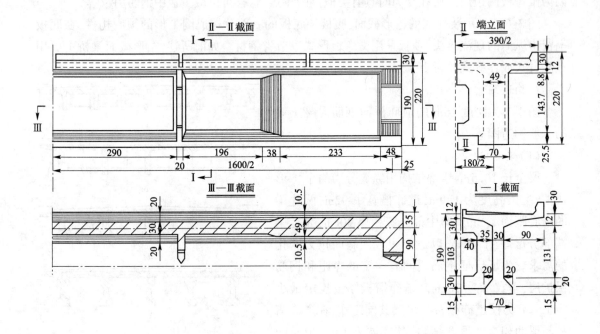

图 3-7 钢筋混凝土梁构造图(尺寸单位:cm)

箍筋采用 4 肢 φ8 钢筋,间距 250mm,编号 N21、N22。N21 布置在跨中区段薄腹板部分内,N22 布置在梁两端厚腹板部分内,同一处用 2 根 N21(或 N22)错开叠置成 4 肢。所有箍筋均钩在架立钢筋上。在梁的下翼缘内还设有捆扎主筋用的小箍筋 N62,并设有分布钢筋 N53。在腹板两侧布置有间距为 100mm、直径为 8mm 的纵向水平钢筋 N27。为使灌筑混凝土时保持纵向水平钢筋和箍筋的设计位置,还分别设置了联系筋 N65 和 N66,使其互相钩住。

②道砟槽板钢筋布置[图 3-8b)]。道砟槽板是一个支承在梁肋上的双悬臂梁。它的上部受拉、下部受压,故其主要钢筋 N18、N19 与 N20 均置于板的上部。其中,N18 与 N20 为端部带直钩的直钢筋,则在靠板的端部向下弯折再向上弯起。N18、N19 与 N20 交错布置。此外,在板的下部还交错布置了构造筋 N50、N51,其间距为 0.26m,以加强板与肋的连接并防止由于意外的反向弯曲而使板发生断裂。考虑到挡砟墙可能意外遭受外力,在其中设置封闭受力筋 N52。沿桥纵向在道砟槽板顶部及下翼缘内设置分布钢筋 N53。N34 与 N53 除有传递荷载、承担混凝土不均匀降温和收缩时的应力外,还兼作架立筋。

N54、N55 为挡砟墙及内边墙的架立筋。应注意,它们在断缝处也同样要断开。

N48(或 N49)为置于横隔板(或端横隔板)上部顺桥方向的辅助筋。道砟槽板不仅支承在主梁上,同时也支承在横隔板上,设这些钢筋是为了承受该处实际可能发生而在板的计算中未考虑的负弯矩。为固定人行道角钢支架,挡砟墙埋有 U 形螺栓。

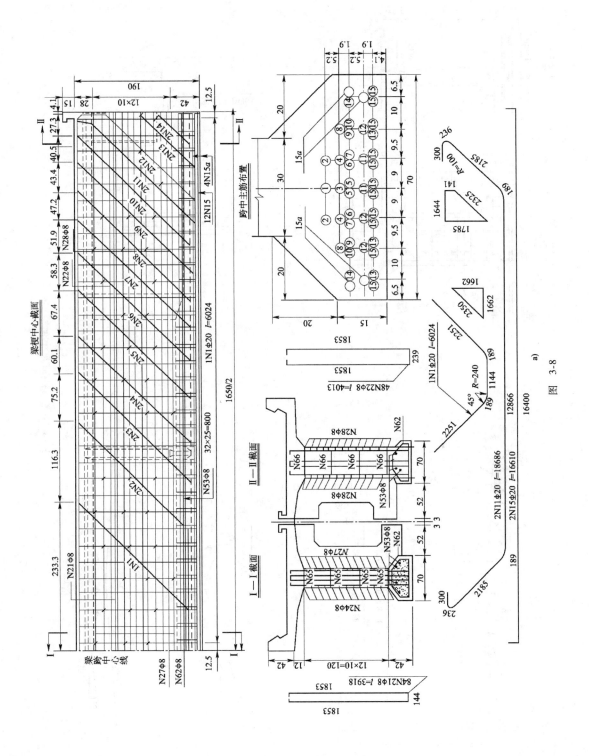

图 3-8

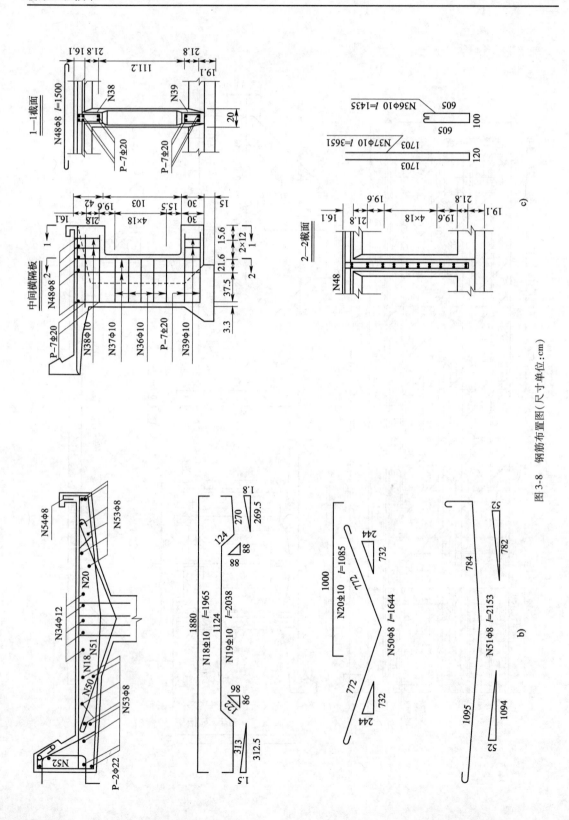

图 3-8 钢筋布置图(尺寸单位:cm)

③横隔板钢筋布置[图3-8c)]。在跨中横隔板内的主要钢筋为P-7 ⏀20。其他如N36、N37、N38、N39等则为构造钢筋。起"顶梁"作用的端横隔板,其主要钢筋为P-9 ⏀20。其他如N40、N41、N47均为端横隔板内的竖向与水平钢筋。它们相互连成钢筋网以承受此处的复杂应力。端横隔板的钢筋布置比中横隔板要密,这是因为此处正是安放支座的位置,要传递强大的集中反力。

三、预应力混凝土简支梁的构造与设计

由于混凝土抗拉强度低,受拉极限变形小,钢筋混凝土梁在较小荷载甚至在自重作用下受拉区混凝土就会出现裂缝。在正常使用荷载作用下,钢筋混凝土梁裂缝宽度不应超过0.2~0.3mm,否则梁中钢筋将会受到严重锈蚀。由于钢筋混凝土梁在使用时受到裂缝宽度的限制,梁中钢筋应力较低,一般在100~250MPa,因此,钢筋混凝土梁不可能使用高强度钢材和高等级混凝土。同时梁自重所占比例随跨度的增大而加大,所以钢筋混凝土梁的使用跨度受到很大的限制。目前,铁路钢筋混凝土梁一般用于跨度≤16m的小跨度桥梁,公路桥梁也仅用于≤20m跨度的桥梁。为解决梁的跨越能力,充分利用高强度钢材及高等级混凝土,提高梁的抗裂性能,必须采用预应力混凝土梁。

同钢筋混凝土梁相比,预应力混凝土梁有许多突出的优点:

(1)可以使用高强度钢材和高等级混凝土,能节约钢材20%~40%。

(2)在使用荷载作用下,可使梁不出现拉应力,或推迟裂缝的出现,或把裂缝控制在一定限度之内,从而提高梁的抗裂性,增强了梁的刚度和耐久性。

(3)由于使用高强度钢材和高等级混凝土,可将梁的截面尺寸减到最小,以减轻梁体自重,并增大梁的跨越能力。

(4)在预应力梁中由于有弯起的预应力钢筋,其预剪力可以抵消部分荷载剪力,因此,提高了梁的抗剪能力,可做成薄腹板梁。

(5)由于预应力梁在荷载作用下截面不开裂或裂缝开展度较小,预应力钢筋的应力变化幅度小,故可提高其耐疲劳性能。

1. 先张法预应力混凝土简支梁

先张法预应力混凝土梁,是在灌筑混凝土前利用张拉台座等设备先张拉预应力钢筋(钢丝或钢绞线)使其达到设计应力后,临时锚固在台座上,随后灌筑混凝土,待混凝土达到一定强度后,放松预应力钢筋,通过钢筋与混凝土之间的黏结力或通过预设于混凝土内的锚具将预应力传给混凝土,见图3-9。

目前,我国铁路上采用的先张法预应力梁的标准设计有8~20m道砟桥面低高度梁和普通高度梁,预应力钢筋采用钢绞线。预应力钢筋配置有直线配筋和折线配筋两种办法。从结构合理性来说,以折线配筋为宜,但折线配筋使得张拉设备复杂,施工困难。标准设计采用直线配筋,利用钢筋与混凝土间的黏结力自锚于混凝土中。为适应荷载弯矩沿梁跨的变化情况,避免梁上缘混凝土因预应力作用而开裂,在跨度1/4左右至梁端用不同数量的预应力钢筋分批进行绝缘,即用硬质塑料管将钢筋与混凝土隔开,以消除绝缘段钢筋的预应力。但由于受力和施工工艺等方面的影响,现在新建的城市轨道交通桥梁和铁路桥梁基本不采用先张法施工,而多数是在轨枕制作中采用。

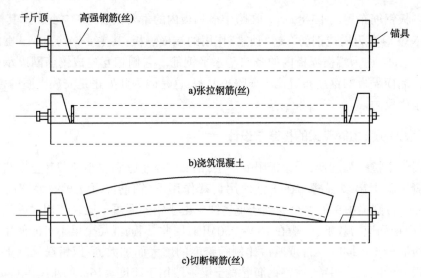

图 3-9　先张法施工过程示意

2. 后张法预应力混凝土简支梁

后张法预应力混凝土简支梁是先浇筑梁体混凝土,并在混凝土中预留管道,待混凝土达到一定强度后,在管道中穿进预应力钢筋进行张拉,张拉至设计应力后,在钢筋两端用锚具锚固,阻止预应力钢筋回缩。然后撤去张拉设备,在孔道内压浆、封端。后张法梁的预应力是靠设置在钢筋两端的锚固装置传递到混凝土中去,如图 3-10 所示。

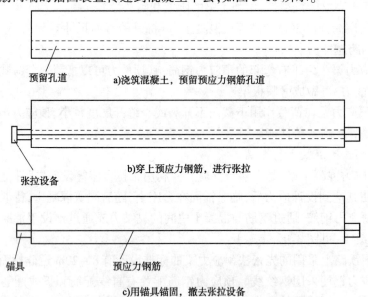

图 3-10　后张法施加预应力过程示意

图 3-11 是后张法铁路预应力混凝土跨简支梁平面图。梁长为 32.6m,梁高为 2.5m,每孔由两片 T 形梁组成。上翼缘宽 2.3m,最小厚度 0.15m,上翼缘和腹板相交处厚度为 0.281m,大于梁高的 1/10。腹板厚度为 0.21m,端部腹板厚度为 0.44m,下翼缘宽度为 0.88m,高为 0.3m,下缘顶面设 1∶1 的斜坡,以便于混凝土的灌筑。预应力束筋集中布置在

下翼缘,以降低预应力筋的重心,增大偏心,提高预加力效果。下翼缘保持一定的宽度可以提高单片梁的稳定性。图 3-12 为后张法铁路预应力混凝土直线桥预应力钢绞线布置图。

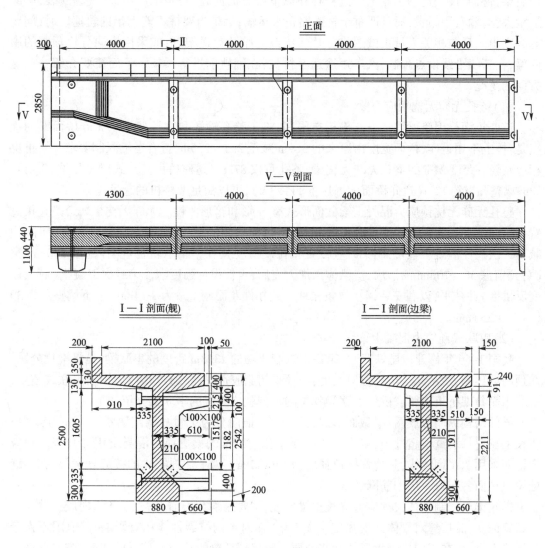

图 3-11 32m 后张法预应力混凝土简支 T 梁(尺寸单位:cm)

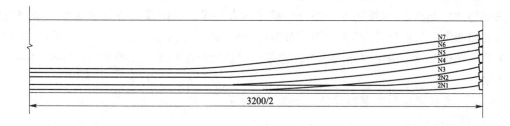

图 3-12 跨度 32m 后张混凝土简支梁钢绞线布置图(尺寸单位:cm)

3. 其他形式的预应力混凝土简支梁

目前，跨度为24m的预应力简支梁普遍采用分片式结构，工厂集中预制，铁路运输至桥位后架桥机架设。这一工业生产过程存在以下两方面问题：一是工厂制造，现场安装，产品运距大，运输费用昂贵，而且严重干扰铁路正常运输；二是当架桥不能满足铺轨速度时，问题更为突出。目前相关人员正试图将分片式梁改为整孔运送架设；或采用横向分块预制的串联梁，在新线沿线设点预制，汽车短途运至桥位，在铺轨前进行预架。下面简要介绍一些这方面的情况。

(1) 整孔无砟无枕预应力梁

道砟桥面梁因受梁重和道砟槽构造限制，难于整孔输送和整孔架设。无砟桥面梁的优点是：桥上不用道砟，桥面宽度由原来的3.9m减至2.3~2.5m，符合运输限制要求。梁重也相应减轻。跨度24m的整孔无砟无枕梁，整孔重仅87.8t(道砟桥面分片式梁每片重78.4t)；32m梁整孔重约120t(道砟桥面梁每片重111.37t)，可以满足架桥机的起吊能力。

整孔无砟无枕预应力混凝土梁截面形式有π形和箱形两种。无砟无枕梁轨道是直接搁置在桥面上的。为保证轨道准确位置和高程，目前采用的措施为：在灌注梁体混凝土时(为减少二次灌注混凝土数量，制梁时应设置张拉反拱度)，在整个承轨台范围内(含200mm空隙)预留深50~70mm的槽沟，待梁体预加力完后，再按设计强度灌注第二次混凝土(应设徐变反拱度)并抹平，以利安装钢轨弹条扣件。此扣件左面调整量为±14mm，上下调整量为30(-5, +25)mm。

(2) 串联式预应力混凝土梁

我国1966年修建成昆铁路时，第一次试制成功的23.8m跨度的串联梁，是将梁片分段，在预制场预制，用汽车运至桥位便梁上，用环氧树脂胶剂黏结，通过预应力钢筋串联成整梁，最后用简易架桥机架梁或桥位上移梁就位的。现就成昆线的串联梁介绍如下。

梁部结构纵向分成两片，截面形式为工字形，横向分为17块，两端块长1.05m，其余15块长1.5m，每块重不超过4t，梁高2.1m，便于相应跨度的梁更换。混凝土用C50级。预应力钢筋采用704钢绞线，其公称抗拉强度为1600MPa。为了加强梁块的接缝砂浆层，在接缝处梁块端面各布置一层钢筋网。

串联梁与厂制整体式预应力混凝土梁比较，主要区别在于前者有16条横向胶接缝。通过试验证明，胶接缝对梁体破损强度毫无影响，而对梁的抗裂性能稍有影响，其原因不在于胶接缝本身，而在于胶接缝邻近的砂浆薄层。胶接模拟梁的动载疲劳试验表明，胶接梁经过200万次反复荷载作用后，胶缝工作状态仍然良好。多年来运营考验及动静载试验证实了串联梁整体性能良好，纵横刚度和强度均满足运营要求。我国铁路桥梁领域首次采用拼装移动式加强型支架造桥机(简称支架式造桥机)施工的56m预应力混凝土简支箱梁，于1996年2月成功地架设在南昆铁路大桥上。它是当时最大跨度和最大张拉吨位的预应力混凝土简支梁。

4. 预应力混凝土简支梁的设计与一般计算步骤

(1) 截面尺寸设计

①梁高。预应力混凝土梁梁高的选择，基本原则与钢筋混凝土简支梁相似，但一般而言，预应力混凝土梁高跨比小于普通钢筋混凝土梁，故跨中挠度有可能成为控制梁高的一个

条件。应注意的是,对后张法预应力混凝土而言,梁的高度除应从材料经济指标和标准化的要求考虑外,还受到梁端部分锚具布置的限制。对于较大跨度的梁(如32m),运输能力往往成为制约梁高的一个因素。

②上、下翼缘尺寸。梁的上翼缘的宽度主要是根据线路规定区间直线段最小线间距而定;至于下翼缘的尺寸,则受预应力筋的布置及传力锚固阶段的应力状态控制。从工艺方面来说,同一截面形式的各跨梁,其下翼缘宽度应尽量一致,以利于制梁台座底板的通用。另外,下翼缘的尺寸还应考虑混凝土灌注时的通路和顶梁、移梁以及制梁的要求,一般不宜小于15cm。为灌注混凝土方便,对腹板较厚的梁,其下翼缘的起始处最好设"喇叭口"。为满足移梁时不损伤梁体的要求,梁端附近的下翼缘应适当加厚,且不宜小于25cm。在某些情况下,由于下翼缘内的预应力钢筋在梁端附近逐渐弯起,为适应这种需要,下翼缘的厚度亦随之增大,俗称"斜梗肋"。但这样做将增加下翼缘箍筋的类型,且使梁的外形复杂化,应尽量避免。下翼缘最小厚度,除端部外,不得小于15cm。

③腹板尺寸。梁的腹板,其厚度主要应根据剪应力和主拉应力的大小,同时考虑预应力钢筋的布置来确定。对于后张法预应力混凝土梁,由于预应力钢筋沿跨度方向,逐步由跨中向两端弯起,而这些钢筋大部分布置在腹板内,所以腹板的厚度又受这些预应力钢筋布置的制约;至于采用先张法直线配筋的预应力混凝土梁,腹板内不设置预应力钢筋,其厚度主要由剪应力和主拉应力的数值确定。这里应该注意,腹板是灌注混凝土的通路,太薄往往会由于混凝土通路不畅产生纵向裂缝。所以,从腹板局部稳定和混凝土灌注的通路要求出发,规定腹板厚度不得小于150mm。此外,腹板厚度还与梁高有一定关系。从受弯构件的特点来看,在截面面积相同的情况下,腹板越薄,惯性矩及截面抵抗矩越大,薄腹板易发生局部失稳现象。因此,梁的上下翼缘梗肋之间的腹板高度,当腹板内有预应力箍筋时,不应大于腹板厚度的20倍;当无预应力箍筋时,不应大于腹板厚度的15倍。

④梁端部尺寸。梁端部尺寸的确定,从构造上讲,需满足所选用的锚具、千斤顶尺寸的要求。从设计上讲,应使锚具在端面上排列均匀,有足够的保护层,以满足锚下混凝土抗裂性的要求。端部腹板加厚程度及加厚区段长度,视端块应力状态而定,一般长度为1.5~1.8m。下翼缘垂直高度加高区段的长度需视钢束抬高位置而定。

⑤梁梗中心距。梁梗中心距的确定,既要考虑梁体本身的倾覆稳定,又要考虑桥面板的受力状态。同时要注意到标准化,以便统一模板构造和桥墩台顶帽尺寸。对于跨度 <32m 的分片式道砟桥面预应力混凝土梁,经比选后,梁梗中心距采用1.7~1.8m。

⑥横隔板尺寸。横隔板的主要作用是将两片梁联结在一起以加强结构的空间整体性,有利于承受横向水平力及偏载等作用。规范规定,在工字形截面或T形截面的分片式结构中,横隔板间距不应大于腹板厚度的30倍,并不得大于6cm。至于其厚度,跨间最小为14cm,端部最小为18~20cm。为便于拆除模板,横隔板从梁腹板伸出部分应略带斜坡。

(2)一般计算步骤

预应力混凝土梁,一般来说其计算步骤大致如下:

①假定梁体截面尺寸,计算由于自重、恒载(包括钢轨及配件、轨枕、道砟、人行道等)、活载产生于跨间各截面(一般为跨中、跨度1/4处和端部腹板厚度变化处,以及其他各需要检算的截面)的弯矩和剪力。

②根据跨中的最大弯矩选定跨中截面的预应力筋数量和排列,计算跨中正截面的强度并初步检算跨中抗裂性(可先假定或粗算永存预应力值)。

③进行全梁预应力筋的布置,以确定预应力钢筋沿跨长的位置,计算截面特性。

④计算各项预应力损失,以确定永存预应力值,再按此值正式校核各截面的抗裂性,并检算正截面长度。

⑤计算各有关截面在运营状态下的正应力、剪应力和主拉力以及斜截面(主拉应力方向)的抗裂性。

⑥计算锚具下直接承压部位的抗裂性和强度。

⑦计算运营状态下梁的挠度和张拉完毕传力锚固阶段的上拱度。

⑧计算梁附近有关部位的斜截面抗弯及抗剪强度。

⑨计算锚固区段的端块应力。

⑩设计与计算桥面板。

⑪架桥机吊梁通过及拨道计算,计算跨中抗裂系数及混凝土上、下翼缘应力。

⑫大型货车通过本桥时跨中抗裂系数及混凝土上、下翼缘应力检算。

一个正确的设计,往往需要经过多次反复的计算比较,才能最后确定合适的截面尺寸和配筋。

任务三 预应力混凝土连续梁桥

一、概述

预应力混凝土简支梁桥,虽然构造简单,预制和安装方便,在桥梁建设中得到了广泛使用,但当这种简支体系跨径超过 40~50m 时,跨中恒载弯矩和活载弯矩将会迅速增大,致使梁的截面尺寸和自重显著增加,这样不但材料耗用量大,并且也给施工带来困难。因此,对于较大跨径的桥梁,宜采用在内力分布方面较为合理的其他结构体系,如拱桥、悬臂梁桥、连续梁桥等。本任务针对预应力混凝土连续梁桥进行分析讲解,要求学生对预应力混凝土连续梁桥的构造及设计要点熟练掌握。

为了进一步了解连续梁桥的力学特征,我们将其在荷载作用下产生的梁体截面内力与简支梁做一比较。从恒载弯矩图来分析,当跨径 l 和恒载集度 q 相同的情况下,连续梁内力的分布要比同跨度的简支梁合理,见图 3-13。这是由于连续梁支点负弯矩的存在,使跨中正弯矩值显著减小。

对于预应力混凝土连续梁来说,控制设计的常是弯矩的变化值,它影响预应力钢筋的布置,即必须以各个截面的最大正、负弯矩的绝对值之和,也即按内力变化幅值布置预应力筋。当然,这里没有计入恒载的作用,恒载弯矩越大(相对于活载而言),则弯矩变化值对总的弯矩来说就越小,预应力钢筋布置比较容易满足弯矩变化的要求。因此,连续梁在活荷载较小的公路桥梁中用得比较多,而在活载较大的铁路桥梁中用得比较少。

预应力钢筋的合理使用,有利于纵向顶推、悬臂灌注或悬臂拼装等施工方法的实现,促进了预应力混凝土桥梁结构的发展。

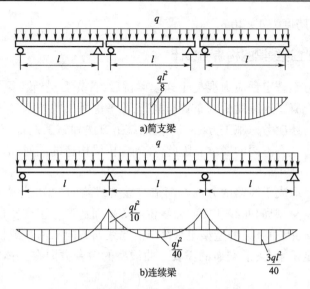

图 3-13　连续梁与同跨度简支梁的弯矩比较

连续梁通常用于良好的地质条件,从运营条件来说,连续梁较简支梁要优越。高速行车要求桥梁结构变形小,线路纵坡平顺,尽量减少伸缩缝数量,而这些对于连续梁来说是很容易满足的。目前,伸缩缝长度最大可达 660mm,梁体连续长度可达 1000m 以上。连续梁刚度大,对活载产生的动力影响小;连续梁对结构物整体的纵向及横向稳定性也是有利的;连续梁减少了伸缩缝的数量,对于桥梁的养护工作也比较方便。

连续梁超载时有可能发生内力重分布,从而提高了梁部的承载能力。至于基础不均匀沉降的影响,只要不使结构物产生损坏性裂缝,它所引起的附加内力受混凝土的徐变特性影响,会随时间延长逐渐减小。

在桥的立面上,连续梁在中间桥墩处只有一个支座,在竖直荷载作用下桥墩只受轴向的压力。除制动墩外,连续梁的桥墩及其基础的尺寸都可以做得小些。

预应力混凝土连续梁的主要缺点是预应力钢筋的布置难于发挥预加力的优点。因为在梁的大部分截面内既有正弯矩,也有负弯矩,这就使预应力钢筋合力的偏心不得不靠近截面中心轴,从而降低了预加力的作用,并且影响到梁的极限强度。

构件在偏心的纵向预压力作用下,要承受弯矩产生的弯曲变形,在连续梁等超静定结构中,构件的变形如受到约束,在其支承处必然产生附加的反力,从而导致低预应力的作用。另外,连续梁等超静定结构的设计工作也比较复杂,张拉程序、施工方法以及材料性能等对其应力状态都有很大影响,而且较难精确计算。但预应力混凝土不仅能采用顶推、悬臂施工等先进的施工工艺,而且具有结构刚度大、利于行车等优点,因此这种结构形式在国内外桥梁建设中得到了广泛的应用。

在我国铁路桥梁建设中,1966 年在成昆线用悬臂拼装法建成了第一座预应力混凝土铰接悬臂梁桥——旧庄河 1 号桥,跨度为 24m + 48m + 24m。1970 年又用悬臂灌注法建成结构形式相同的成昆线孙水河 5 号桥,跨度为 32.6m + 64.6m + 32.6m。1975 年建成的北京枢纽东北环线通惠河桥,是我国第一座预应力混凝土连续梁桥,它是在支架上施工的,跨度为 26.7m + 40.7m + 26.7m。1977 年建成的西延线狄家河桥,是我国第一座顶推法施工的预应力混凝土连续梁桥,跨度为 4×40m。

二、预应力混凝土连续梁的构造和设计

当桥梁的设计方案选定预应力混凝土连续梁桥后,首先要进行桥梁的总体布置和确定结构构造。预应力混凝土连续梁桥的布置与构造,除考虑桥梁的技术经济指标、跨越性质和水文、地质等条件外,还应考虑施工方法。不同的施工方法和施工设备,对桥梁的上、下部构造和预应力钢筋的布置有不同的要求。因此,在确定桥梁构造的同时,必须涉及施工方法和施工条件。

桥梁的平面造型取决于线路的方向与河道或立交线路的方向,并受桥址地形和地物的制约,通常有正交、斜交、单向曲线和反向曲线桥梁等平面造型。正交桥最为常见,其桥墩台位置与主梁中线垂直,因而桥梁的造型也最简单。当线路方向与河道或桥下交通斜交时,斜交的布置应同时满足桥梁上、下交通的需要。曲线桥的墩台方向在总体布置中通常选用径向排列。

连续梁是由若干跨梁组成一联,桥梁可由一联或多联构成,常见的连续梁桥每联由 4~8 跨组成,如果跨数增加,将使桥梁的计算与施工难度加大,温度变化及混凝土收缩、徐变所需伸缩缝的宽度就大。但增加每联的跨数对梁的受力和行车是有利的,能使行车平稳,减少噪声和便于养护。当前,随着科学技术的发展,电子计算机逐步普及使用,施工技术和施工精度的提高以及大型支座和伸缩缝的应用,使得连续梁桥一联的跨数和长度都有了明显的增加。如英国的奥韦尔桥为 18 跨一联的连续梁桥,最大跨径 190m,连续长度 1286m,仅在桥梁两端设置伸缩缝。我国钱塘江二桥为 18 跨一联预应力混凝土连续梁桥,中跨径 80m,全长 1340m。当然,对于一联应选用几跨为宜,需依据桥梁的具体情况确定。

1. 立面布置

预应力混凝土连续梁桥立面布置常见形式见图 3-14。图中按桥梁跨径相互关系,分为等跨连续梁[图 3-14a)]和不等跨连续梁[图 3-14b)]。

按梁高变化,分为等高度连续梁[图 3-14a)、d)]和变高度连续梁桥[图 3-14b)、c)]。

按下部结构的支承形式,分为普通的单式桥墩[图 3-14a)、b)]、V 形桥墩[图 3-14e)]和双薄壁柱式桥墩[图 3-14f)]。

按主梁梁身的构造,分为实腹式主梁[图 3-14a)、b)、c)、e)、f)]和空腹式桁架结构[图 3-14d)]。

按主梁与下部结构的关系,分为墩梁分离的连续梁[图 3-14a)、b)、d)]和墩梁固接的连续T构桥[图 3-14f)]。

(1)等截面连续梁

由于等截面连续梁结构简单、施工方便,采用顶推法、移动模架和就地浇筑法施工的连续梁一般都采用等截面形式。等截面连续梁除具有简化施工的优点外,在顶推法施工过程中还便于布置顶推和滑移设备及模板的周转。

等截面连续梁可采用等跨和不等跨布置。若采用等跨布置,结构简单,模式统一,但等跨布置时,连续梁中内力分布不是很合理。等跨布置的跨径大小主要取决于经济分孔和施工设备条件。

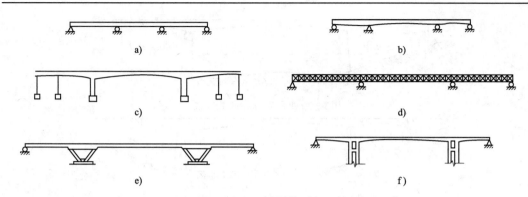

图 3-14 预应力混凝土连续梁桥的立面布置

为减少等跨布置时边跨及中跨跨中正弯矩,可将连续梁设置成不等跨形式,一般边跨与中跨跨径之比取 0.5~0.8。采用不等跨布置时,为保证桥梁纵向线形,常不改变支点处梁高,而通过增加预应力束筋用量来抵抗支点处较大的负弯矩,钢材用量较费,这是其主要缺点。

等截面连续梁的梁高,在选定时应参考有关资料,一般取跨径的 1/26~1/16,采用顶推法施工时,一般取跨径的 1/15~1/12 为宜。

中等跨径(40~60m)的预应力混凝土连续梁,采用顶推法施工,当采用先简支后连续的施工法时,多采用等截面形式。

(2)变截面连续梁桥

大跨度预应力混凝土连续梁桥以采用变截面为主。从已建实例的统计资料分析,跨径大于 100m 的预应力混凝土连续梁桥有 90% 以上是选用变截面梁。大跨桥梁在外载和自重作用下,支点截面将出现较大的负弯矩,从绝对值来看,支点截面的负弯矩大于跨中截面的正弯矩,因此,采用变截面梁能与梁的内力状态相吻合。在跨径布置上,为减少边跨跨中正弯矩,宜选用不等跨布置,这样安排也便于悬臂对称施工。另外,变高度梁使梁体外形和谐,节约材料并增大桥下净空。此外,有些采用有支架施工和预制装配施工的大跨径连续梁桥,也因梁的受力需要选用变截面梁。

变截面梁的截面变化规律可采用圆弧线、二次抛物线、直线等,最常用的是二次抛物线,因为二次抛物线的变化规律与连续梁的弯矩变化规律基本相近。采用直线形截面变化布置可使桥梁的构造简单、施工方便。如广东容奇桥主跨径90m,选用直线变截面梁,其支点截面到左右各16.5m处梁高直线变化,从16.5m处到跨中截面取用等截面。该桥梁用大型预制构件拼装,由悬臂—连续体系转换,并在变截面和等截面交界附近设牛腿连接。从构造与施工方面考虑,该桥纵向选用部分直线变化是合理的,同时,也使各控制截面的强度和应力满足设计要求。预应力混凝土连续桥除在梁高上选用变截面外,对箱形截面也可以将截面底板、顶板和腹板做成变厚度,以满足梁内各截面的不同受力要求。

实践经验表明,变截面的截面高度与最大跨径之比,跨中截面可在 1/50~1/30 范围内考虑,支点截面可选用 1/20~1/15,边跨与中跨的比例仍在 0.5~0.7 的范围内变化,见图 3-15。

对城市桥梁或跨线桥,为增大中跨跨径,有时可能设计成边跨与中跨跨径之比 <0.3 的连续梁,见图 3-16。此时端支点处将出现较大的负反力,为此要专门设计桥台支座,使其为拉压式,以承受负反力,或者在跨端部分设置巨大的平衡重以消除负反力。

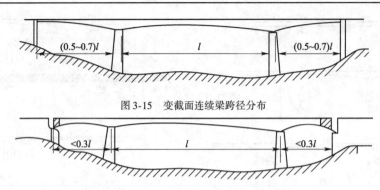

图 3-15　变截面连续梁跨径分布

图 3-16　边跨与中跨之比小于 0.3 时的措施

预应力混凝土变截面连续梁的特点可归纳为:变高度连续梁桥常采用不等跨布置,以便于悬臂对称施工。变截面梁的截面变化规律多采用与连续梁悬臂施工弯矩变化规律相近的二次抛物线,因此梁体外形和谐,但施工时要计算较为复杂的体系转换问题,施工和构造较为复杂。变截面连续梁常用于主跨跨径接近或超过 100m 的预应力混凝土连续梁桥。

2. 主梁横断面

预应力混凝土连续梁桥的横截面形式很多。横截面的选取必须考虑施工的影响,其形式既要便于施工,又要考虑施工费用。在特殊情况下,如风景区和城市桥梁,还要考虑美观上的要求。另外,横截面的选取还要考虑桥面宽度、桥梁跨径及梁支承形式等。目前,预应力混凝土连续梁的横截面形式常用的有板式截面、肋式截面和箱形截面三大类。

(1) 板式截面

用于连续梁的板式截面有整体式矩形实心板、异形板及矩形空心板等几类,如图 3-17 所示。

矩形实心板目前已很少采用。异形板常用于跨径为 20～30m 的预应力混凝土连续板桥,这种横截面常与柱形桥墩配合,造型美观。但采用现场浇筑施工时,模板设置较复杂。空心板截面也常用于跨径为 20～30m 的连续梁桥,板厚可取 0.8～1.2m。

(2) 肋式截面

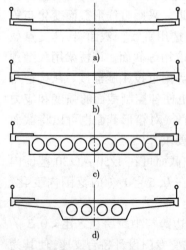

图 3-17　常用板式截面形式

预应力混凝土连续梁常采用整体式肋式截面,见图 3-18。这种截面预制方便,常采用预制架设先简支后连续的施工方法。常用于跨径为 25～60m 的连续梁桥,梁高一般取 1.6～2.5m。

(3) 箱形截面

目前,在已建成的大跨径预应力混凝土桥中,跨径超过 60m 后,其截面大多为箱形。箱形截面的优点体现在以下几个方面:具有良好的抗弯和抗扭性能,特别适合悬臂法施工;同高度的矩形、T 形和箱形截面中,箱形截面的核心半径最大,因此在布置预应力筋时,可使力筋的力臂最大而不使截面边缘出现拉应力,能充分发挥预应力的作用;其顶板和底板具有较大的面积,能有效抵抗正负弯矩,满足配筋要求。另外,箱形截面具有良好的动力特性。

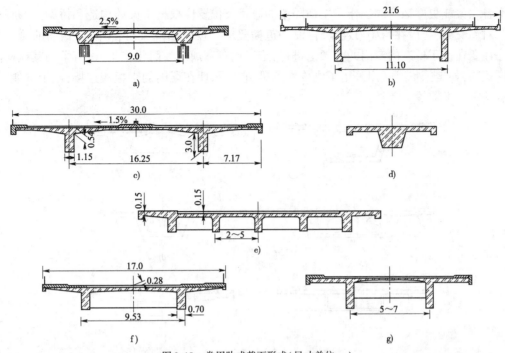

图3-18 常用肋式截面形式(尺寸单位:m)

箱形截面形式与桥面宽度、墩台构造及施工要求有关,常见的箱形截面形式有单箱单室、双箱单室、单箱多室、多箱多室等。

单箱单室截面[图3-19a)]受力明确、施工方便,能节省材料用量,但常用于桥宽16m左右的桥梁。如桥面宽度较大(如20~30m),仍采用单箱单室截面,则需要在截面构造上采取一定的措施,如在悬臂上设置加劲横梁,并在横梁上施加横向预应力,以增大悬臂板的抗弯刚度[图3-19f)]。有些单箱单室则采用斜撑或斜板以加强单箱单室截面[图3-19g)]。也有不采用加强悬臂板的,但在桥面板内设置横向预应力筋。单箱单室截面的梁高可在1.5~5.0m范围内变化。

双箱单室截面[图3-19b)]适用于桥宽为20m左右,梁高常取1~2m。单箱双室截面[图3-19c)]适用于桥宽为25m左右,梁高1.5~5.0m。箱形截面中双室式腹板总厚度较单室大,主拉应力和剪应力相对较小,预应力筋布筋容易,但双室式截面的应用不广。重庆长江大桥在进行初步设计时,曾对双箱单室截面和双箱双室截面做过经济比较,结果前者质量要比后者减轻13%左右。

桥宽较大时可采用单箱多室[图3-19e)],也可采用分离式箱梁[图3-19j)]。单箱多室箱形截面施工不便,而分离式箱形截面施工、构造都较简单,两个箱梁分别支承在一排独立的桥墩上,悬臂施工时可分箱进行,施工较单箱多室方便,再者,这种分离的箱形截面荷载分布系数较小,单室箱梁不加加劲横梁,桥宽可做到40m左右,所以比较经济。目前已知的采用分离式箱形截面最宽的桥梁为瑞士的莱茵河桥,桥宽为2×47.7m。

(4)横隔梁

横隔梁的主要作用是将主梁连成整体,保证各主梁共同工作。采用T形或I形主梁时,由于其抗扭刚度较小,一般均设置端横隔梁及中横隔梁,以增加主梁的刚度,保证在荷载作用下各主梁能更好地协同工作。中横隔梁的数目及位置应根据主梁的构造和桥梁的跨径确定。对简支梁,一般在跨中、1/4 跨各设一道横隔梁。设置横隔梁时,横隔梁钢筋的接头焊接往往要在设于桥下的专门的支架上进行,施工比较麻烦。为简化施工,也有采用其他横隔梁形式的,如美国华盛顿州采用了刚构横隔梁,它与预埋在梁内的钢板相连接,施工方便,但缺点是需经常养护。

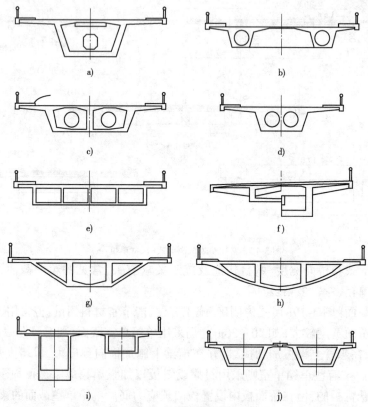

图 3-19 箱式截面形式

横隔梁的肋宽常取 100~200mm,为方便脱模,横隔梁预制时常做成上宽下窄和内宽外窄的楔形。

箱形截面梁桥的抗扭刚度很大,所以横隔梁对纵向应力和横向弯矩的分布影响很小,活载横向弯矩的增加很少超过 8%,而恒载弯矩又不受横隔板的影响,因此,许多国家认为可少设或不设中横隔梁。端横隔板除限制畸变应力外,还承受和分布较大的支反力,因此箱梁中均设置端横隔梁。如我国重庆长江大桥,主跨 174 m,悬臂长 69.5 m,在悬臂中间仅设置一道横隔梁,边跨悬臂长 51.5 m,中间则不设横隔梁。

端横隔板的设置对箱梁顶板的受力状态有直接关系,当横隔板与腹板、底板相连,而与顶板间留有空隙时,将不改变顶板受力,如和周边都有连接,则该处顶板受的负弯矩有所增加(图 3-20),因此对顶板的配筋要根据受力需要布置。

3. 预应力混凝土连续梁桥设计计算主要内容

预应力混凝土连续梁结构内力计算原理及步骤基本上和简支梁相同,即确定计算图式、拟订截面尺寸、绘制内力影响线、计算各类荷载及在其作用下产生的内力、按最不利的内力组合检算截面、选定最优的设计方案等。但预应力混凝土连续梁的内力计算应考虑体系转换和次内力,根据施工方法分段进行,计算比较麻烦。其内力计算内容包括:

(1)恒载内力计算。
(2)活载内力计算。
(3)次内力计算(包括预加力次内力、温度次内力、混凝土收缩和徐变次内力及墩台沉降次内力等)。
(4)附加内力计算(如风力或离心力产生的内力等)。

预应力混凝土连续梁是超静定结构。如前所述,为适应梁中内力分布,在大跨径预应力混凝土连续梁中常采用变截面,而变截面连续梁的刚度是沿梁轴变化的。因此,在计算活载内力时,必须考虑刚度沿梁轴变化的特点。

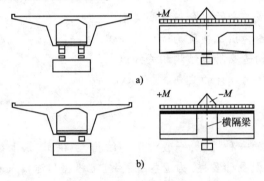

图 3-20 端横隔板设置对箱梁顶板受力状态的影响

变截面连续梁的结构分析,可以按照平面杆系结构计算,也可以按三维空间问题分析。按照平面杆系结构计算连续梁的基本原理,在结构力学等先修课程中已有较详细的叙述。各种分析超静定结构的方法都可以应用,其中力矩分配法广泛用于手算。变截面构件的刚度系数、传播系数以及单位荷载作用下的固端弯矩,均可在有关手册或《结构力学》书中查到。当然,也可以采用数值积分等方法直接计算。

另外,如前所述,预应力混凝土连续梁桥有各种不同的施工方法,除满布支架现浇施工以外,用其他方法施工的桥梁都存在体系转换问题,在体系转换中除了要计算因施工程序不同而产生的施工内力外,还应计及各项次内力。次内力包括施工过程中由于张拉预应力筋所引起的次内力和由于混凝土徐变产生的次内力。在悬臂施工的连续梁中,各项次内力常使跨中区段的正弯矩值有较大的变化幅度,应引起重视。还应注意连续梁的合龙顺序对结构内力分布有直接影响,选择体系转换顺序时,应使最终连续梁体系的恒载内力合理,尽可能缩小各项次内力的不利影响。

复习思考题

1. 梁式桥分别按承重结构截面形式和承重结构的静力体系划分,各有哪些形式?
2. 钢筋混凝土梁的构造形式有什么特点?梁内的钢筋种类有哪些?
3. 先张法和后张法预应力混凝土梁有什么区别?
4. 箱梁断面设计参数有哪些?试画出一个标准的箱梁断面图。
5. 预应力混凝土简支梁设计计算步骤有哪些?

项目四　拱桥构造与设计

学习目标：

(1) 了解拱桥各组成部分的概念与主要类型。
(2) 掌握拱桥主拱圈和拱上建筑构造相关知识点。
(3) 掌握拱桥细部构造及附属结构相关知识点。
(4) 了解拱桥上部结构设计的要点。

任务描述：

拱桥是桥梁中常见的一种桥型，一般由下部结构、主拱圈、拱上结构和附属设施4个基本部分组成。拱桥的类型多种多样，构造各有差异，可根据用途以及施工特点来进行拱桥的构造设计。

任务一　拱桥组成及主要类型

拱桥是我国最常用的一种桥梁形式，其式样之多、数量之大，为各种桥型之冠。拱桥是指在竖向荷载作用下，两铰支撑处除有竖向反力外，还产生水平推力的桥梁结构。正是因为水平推力的存在，使拱内产生轴向压力，并大大减小了跨中弯矩，增大了桥的跨越能力。

由上可知，拱桥是一种受力优越的结构，在条件适宜的情况下，修建拱桥是经济合理的。拱桥的建筑材料来源丰富，可以修建成圬工拱桥、钢筋混凝土拱桥、钢拱桥和组合材料的拱桥（如钢管混凝土拱桥）。拱桥的优点在于：跨越能力较大，目前钢筋混凝土拱桥最大跨径为420m，钢拱桥为518m；能就地取材，与其他体系桥梁相比，拱桥的造价是较低的；圬工及钢筋混凝土拱桥耐久性好，养护、维修费用少；拱桥外形美观，能与周围环境较好协调，特别是在西部地区，山岭沟壑，在此建造拱桥，犹如一条彩虹飞跃两岸；构造简单，技术容易被掌握，有利于推广。拱桥的缺点在于：自重较大，由于水平推力的存在，对地基条件要求较高，相应增大了下部构造工程量，同时，对连续多孔的大、中型桥梁，为防止一孔破坏而影响全桥安全，需采用较复杂的措施或设置单向推力墩，增加了造价；其次是拱桥的施工，无论是有支架施工（如圬工拱桥）还是无支架施工（如钢筋混凝土拱桥），一直是影响拱桥发展和造价的重要因素；与梁式桥相比，上承式拱桥的建筑高度较高，尤其在平原地区，为满足桥下净空要求，必须抬高桥面高程，这使得两岸接线增长，或使桥面纵坡变大，既增加工程量，又对行车条件不利。

尽管如此,拱桥的优点仍很突出,仍然是我国公路和城市桥梁的一种主要桥梁形式,尤其是西部地区,地质、地形条件适宜,建材丰富,非常适合于修建各种形式的拱桥。随着设计理论、计算方法和施工技术的提高,拱桥的跨径也在不断增大,如何减轻拱桥结构自重,改进施工方法,开发和使用高强混凝土,已成为影响拱桥发展的重要问题。我国在箱形拱桥的基础上,发展和独创了刚架拱桥、预应力混凝土组合式架拱桥、钢管混凝土拱桥和劲性骨架混凝土拱桥等新型拱桥。尤其是钢管混凝土拱桥,以其突出的优点在国内迅速崛起。短短十年中,国内已建和在建钢管混凝土拱桥愈加显示出了强大生命力和竞争力。

一、拱桥组成

拱桥和其他桥梁一样,也是由上部结构和下部结构组成。拱桥上部结构由主拱圈及拱上建筑构成。由于拱圈为曲线,一般情况下桥梁无法直接在其上行驶,故在桥面系与拱圈之间需要有传递压力的构件或填充物。通常把主拱圈以上的桥面系和传力构件或填充物统称为拱上建筑或拱上结构。

拱桥的下部构造包括桥墩、桥台和基础,用以支承桥跨结构,将桥跨结构的全部荷载传至地基,并与两岸路堤相连接。

以实腹式拱桥为例,其各主要组成部分见图 4-1。

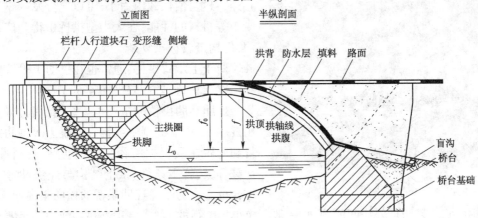

图 4-1 实腹式拱桥主要组成部分

二、拱桥主要类型

拱桥的类型多种多样,构造各有差异,类型也有多种分类方法。

按主拱圈所使用的建筑材料不同,可分为圬工拱桥、钢筋混凝土拱桥和钢拱桥、组合材料拱桥如钢管混凝土拱桥(图 4-2)。

按主拱圈的截面形式不同,可分为板拱桥、肋拱桥、双曲拱桥和箱形拱桥。

按拱上建筑的形式不同,可分为实腹式拱桥及空腹式拱桥。

图 4-2 钢管混凝土拱桥

按拱轴线的形式不同,可分为圆弧线拱桥、抛物线拱桥和悬链线拱桥。

按桥面位置不同,可分为上承式拱桥、中承式拱桥和下承式拱桥,如图4-3所示。

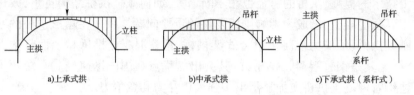

图4-3 上承式拱桥、中承式拱桥和下承式拱桥示意

4-实腹式拱上建筑拱桥组成

按有无推力,可分为有推力拱桥和无推力拱桥。

任务二 主拱圈及拱上建筑的构造

一、肋拱

用两条或多条分离的平行窄拱圈即拱肋作为主拱圈的拱(图4-4),肋与肋间由横系梁相连,自重轻、恒载内力小,可以充分发挥钢筋混凝土等材料的性能,在大中型拱桥中得到广泛应用,但构造较板拱复杂。

对于上承式拱桥,通常也在拱肋上设置立柱和横梁支承行车道部分(图4-5)。

拱肋是肋拱桥的主要承重结构,其材料多使用混凝土、钢筋混凝土或钢管混凝土。拱肋的数目和间距主要根据跨径、宽度、肋型、材料性能、荷载等级、施工条件、拱上结构与经济性等因素综合选定。为了保证肋拱桥的横向整体稳定性,

图4-4 肋拱桥

肋拱桥两侧的拱肋最外缘间的距离,一般不应小于跨径的1/2。一般在吊装能力满足要求的情况下,宜采用少肋形式。通常,桥宽在20m以内时可采用双肋式,当桥宽在20m以上时,可采用三肋(多肋)拱或分离的双肋拱。

在小跨径的肋拱桥中,拱肋截面多采用矩形,肋高为跨径的1/60~1/40,肋宽为肋高的0.2~2.0倍。在较大跨径中,拱肋常做成工字形截面,肋高为跨径的1/35~1/25,肋宽为肋高的0.4~0.5倍。其腹板厚度常采用0.3~0.5m。

二、箱形拱

将板拱截面挖空成箱形截面,则称为箱形拱(图4-6)。钢筋混凝土箱形拱截面挖空率可达50%~70%,可大大减轻质量,节省上下部结构的造价。又由于它是闭口箱形截面,抗扭刚度较大,横向整体性和结构稳定性较好,所以特别适用于无支架施工。但箱形截面施工制作较复杂,一般情况下,箱形截面的拱桥跨径适合在50m以上。它是国内外大跨径钢筋混凝土拱桥主拱圈截面的基本形式。

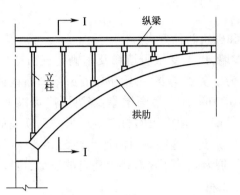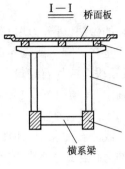

图 4-5 上承式肋拱

图 4-6 箱形拱

箱形拱的拱圈,可以由单室箱(图 4-7)或多室箱(图 4-8)组成。单室箱分别由底板、侧板、顶板及横隔板组成。为提高拱箱抗扭能力、加强箱壁的局部稳定性,拱箱内每隔一定距离设一道横隔板。箱形拱的构造与施工方法有密切的联系。采用无支架施工时,为了减轻吊装质量,拱圈常采用装配—整体式结构形式,分阶段施工,最后拼装成一个整体。

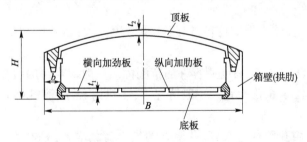 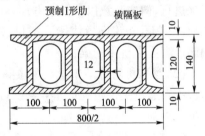

图 4-7 单室箱形截面　　　　图 4-8 多室箱形截面(尺寸单位:cm)

三、拱上建筑构造

按拱上建筑采用的不同构造方式,可将拱桥分为实腹式和空腹式两种,由于实腹式拱上建筑的构造简单,施工方便,而填料的数量较多,恒载较重,一般情况下,小跨径拱桥多采用实腹式。大、中跨径拱桥多采用空腹式,以利于减小恒载,并使桥梁显得轻巧美观。

1. 实腹式拱上建筑

实腹式拱上建筑由侧墙、拱腹填料、护拱以及变形缝、防水层、泄水管和桥面等部分组成

(图4-1)。

按拱腹填料的做法,可分为填充和砌筑两种方式。

填充的方式是在拱圈两侧砌筑脚墙,以承受拱腹填料及车辆荷载所产生的侧压力(推力)。侧墙一般用块石或片石砌筑。为了美观需要,可用粗料石或细料石镶面,侧墙厚度一般按构造要求确定,其顶面宽0.50~0.70m,向下逐渐增厚,墙脚厚度可以采用侧墙高度的0.4倍。特殊情况下脚墙厚度应由计算确定,填充用的材料应尽量做到就地取材,通常采用砾石、碎石、粗砂或卵石加黏土,并加以夯实。这些材料的透水性较好,成本较低,而且还能减小对侧墙的推力。在地质条件较差的地区,为了减轻拱上建筑的质量,可以采用其他轻质材料(如炉渣、石灰、黏土等混合料)作填料。

当填充材料不易取得时,可改用砌筑的方式,作为拱腹填料。当用贫混凝土时,往往可以不另设侧墙,而在外露混凝土表面用砂浆装饰或设置镶面。

在多孔拱挢中,为了便于敷设防水层和排出积水,又设置了护拱。护拱一般用现浇混凝土或砌筑块片石修筑,用浆砌片石做护拱,还起着加强拱圈的作用。

2.空腹式拱上建筑

空腹式拱上建筑由多孔腹孔结构和桥面系组成,以利于减小恒载,并使桥梁显得轻巧美观,如图4-9所示。

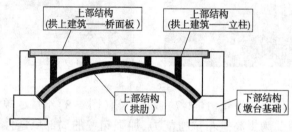

图4-9 空腹式拱桥组成

拱上腹孔的布置,应结合主拱的类型、构造、几何尺寸,以及施工方法和桥位处的具体情况来进行,但应注意以下几个方面:

(1)腹孔可以布置成梁式或拱式。前者的质量较轻,但腹孔梁弯矩较大;后者则相反。钢筋混凝土拱桥多用梁式。

(2)腹孔可对称地布置在主拱圈(肋)上建筑高度所容许的范围内。一般每半跨的腹孔总长不宜超过主拱跨径的1/4~1/3,以3~6孔为宜。一般情况下,主拱跨径小,腹孔数目宜少。

(3)腹孔的跨径不宜过大或过小。腹孔跨径过大,腹孔墩处的集中荷载增大,对主拱的受力不利;腹孔跨径过小,对减轻拱上建筑的质量不利。腹孔的构造宜统一,以方便施工。

(4)对于拱轴线采用悬链线,并且采用无支架施工的拱桥,拱轴系数 m 值宜选小,因此,应采用轻型的拱上建筑布置,腹孔布置范围应适当加大。

(5)在软地基上,为减小基础的承压能力,应尽量采用轻型的拱上建筑布置,可以加大腹孔的布置范围。必要时,可以采用拱顶无填料的拱上建筑。

(6)紧靠墩、台的第一个腹孔,可以直接支承在墩、台上,也可跨过墩顶,使桥墩两侧的腹孔相连,该孔应做成三铰拱(图4-10)。

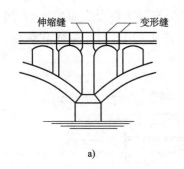 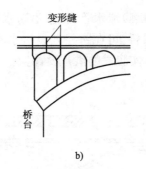 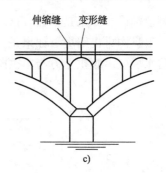

图 4-10 腹拱与墩台连接

任务三　拱桥的其他细部构造

一、伸缩缝与变形缝

拱上建筑与主拱圈,在构造和受力上都有密切的联系。由于拱上建筑与主拱圈的共同作用,一方面拱上建筑能够提高主拱圈的承载能力,但另一方面,它对主拱圈的变形又起约束作用,在主拱圈和拱上建筑内均产生附加内力,从而使构造和计算复杂化。为了使结构的计算图式尽量与实际的受力情况相符合,避免拱上建筑不规则地开裂,以保证结构的安全使用和耐久性,除应在设计计算上作充分的考虑外,还需在构造上采取必要的措施。通常是在相对变形(位移或转角)较大处设置伸缩缝,而在相对变形较小处设置变形缝。

对于梁式或板式拱上结构,宜在主拱圈两端的拱脚上设置腹孔墩或采取其他措施与桥墩(台)设缝分开(图 4-10),梁或板与腹孔墩的支承连接宜采用铰接,以适应主拱圈的变形。

人行道、栏杆、缘石和混凝土桥面,在腹拱铰的上方或侧墙有变形缝处,均应设置贯通全桥宽度的伸缩缝或变形缝,以适应主拱圈的变形。

施工中,通常将伸缩缝的宽度设置为 2~3cm,用锯木屑与沥青按 1:1 比例配合压制成的预制板嵌入砌体或埋入现浇混凝土中,也可用沥青砂等其他材料填缝;变形缝则不留缝宽,可用干砌或油毛毡隔开,或用低强度等级砂浆砌筑。

二、排水及防水层

修建在大自然中的拱桥,雨、雪水等自然因素对拱桥的耐久性、美观等均有较大影响,因此对于拱桥,不仅要求能够及时排除桥面的雨、雪水,而且要求将透过桥面铺装渗入拱腹内的雨水也能及时排除。因为如果这些渗水不及时排出,会增大拱腹填料的含水率,降低承载能力,影响路面层的强度,使路面更易开裂破坏。并且渗水会沿着拱上结构的一些缝隙(如变形缝或裂缝等)渗透,在冬季冰冻时使结构产生冻胀损坏。

关于桥面雨水的排除,除桥梁设置纵坡和桥面设横坡外,一般还沿桥面两侧缘石边缘设置泄水管,其构造情况可参见图 4-11。

透过桥面铺装渗入拱腹内的雨水,应由防水层汇集于预埋在拱腹内的泄水管排出。防水层和泄水管的敷设方式与上部结构的形式有关。对于实腹式拱桥,防水层应沿拱背护拱、侧墙铺设。如果是单孔,可以不设拱腹泄水管,积水沿防水层流至两个桥台后面的盲沟,然后沿盲沟排出路堤。如果是多孔拱桥,可在跨径处设泄水管(图 4-12)。对于空腹式拱桥,防水层应沿腹拱上方与主拱圈跨中实腹段的拱背设置。

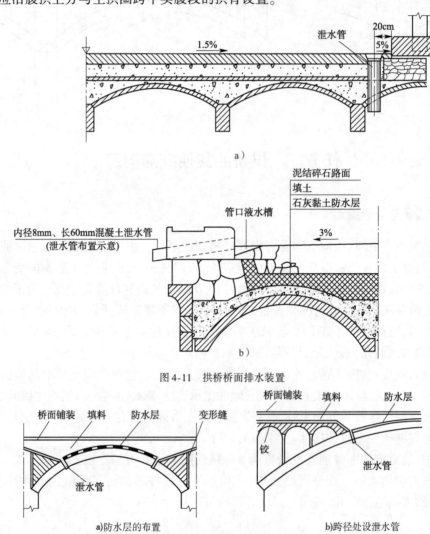

图 4-11 拱桥桥面排水装置

图 4-12 防水层与拱腹泄水管的布置

泄水管可以采用铸铁管、混凝土管或陶瓷(瓦)管等。泄水管的内径一般为 0～10cm,在严寒地区或雨水特多地区需适当加大(不宜小于 15cm)。泄水管应伸出结构外表面 5～10cm,以免雨水顺着结构物外表面下流。为了便于泄水,泄水管尽可能采用直管,并减小管节长度。

防水层在全桥范围内不宜断开,当通过伸缩缝或变形缝处应妥善处理,使其既能防水,又可以适应变形,其构造可参见图 4-13。

防水层有粘贴式和涂抹式两种。前者是由 2～3 层油毛毡与沥青胶交替贴铺而成,效果较好,但造价高,施工麻烦。后者采用沥青或柏油涂抹于砌体表面,施工简便,造价低廉,但效果较差,通常适用于雨水较少的地区。有时也可以就地取材选用石灰三合土(厚 15mm,水泥、石灰、砂的配合比约为1:2:3)、石灰黏土砂浆、黏土胶泥等简易办法代替粘贴式防水层。但这种简易方法的防水性能较差,只能用于道路等级很低的小型圬工拱桥。

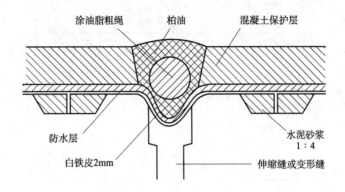

图4-13　伸缩缝上防水层的构造

实践表明,排水设备是否合理、防水层的质量好坏对桥梁的耐久性有重要的影响,因此应重视拱桥排水系统及防水层的处理。

任务四　拱桥上部结构设计

桥涵工程应按照适用、经济、安全和适当照顾美观的原则进行设计。在拱桥设计中,如何根据这些原则,结合实际情况,合理地进行设计,就是所要研究解决的主要问题。

在通过必要的桥址方案比较,确定了桥位之后,再根据当地水文、地质等具体情况,合理地拟定桥梁的长度、跨径、孔数、桥面高程、主拱圈的矢跨比等,是拱桥总体布置的主要内容。

一、确定桥梁的设计高程和矢跨比

拱桥的高程主要有4个,即桥面高程、拱顶底面高程、起拱线高程、基础底面高程(图4-14)。这几项高程的合理确定对拱桥的设计有直接的影响。

拱桥桥面的高程,一般由线路纵断面设计来控制,同时要保证桥下净空能满足泄洪、通航或通车的要求。桥面高程确定后,减去桥面构造层厚度,就可以得到拱顶上缘(拱背)的高程。根据跨径大小、荷载等级、主拱圈材料规格等条件估算出拱圈的厚度,即可推算出拱顶底面高程。

拟定起拱线高程时,为了尽量减小桥墩(台)基础底面的弯矩、节省墩台的圬工数量,一般宜选择低拱脚的设计方案。但具体设计时,拱脚位置往往又受到通航(通车)净空、泄洪、流冰等条件的限制,并要符合桥梁设计规范的有关规定。

跨径大小在分孔时已初次拟定,根据跨径及拱顶、拱脚高程,就可以确定主拱圈的矢跨比。有时也可先确定主拱圈的净矢跨比,然后根据净跨径及拱顶底面高程确定起拱线高程。

主拱圈的矢跨比是拱桥的主要设计参数之一,它的大小不仅影响拱圈内力的大小,而且影响拱桥的构造形式、施工方法的选择及拱桥的外观造型。主要体现在以下几个方面:

(1)当矢跨比减小时,拱的推力增大,相应地在拱圈内产生的轴向力也大,对拱圈自身的受力状况是有利的,但对墩台基础不利;反之,则推力减小。

(2)拱圈受力后产生弹性压缩,同时在温度变化、混凝土收缩、墩台位移等因素作用下,也将产生附加内力,矢跨比越小,附加内力越大。

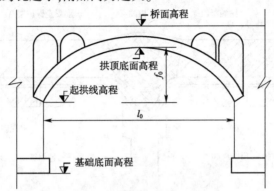

图 4-14　拱桥的主要高程示意

(3)矢跨比过大时,拱脚区段过陡,给拱圈的砌筑或混凝土浇筑带来困难。

(4)拱桥的外形是否美观、拱桥与周围景物能否协调也与矢跨比有很大关系。

因此在设计时,矢跨比的大小应经过综合比较后进行选定。

二、不等跨连续拱桥的处理方法

多孔连续拱桥最好选用等跨分孔的方案。但在受地形、地质、通航等条件的限制,或引桥很长,考虑与桥面纵坡协调一致时,或在桥梁的美观有特殊要求(如城市或风景区的桥梁)时,可以考虑采用不等跨的分孔,如图 4-15 所示。

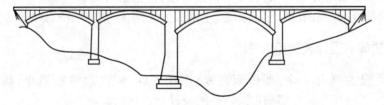

图 4-15　不等跨连续拱桥

对于不等跨拱桥,一个很重要的问题是相邻孔之间的恒载不平衡推力给桥墩和基础带来了不利影响。在采用柔性墩的多孔连续拱桥中,还需考虑恒载不平衡推力产生的连拱作用,使计算和构造变得复杂。为了减小或消除这个不平衡推力,改善桥墩、基础的受力状况,节省材料,降低造价,需采取相应的措施。

1. 采用不同的矢跨比

如前文所述,跨径一定时矢跨比与推力大小成反比。因此在相邻两孔中,大跨径用较陡的拱(矢跨比较大),小跨径用较坦的拱(矢跨比较小),可以使两相邻孔在恒载作用下的不平衡推力尽量减小。

2. 采用不同的拱脚高程

大跨径孔的拱脚高程适当降低,可减小拱脚水平推力对基底的力臂,这样可以使大跨与小跨的恒载水平推力对基底所产生的弯矩得到平衡(图 4-16)。但因拱脚不在同一高度,使桥梁外形欠美观,构造也较复杂。

3. 调整拱上建筑的恒载质量

如果为了满足美观要求等条件,必须使相邻孔的拱脚放置在相同或相近的高程上时,也可采用调整拱上建筑恒载质量的方法来减小相邻孔间的不平衡推力。此时大跨径采用轻质的拱上填料或空腹式拱上建筑,小跨径用质量较大的拱上填料或实腹式拱上建筑,以改变恒载质量来调整拱桥的恒载水平推力。

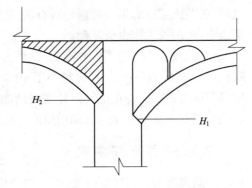

图4-16 采用不同的拱脚高程

4. 采用不同的拱跨结构

通常对小跨径孔采用板拱或厚壁箱拱结构,大跨径孔采用分离式肋拱或薄壁箱拱结构。为进一步减小大跨径孔的恒载质量,也可以将其做成中承式肋拱。从美观角度来看,这也是一种较好的方案。

在具体设计时,也可以将上述几种措施同时采用。如果仍不能达到平衡推力的目的,则需加大桥墩和基础的尺寸,或将其设计成体形不对称的形式来加以解决。

三、拱圈截面的变化规律

拱桥主拱圈截面有等截面和变截面两种形式。所谓等截面拱,就是拱圈任一法向截面的横截面形状和尺寸是相同的。而变截面拱的主拱法向截面,从拱顶到拱脚是逐渐变化的。变截面拱圈的做法通常有两种:一种是拱圈沿拱轴方向宽度不变而只变厚度,另一种是拱圈沿拱轴方向厚度不变而改变宽度,如图4-17所示。

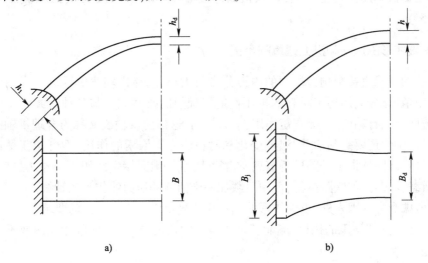

图4-17 变截面拱圈的两种形式

拱圈横截面沿跨径变化的规律,要能适应主拱圈内力变化的情况,有利于充分发挥主拱圈每个截面的材料强度。同时,截面变化的形式,还应考虑到使其构造简单,便于设计和施工。

在相同条件(跨径、矢高、荷载)下,变截面拱圈的圬工数量较等截面拱圈少,拱圈稳定性也较好,但施工较麻烦。特别是料石拱,所需料石规格繁多,给备料和砌筑带来困难;即使是混凝土拱,制模工作也较复杂。

在一般情况下,为了方便施工,拱桥宜采用等截面形式。目前在无铰拱桥设计中,对于跨径小于50m的石板拱桥,跨径小于100m的双曲拱、箱形拱或钢筋混凝土肋拱桥,均可采用等截面形式。只有在更大跨径或很陡的圬工拱桥中,为了节省圬工,减轻拱圈自重,可考虑采用拱圈截面由拱顶向拱脚增厚的变截面形式。

四、拱圈截面尺寸的拟定

拱圈宽度与桥面净空有关,对于铁路桥,尤其是单线铁路桥,桥面净空较小,为保证拱的横向刚度和稳定性,拱圈的宽度 B 不得小于计算跨径的 $1/20$,且不得小于3m;肋拱两外肋中心线之间的最小距离,不宜小于计算跨度的 $1/20$;其外缘的距离不宜小于3m,否则应检算其在拱平面外的稳定性。

拱肋本身的宽度则根据截面计算,视钢筋布置决定。当跨度不超过60~80m时,铁路拱桥的宽度可定为0.8~1.0m,当跨度更大时可定为1.0~2.0m。采用无支架吊装施工时,单根拱肋宽度不宜小于其高度的0.6~1.0倍。

钢管混凝土主拱的经验高度 d 为 $(1/60 \sim 1/30)L_0$,跨径大或桥面窄时取下限。当跨径增大时,需要采用变截面形式,对大跨径钢管混凝土主拱,有以下几种处理方式:对于哑铃形截面,通过改变钢管材料或壁厚来达到目的(如拱脚采用Q345钢,拱顶采用Q235钢,或拱脚段管壁变厚而外径不变,此时壁厚变化不宜过大,每段以2mm左右为宜);对其他的桁肋拱,可以变化截面高度或变化厚度;也可将桁肋拱的拱脚段腹杆变成实腹板,内填混凝土等。

对于变截面钢筋混凝土拱圈,拱顶截面厚度 $d_d = (1/50 \sim 1/30)L$,拱脚截面厚度 $d_j = (1.2 \sim 1.5)d_d$。

五、拱轴线形的选择和拱上建筑的布置

拱轴线的形状直接影响着拱圈的内力分布及大小,选择拱轴线应尽可能降低由于荷载产生的弯矩值,充分利用圬工材料的抗压性能。理想的拱轴线应与各种荷载的压力线相吻合;拱圈截面上只有轴向力,无弯矩作用,应力均匀,这样的拱轴线又称为合理拱轴线。但由于除恒载外,拱圈还要受到活载、温度变化和材料收缩等因素的作用,不可能获得这样的拱轴线,在具体设计时,由于公路拱桥恒载所占比重大,一般采用恒载压力线作为拱轴线;特殊情况下,活载较大时,如铁路拱桥,可用恒载加一半活载的压力线作为拱轴线。

除了考虑受力的因素外,拱轴线形的选择还应满足以下3个方面的要求:

(1)对于无支架施工的拱桥,应能满足各施工阶段的要求,并尽可能少用或不用临时性施工措施。

(2)计算方法简便,易于掌握。

(3)线形美观,便于施工。

拱桥轴线常用的线形有以下几种:

(1)圆弧线。圆弧线拱轴各点曲率相同,线形简单,施工放样方便,易于掌握。但只有当圆弧形上作用均布径向荷载时,其拱轴线才与恒载压力线重合。当矢跨比较小时,两者出入

还不算大,采用圆弧拱并不使恒载内力增大过多;但当矢跨比接近 1/2 时,与恒载压力线偏离较大,拱圈受力不均。因此,圆弧线拱轴通常适合于 20m 以下的小跨径拱桥。

(2)抛物线。在竖向均布荷载作用下,拱的合理拱轴线是二次抛物线,因此适合于恒载分布比较均匀的拱桥,如矢跨比较小的大跨径空腹式拱桥、桁架拱、刚架拱等;也可采用高次抛物线。

(3)悬链线。实腹式拱桥的恒载集度,从拱顶到拱脚是均匀增加的,这种荷载分布图式的合理拱轴线是一条悬链线。因此,实腹式拱桥采用悬链线作拱轴线,在结构自重作用下,当不计拱圈由结构自重弹性压缩产生的影响时,拱圈截面将只受轴力而无弯矩。

对于空腹式拱桥,由于有立柱传下来的集中荷载,恒载强度从拱顶到拱脚不再是连续分布的,其相应的恒载压力线也不再是悬链线,而是一条在腹孔墩处有转折点的多段曲线。但此时仍采用与恒载压力线相近的悬链线作拱轴线,使恒载压力线与拱轴线在拱顶、1/4 跨径、拱脚等 5 个截面重合。由此,恒载压力线与拱轴线之间将有偏离,但这种偏离对拱圈控制截面的内力是有利的,可以减少弹性压缩产生的弯矩。又因为用悬链线作拱轴线,对各种空腹形式的拱上建筑的适应性较强,有现成的、完备的计算图表可供利用,因此,空腹式拱桥也广泛采用悬链线作为拱轴线。目前,悬链线是我国大、中跨径拱桥最常采用的拱轴线形。

综上所述,拱上建筑的形式及其布置,对于合理选择拱轴线形是有密切联系的。一般而言,小跨径拱桥可采用实腹式圆弧拱或实腹式悬链线拱;大、中跨径拱桥可采用空腹式悬链线拱;轻型拱桥或矢跨比较小的大跨径钢筋混凝土拱桥可以采用抛物线拱。

复习思考题

1. 拱桥与梁桥受力的主要区别是什么?
2. 实腹式拱桥的主要组成部分有哪些?
3. 主拱圈的横截面有哪几种类型?各有什么特点?
4. 简述拱桥伸缩缝、变形缝、防水层设置的位置及常见做法。
5. 拱桥的总体布置有哪些主要内容?
6. 不等跨连续拱桥有哪些处理方法?
7. 简述拱轴线选择的基本要求。

项目五　其他体系桥梁

学习目标：

(1) 掌握刚构桥的构成、基本类型和构造。
(2) 掌握悬索桥的构成、基本类型和构造。
(3) 掌握斜拉桥的构成、基本类型和构造。

任务描述：

本部分内容主要介绍了刚构桥、悬索桥、斜拉桥这三种除了梁式桥、拱桥以外较为常见的桥梁类型。要求学生从基本构成、类型和构造三个方面进行学习掌握。

任务一　刚　构　桥

桥跨结构和墩台(支柱)整体相连的桥梁称为刚架桥或刚构桥。在竖向荷载作用下,刚构桥主梁端部将产生负弯矩,而跨中的正弯矩相应减小,跨中截面尺寸就可减小。在刚构桥结构中,墩台在竖向荷载作用下,除承受压力外,还承受弯矩。

刚构桥外形美观、结构尺寸小、桥下净空大、桥下视野开阔。因此,通常适用于需要较大桥下净空和建筑高度受到限制的桥梁,如立交桥、高架桥。但墩梁连接构造复杂,柱脚有水平推力。钢筋混凝土刚构桥混凝土用量小,然而钢筋的用量较大,且梁柱刚性连接处易开裂,所以钢筋混凝土刚构桥常用于中小跨度桥梁,而预应力混凝土刚构桥则常用于大跨度桥梁。

刚构桥可以是单跨结构,也可以是多跨结构。单跨刚构桥的支腿可设计成直柱式,称为门式刚构桥,或设计成斜柱式,称为斜腿刚构桥。在中小跨径桥梁中,常用上述两种形式。而在大跨钢架结构中,可做成非连续式,即在主梁跨中设置剪力铰或悬挂简支梁,从而形成所谓带铰的T形刚构或带挂梁的T形刚构。大跨刚构桥也可以将主梁做成连续结构,形成连续刚构桥。对于主梁连续式的大跨刚构桥,当桥梁全长太大时,宜设置伸缩缝,或者做成数座分离式的连续刚构桥。

一、门式刚构桥

门式刚构桥(图5-1)的腿和梁垂直相交呈门形构造,可分为单跨门构、双悬臂单跨门构、多跨门构和三跨两腿门构。前三种跨越能力不大,适用于跨线桥,要求地质条件良好,可用钢和钢筋混凝土结构建造。三跨两腿门构桥，在两端设有桥台，采用预应力混凝土结构建造时，跨越能力可达200m以上。

图 5-1 门式刚构桥

二、斜腿刚构桥

除门式刚构外，在铁路上还采用预应力混凝土斜腿刚构（图5-2）。由于刚构的两腿斜置，其轴线比较接近荷载压力线，压力线调整到核心范围以内比较容易。另外，在斜腿刚构桥中，两侧支承于桥台的伸出部分可以使梁的跨中弯矩进一步减小，因此预应力混凝土斜腿刚构桥的跨度可以做得比较大且依然经济。

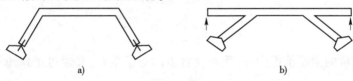

图 5-2 斜腿刚构桥

三、T形刚构桥

除了上述门式刚构桥和斜腿刚构桥外，还有所谓T形刚构桥（图5-3）。它是由单根支柱与梁整体连接而成，T形刚构之间用剪刀铰或挂孔相连。显然，T形刚构与前面所述刚构的受力特点是不同的，在垂直荷载作用下它不产生推力，属于无推力的悬臂结构。它的优点主要是适合采用悬臂方法施工。缺点是刚度较差，而且由于挂孔和铰的设置使挠度曲线产生折角，不利于行车。所以，T形刚构多用于公路桥，铁路桥上则很少使用。

在选择刚构桥的图式中，决定支柱底端用固接还是铰接，也是很重要的问题。

固结刚构具有构造简单，在竖直荷载作用下梁的跨中弯矩比较小等优点。但由于基础承受弯矩，基础尺寸往往需要加大，同时基础的不均匀沉陷、温度变化、混凝土收缩、徐变以及预应力等各种因素引起的附加力往往比较大。而且由于影响的因素比较复杂，附加力的计算往往难以精确，所以在一般情况下，多采用铰接。

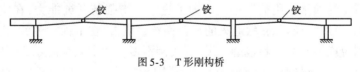

图 5-3 T形刚构桥

任务二 悬 索 桥

悬索桥（图5-4）是以承受拉力的缆索或链索作为主要承重构件的桥梁，由悬索、索塔、锚碇、吊杆、桥面系等部分组成。悬索桥的主要承重构件是悬索，它主要承受拉力，一般用抗拉强度高的钢材(钢丝、钢缆等)制作。由于悬索桥可以充分利用材料的强度,并具有用料省、自重轻的特点,因此悬索桥在各种体系桥梁中的跨越能力最大,跨径可以达到1000m以上。1998年建成的日本明石海峡桥的跨径为1991m,是目前世界上跨径最大的桥梁。悬索桥的主要缺点是刚度小,在荷载作用下容易产生较大的挠度和振动,需注意采取相应的措施,不宜用于重型铁路桥梁。

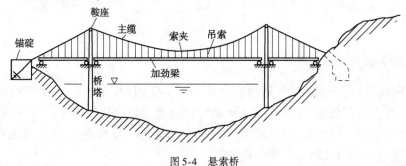

图5-4　悬索桥

一、主缆

主缆是悬索桥的主要承重构件,除承受自重和吊索重外,又通过吊索承受加劲梁、桥面系恒载及活载。

悬索桥大都采用双面主缆,一般是一侧布置一根,个别有一侧用两根主缆的设计。大多数悬索桥主缆由平行高强钢丝束股合成。主缆分束股是为了便于架设和锚固。每根束股由几十根,乃至几百根单根平行钢丝组成。主缆外形多按六角形配置,一般有尖顶型和平顶型两种(图5-5),以采用尖顶形居多。

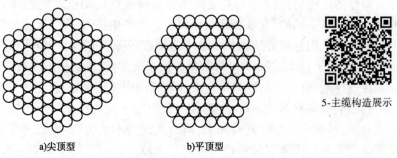

5-主缆构造展示

图5-5　主缆断面

目前悬索桥主缆通常采用镀锌钢丝。为了进一步增强防锈蚀能力,在主缆索四周涂以锌粉膏等防锈剂,再用直径4mm软退火的镀锌钢丝缠绕,再在上面涂油漆,以形成双重防锈蚀措施。也有用合成树脂的塑料包缠主缆,但实例不多。为了完全防水,主缆箍处产生的间隙要填充密实材料。在锚碇区主缆分散开来,锚固到锚块,无法用镀锌钢丝缠绕,常采用在锚碇箱内吹风除湿措施,保持箱内空气干燥。

二、加劲梁

加劲梁的主要功能是提供桥面系和防止桥面发生过大的挠曲和扭曲变形。现今悬索桥加劲梁主要有钢桁梁(图5-6)和扁平钢箱梁(图5-7)两种形式。

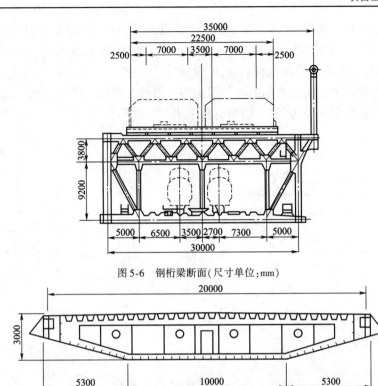

图 5-6 钢桁梁断面(尺寸单位:mm)

图 5-7 扁平钢箱梁断面(尺寸单位:mm)

加劲梁的支承形式分简支与连续两种。对于公路悬索桥多数采用简支形式。它的优点是:加劲梁构造简单;制造和架设时的误差对加劲梁无影响;简支的加劲梁不需通过桥塔,桥塔横向两塔柱的距离比连续加劲梁要小,因此其基础尺寸也相应小。连续梁并不省钢,它的优点是:梁端转角小,在索塔处不产生折角,有利车辆行驶,可以减少加劲梁的挠度。公铁两用悬索桥宜采用连续形式。

三、吊索

吊索也称吊杆,主要作用是将加劲梁恒载和活载传递给主缆。其上端通过索夹与主缆相连,下端与加劲梁连接。吊索有直吊索和斜吊索两种(图 5-8)。斜吊索与直吊索相比优劣是:和主缆、加劲梁一起起到桁架作用,能提高桥的整体刚度;结构振动衰减性能好。劣势是:在主跨跨中附近,活载产生应力变化幅度大,容易引起疲劳问题;吊索容易松弛。

吊索材料除要求抗拉强度外,为便于架设,还要求具有一定柔性。因此,吊索一般用钢丝绳制作,也有用钢绞线或用 PE 防护的平行钢丝束股制作,少数小跨度悬索桥会用刚性吊杆。

四、索塔

索塔是支撑主缆的重要构件,恒载和活载大都通过索塔传到塔墩和基础。索塔还承受作用于塔身、加劲梁及主缆上的风力。

索塔的材料可以是混凝土或钢的。已往悬索桥大多采用钢塔,现在,因为混凝土强度提高、施工方法改进、价格较低,许多新桥业已改用混凝土塔。我国的悬索桥都采用混凝土塔,索塔形式分顺桥方向与横桥方向(图5-9)。顺桥方向为柱形等宽或从塔顶向塔底以一定坡度扩大,塔底固定。索塔承受弯矩和轴力,可看成梁-柱构件。由于轴向压力很大,一般弯曲的边缘不会产生拉应力。横桥方向为底部固定的平面桁架或刚架或混合式。混凝土塔宜采用平面刚架。塔柱断面多数为箱形,钢塔也有采用十字形箱等。

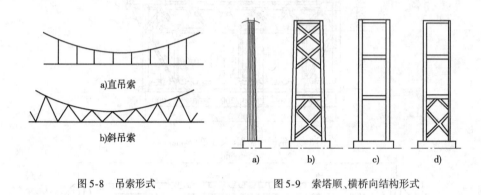

图5-8 吊索形式　　图5-9 索塔顺、横桥向结构形式

五、锚碇

锚碇是主缆的锚固体,与索塔一样是支撑主缆的重要部分,它将主缆的拉力传递给地基。锚碇一般由锚碇基础、锚块、主缆的锚碇架及固定装置、遮棚等部分组成。当主缆需要改变方向时,锚碇中还包括主缆支架和锚固鞍座。

锚碇的形式可分为重力式和隧道式,如图5-10所示。重力式锚块是最常采用的形式,依靠混凝土质量来抵抗主缆的拉力。隧道式锚块用于坚固、节理少的基岩外露的情况,是把岩石凿隧洞,其内埋入锚碇架,然后填充混凝土抵抗主缆拉力。

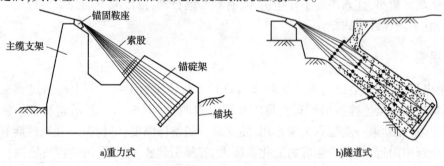

图5-10 锚碇形式

六、鞍座

由主缆传来的很大的竖直力通过鞍座均匀分布到塔柱顶截面。悬索桥鞍座早期都为大型铸钢构件,现代鞍座改用焊接钢结构,比较轻盈。鞍座底部与塔顶箱体吻合,且两者的内部格状、加劲肋板位置也尽可能一致,以使鞍座上竖直力直接传给塔柱。鞍座和塔顶板用螺栓连接。鞍座上设索槽,安设主缆。成桥状态主缆对鞍座不发生相对滑动。

任务三 斜 拉 桥

斜拉桥又称斜张桥,是将主梁用许多拉索直接拉在桥塔上的一种桥梁,是由承压的塔、受拉的索和承弯的梁体组合起来的一种结构体系,主要由索塔、主梁、斜拉索组成。其可看作是拉索代替支墩的多跨弹性支承连续梁。

斜拉桥的优点可概括为:由于斜拉索的弹性支承作用,大大减小了梁的弯矩,从而达到减轻结构自重、降低梁高、提高桥梁跨越能力的目的;索塔和斜拉索的设置有利于梁跨采用悬臂灌注和悬臂拼装的施工方法;斜拉桥刚度较大,比较容易满足铁路桥梁对刚度的要求。在各种类型桥梁的用料对比中,斜拉桥单位面积桥面所用的混凝土体积最少,用钢量也是最经济的。因此斜拉桥还具有节约材料和降低造价的优势。

一、索塔

索塔承受塔自重,以及拉索、主梁及桥面系的恒载与活载。索塔可以是钢结构或钢筋混凝土结构。由于索塔是以受压为主的压弯构件,混凝土材料能发挥其承压的优势,且养护维修费用少。

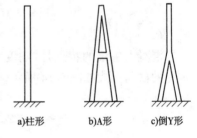

6-某斜拉桥混凝土桥塔组成

索塔的结构形式,根据拉索布置、主梁跨度、桥面宽度等因素确定。常用的索塔形式在顺桥方向有柱形、A形和倒Y形等,如图5-11所示。单柱塔构造简单,采用最普遍。A形和倒Y形塔顺桥向刚度大,有利于承受索塔两侧的不平衡拉力,抵抗较大的弯矩与减少塔顶的纵向位移,减少梁的挠度。此时一般设计双壁墩与其配合。在横桥方向,常用的索塔形式有单柱式、双柱式、门式、H形、A形及钻石形等,如图5-12所示。

图5-11 顺桥向索塔形式

图5-12 横桥向索塔形式

塔柱的截面可以是实心矩形,当尺寸较大时,可采用箱形截面。

拉索与索塔的连接是指索塔上索锚固构造,这也是重要部位,要保证索锚固的可靠性。拉索在塔上的锚固形式主要有三种,分别是鞍座形式、交叉锚固形式、拉索对称锚固形式。

二、主梁

1. 主梁的类型

主梁材料一般有钢和混凝土两种,这两种材料可组合成以下几种类型的主梁。

(1) 钢主梁

其主要特点是:质量轻、跨越能力大,特别适用于大跨度斜拉桥;构件可在工厂制作,质量可靠、便于安装、施工速度快,但养护工作量大。世界上钢主梁使用最多的是德国和日本。

钢主梁以箱形截面为主(图5-13),这是由于其抗扭刚度大和抗风性能好。钢桁梁采用甚少,多数用于双层桥面或公铁两用桥。我国芜湖长江公铁两用桥就是采用钢桁梁的斜拉桥。

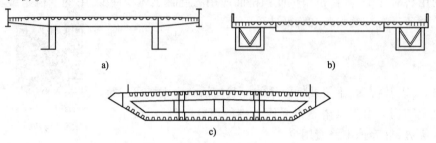

图5-13 钢主梁常见截面形式

7-斜拉桥钢箱梁构造

(2) 混凝土主梁

混凝土主梁的特点是:刚度大、挠度小、阻尼效果好、混凝土自重大、抗振动性能较好。常见的截面形式如图5-14所示。

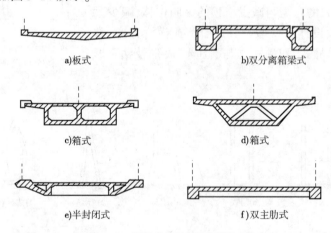

图5-14 混凝土主梁常见截面形式

(3) 钢、混凝土结合梁

结合梁是在钢主梁上用混凝土桥面板代替正交异性钢桥面板,这是近年来常用的大跨斜拉桥主梁形式之一。其与钢主梁相比,能节省钢材用量,且刚度大,抗风稳定性好,能有利分担斜索的水平分力,但自重比钢主梁大;其与混凝土主梁相比,质量轻,结构简单,施工速度快。500~700m 的跨度范围比较适合采用主梁为结合梁的斜拉桥。结合梁的横截面如图5-15 所示。

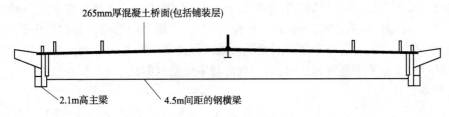

图 5-15　某桥结合梁横截面

（4）钢、混凝土混合梁

混合梁是指在中孔大跨以钢梁为主，两侧边跨采用预应力混凝土梁。这种结构的特点是：加大边跨主梁的刚度和质量，有利于减小中跨内力及变形；能减小或避免边跨端支点负反力。它特别适用于边跨与中跨比值较小的情况，有利于塔顶处、中边跨水平分力得到平衡。法国诺曼底大桥、中国徐浦大桥均采用的是混合梁形式。钢、混凝土混合梁的横截面如图 5-16 所示。

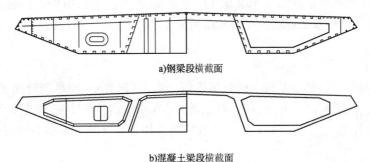

图 5-16　钢、混凝土混合梁的横截面

2. 主梁在塔墩上的支承体系

主梁两端都是支承在桥墩上，根据主梁与塔墩的连接不同，形成不同的支承体系。斜拉桥根据主梁、塔、索和墩的不同组合方式可以分为漂浮体系、半漂浮体系、塔梁固结体系和刚构体系 4 种，如图 5-17 所示。

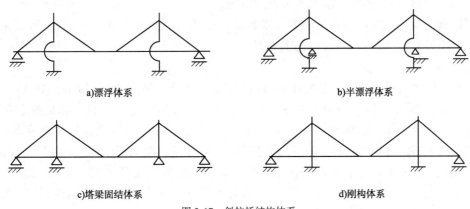

图 5-17　斜拉桥结构体系

（1）漂浮体系

漂浮体系是塔墩固结，塔墩处从塔的横梁设竖直吊索吊住主梁。这种体系现已被广泛采用,它的主要优点是:主梁可随塔柱的缩短而下降;温度、混凝土收缩、徐变力均较小;塔墩处主梁不产生负弯矩峰值;地震时允许全梁纵向摆荡,从而吸震消能。为抵抗由于风力等引起的横向水平力,一般在塔柱和主梁间设置板式或聚四氟乙烯盆式橡胶支座,横向顶紧。漂浮体系的缺点是:当采用悬臂施工时,塔柱处需将主梁临时固结。

(2)半漂浮体系

半漂浮体系是墩塔固结,主梁通过支座支承在塔墩上。我国早期修建的斜拉桥常采用这种支承形式。当主梁为连续梁时,纵向可以是一个固定支座和三个活动支座或四个活动支座。一般全部设活动支座,以避免不均衡的纵向温度变位,水平位移由斜拉索制约。这种支承体系主要缺点是:塔墩两侧均由拉索弹性支承主梁,塔墩处为刚性支承,如不作特殊处理,因混凝土塔的竖向徐变变形,使拉索吊点下垂,在塔墩刚性支承处的主梁内产生很大的负弯矩。

(3)塔梁固结体系

塔梁固结体系是塔梁固结支承在墩上。这种体系仅在个别桥中采用过。它主要缺点是:上部结构重力和活载力都需由支座传给桥墩,需要设置很大吨位的支座,支座制造困难,造价高。

(4)刚构体系

刚构体系是梁、塔、墩为固结。这种体系的优点是:省支座,满足悬臂施工的稳定要求,主梁挠度减小。缺点是:主梁固结处负弯矩更大;在双塔斜拉桥中如不设挂梁,将产生很大温度力、混凝土收缩、徐变力。它较适用于独塔斜拉桥及有良好的地基条件与地震烈度低的地区。

三、拉索

斜拉索宜采用抗拉强度高、抗疲劳性好、弹性模量大的钢材制成。弹性模量小的钢索变形大,影响结构刚度和梁的内力,不宜采用。斜拉索防护是斜拉桥至关重要的问题。一旦防护失当而发生锈蚀,必将危及全桥的安全使用。现有的防护方法大致有涂料保护、倦怠保护、套管保护和采用塑料保护层等各种不同措施。

斜拉索在横桥向的布置有单面索和双面索之分,其中单面索只用于公路桥,双面索又分为竖直双面拉索和倾斜双面索两种,前者是斜拉桥中最常用的一种,后者抗扭刚度好,适用于大跨度斜拉桥。

斜拉索顺桥向的布置,常用的有辐射形、竖琴形、扇形、星形4种,如图5-18所示。辐射形的特点是所有拉索均集中于塔顶,以不同的角度与梁相交。它的优点是拉索与梁的夹角比竖琴形大,因此拉索效能比竖琴形发挥得更好。缺点是当拉索数目较多时,所有拉索集中于塔顶,构造的处理和拉索的安装都比较复杂。竖琴形的拉索为平行布置,具有外形简洁、拉索在索塔上分散等优点,是目前用得较多的一种形式。扇形可看成是辐射形和竖琴形的折中方案,其特点处于上述两者之间。星形与辐射形相反,拉索在索塔处分散而在梁上集中。星形布置在美学上虽很别致,引人注目,但它违反了斜拉桥的一个重要原则,即斜索在主梁上的锚固点应尽可能分散,以有利于降低主梁弯矩,因此这种形式很少被采用。

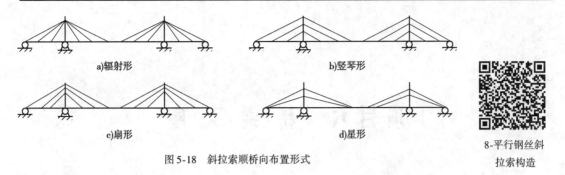

图 5-18 斜拉索顺桥向布置形式

8-平行钢丝斜拉索构造

复习思考题

1. 刚构桥有几种常用的类型?
2. 悬索桥的主要组成是什么?
3. 斜拉桥根据主梁截面划分有几种形式? 各自的特点是什么?

项目六 桥梁支座

学习目标：

（1）掌握桥梁常见的支座类型与构造特点。
（2）了解支座的设计方法、设计要点。

任务描述：

支座是桥跨结构的一个重要组成部分，其主要作用是将桥跨结构的自重和承受的荷载（包括竖向力和水平力）传递给桥梁墩台，并保证桥梁结构在列（汽）车荷载、温度变化、混凝土收缩和徐变等因素作用下能自由变形，使桥跨结构的实际受力情况与设计要求相符合。在满足上述要求的同时，还应保证支座在桥梁墩台上的位置充分固定，不致滑落。首先，桥梁支座必须具有足够的承载能力，以保证安全可靠地传递支座反力；其次，应满足上部结构构造及变形的要求；此外，支座还应便于安装维护和更换。

任务一 支座类型与构造

目前梁式桥使用的支座，按其容许变形的可能性分为：

（1）固定支座。它能承担支承点处顺桥向、横桥向的水平力和竖向反力，并约束相应的线位移。

（2）单向活动支座。它在承担竖向反力的同时，能约束顺桥向、横桥向水平位移中的一个线位移。

（3）多向活动支座。容许支座在顺桥向、横桥向两个方向发生水平线位移，仅承担竖向反力。

桥梁支座按使用材料可分为简易支座、钢支座、橡胶支座、混凝土支座 4 大类。桥梁支座类型的选择应根据桥梁的用途、跨径、结构物高度的要求等因素，结合具体情况而定。下面简要介绍桥梁几种常用支座的构造。

一、简易垫层支座

对于跨度小于或等于 4m 的铁路板梁桥或标准跨径小于 10m 的公路简支梁桥，为简单起见，可不设专门的支座，而采用由几层油毛毡或水泥砂浆做成的简易支座，如图 6-1 所示。这种简易垫层的变形性能较差。

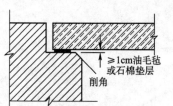

图 6-1 简易垫层支座

二、钢支座

钢支座是靠钢部件的滚动、摇动和滑动来实现支座的位移和转动。它的特点是承载能力强,能适应桥梁位移和转动的需要,但用钢量多、易锈蚀,因而养护维修费用较高。钢支座主要用在钢桥或大跨径混凝土桥上。常用的有弧形钢板支座、摇轴支座、辊轴支座和铰轴滑板支座。

1. 弧形钢板支座

弧形钢板支座常用于跨径 10~20m,支承反力不超过 600kN 的简支梁桥上。弧形钢板支座由上、下两块支座垫板以及齿板或销钉组成,上支座垫板是一平板或弧面,下支座垫板的顶面是一曲率很大的弧面,如图 6-2 所示。

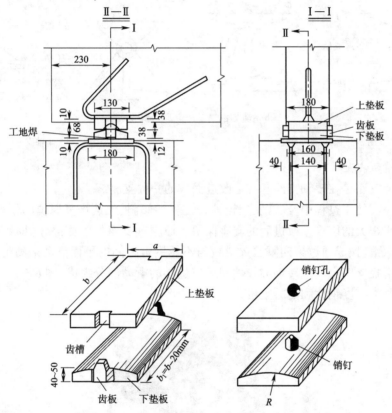

图 6-2 弧形钢板支座(尺寸单位:mm)

弧形钢板支座是通过其上支座垫板沿着下支座垫板弧形接触面的相对滑动和转动来实现水平位移和转动。固定支座则是通过焊接在上、下支座垫板之间的齿板或销钉来限制支座的水平位移,活动支座将上垫板销钉孔改成椭圆孔。目前不少桥梁的弧形支座已被板式橡胶支座所代替。

2. 摇轴支座

当桥梁跨度大于或等于 20m 时,可采用钢摇轴支座。摇轴支座有活动支座和固定支座之分,如图 6-3 所示。活动支座由底板、摇轴和直接与梁底相连的顶板组成,摇轴的顶面和底面均做成圆曲面形,能自由转动,并由摇轴转动产生的顶面、底面位移差,来适应梁体水平位移的需要。固定支座由顶板、摇轴两部分组成,而摇轴的底面是水平面,直接和墩台顶面连接,因此支座只能转动,不允许产生线位移。

3. 辊轴支座

辊轴支座是大跨度混凝土桥和钢桥常用的支座形式,其固定支座的原理与摇轴支座相同。活动支座的底部通常由若干个小直径的辊轴并列、组连在一起,如图6-4所示,通过辊轴的转动实现梁体水平位移,辊轴的数量视支座反力的大小而定,一般为2～10个。为了节省钢材并减小支座长度,可将辊轴两边削去,但设计时必须注意确保被削辊轴仍能调节所要求的位移量而不致倾覆。为了保证各辊轴之间的相对位置,通常在辊轴两端中心处设置连杆,以使各辊轴平行转动。

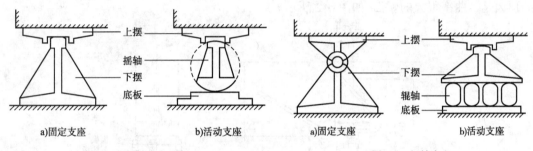

图6-3 摇轴支座示意　　　　　　　图6-4 辊轴支座

4. 铰轴滑板支座

铰轴滑板支座是在辊轴支座基础上改进而成的一种支座。

辊轴支座在使用过程中,经常发生辊轴在位移后倾斜,无法恢复原位的情况,给支座的养护维修带来很大的困难。改进后的支座保留了原辊轴支座的上面部分(即铰轴部分),而将辊轴部分取消,换成通过聚四氟乙烯滑板与不锈钢板之间的平面滑动来满足支座位移的要求。铰轴滑板支座由适应转动的铰轴和适应位移的滑动部分组成(图6-5)。该种支座目前已用于一些大跨度钢桥和混凝土桥。

图6-5 铰轴滑板支座

9-球形钢支座

由于铰轴滑板支座要通过铰轴转动,作用于支座上的力通过铰轴中心两侧向下以刚性角(35°～45°)扩散传递到支座滑板顶面,以便使聚四氟乙烯板能均匀受力,因此支座的总体结构高度仍很大,且支座的用钢量较多。采用以面接触方式传力的球形支座(或柱面支座)来替代铰轴,既可满足支座的转动要求,又可以显著降低支座结构高度,减少支座的总体用钢量。

上述支座通常采用碳素钢或优质钢经过制模、翻砂、铸造、热处理、机械加工和表面处理制成,通常称铸钢支座。支座也可采用特种钢制作。

目前,钢支座多用于大跨径的预应力混凝土桥或钢桥,而中小跨径的梁式桥所用支座基本以橡胶支座居多。

三、橡胶支座

橡胶是一种优良的弹性材料,有很高的强度和很好的韧性,用橡胶做支座,不仅可以满足支座在受力和变形方面的各项功能要求,而且具有构造简单、造价低、结构高度小、加工及安装方便等优点。另外,它能方便地适应任意方向的变形,特别适用于宽桥、曲线桥和斜交桥,因此,在桥梁工程中橡胶支座被广泛应用。橡胶支座一般可分为板式橡胶支座和盆式橡胶支座两种。

1. 板式橡胶支座

板式橡胶支座一般是由若干层橡胶片经过薄钢板作为刚性加筋物叠合而成,如图 6-6 所示。它的活动机理是:利用橡胶的不均匀弹性压缩实现转角,利用其剪切变形实现水平位移。因此,板式橡胶支座一般无固定支座与活动支座之区别,所有纵向水平力和位移由各支座均匀分配,如有必要可采用厚度不同的橡胶板来调节各支座传递的水平力和水平位移,从而实现其作为固定、活动或半固定支座的功能。

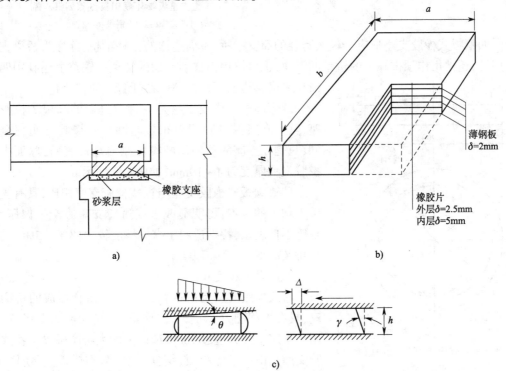

图 6-6 板式橡胶支座

板式橡胶支座有长方形和圆形等形状。长方形应用较普遍,而圆形支座由于其在各个方向上有着相同的特性,可以适应桥梁在各个方向的位移和转动,常用在环形立交桥、弯桥等桥梁上。

通过改变普通板式橡胶支座的内部结构,可以在不改变支座总厚的条件下适应更大的转角需求。通常做法是将支座转动方向中间部分钢板宽度减窄,而支座非转动方向支座钢板宽度不变,这样可使支座在该方向的转动性能得到改善,如图6-7所示。

四氟板式橡胶支座是在普通板式橡胶支座的表面粘贴一层聚四氟乙烯板(厚2~4mm)而成,它除具有普通板式橡胶支座的优点外,还能利用聚四氟乙烯板与底板不锈钢板之间的低摩擦系数,使得桥梁上部构造的水平位移不受限制。四氟板式橡胶支座由上支座板、不锈钢板、聚四氟乙烯板、下支座板和防护罩组成,如图6-8所示。

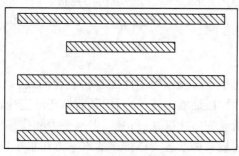

图6-7 易转动型板式橡胶支座

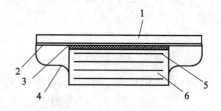

图6-8 四氟板式橡胶支座
1-上支座板;2-不锈钢板;3-聚四氟乙烯板;4-防护罩;5-A3钢板;6-橡胶

四氟板式橡胶支座适应于较大跨径的简支梁桥、桥面连续的公路梁桥,除作为桥梁支座使用外,还被用作顶推施工的桥梁的滑块,也可以用作移动重物的滑道。铁路上还利用四氟滑块来横移道岔,可大大减少封闭行车的时间。

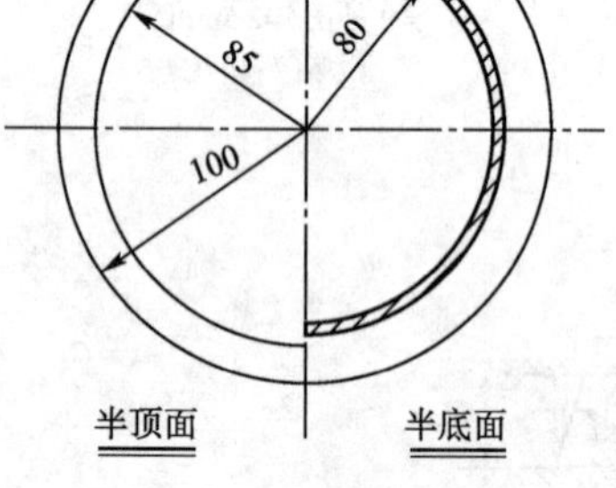

球冠圆板式橡胶支座是一种改进后的圆板式橡胶支座,其中间层橡胶和钢板布置与圆板式橡胶支座完全相同,只是在支座的顶面用纯橡胶制成球形表面,球面中心橡胶最大厚度为4~10mm,如图6-9所示。

球冠圆板式橡胶支座与板式橡胶支座相比,具有支座传力均匀的特点,可明显改善或避免支座底产生偏压、脱空等不良现象,特别适用于纵横坡度较大(3%~5%)的立交桥及高架桥。

2. 盆式橡胶支座

盆式橡胶支座是由钢构件与橡胶组合而成的桥梁支座,具有承载能力大、水平位移量大、转动灵活等优点,适用于支座承载力超过1000kN以上的大跨度桥梁。盆式橡胶支座是由氯丁橡胶板、钢盆、聚四氟乙烯板、不锈钢板、中间衬板、钢紧箍圈、橡胶密封圈等组成,构造如图6-10

图6-9 球冠圆板式橡胶支座(尺寸单位:mm)

所示,其主要部分的功能为:

(1)承压橡胶板。承压橡胶板用来传递支座反力。由于承压橡胶被密封在钢制凹盆(下支座板)内,处于三向应力状态,因而承载能力大为提高。一般情况下,只要支座钢盆不破坏,橡胶就不会丧失承载能力。板式橡胶支座的橡胶变形受到支座内部钢板的约束,其破坏应力为 70~100MPa,而盆式橡胶支座的橡胶变形受到钢盆的外部约束,其破坏应力可达 150~225MPa,因而盆式橡胶支座更适用于大吨位的桥梁支座。同时处于三向应力状态下钢盆中的橡胶有类似液体的功能,转动灵活,能满足梁部转动的需要。承压橡胶板的硬度一般为 IRHD50~IRHD60。承压橡胶板的厚度为直径的 1/15~1/10。

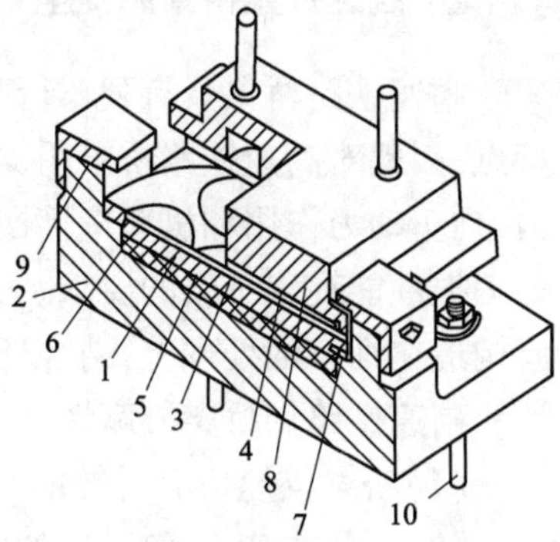

图 6-10 盆式橡胶支座构造示意
1-素橡胶板;2-钢盆;3-聚四氟乙烯板;4-不锈钢板;5-中间衬板;6-紧箍圈;7-橡胶密封垫圈;8-上摆;9-上、下支座连接板;10-锚栓

(2)不锈钢板、聚四氟乙烯板。因聚四氟乙烯板和表面粗糙度高及平面度高的不锈钢板(或镀铬钢板)之间的摩擦系数很小,所以通过聚四氟乙烯板和不锈钢板的相对滑动,可以满足支座位移的需要。聚四氟乙烯板的厚度一般为 4~8mm,板厚的一部分(不小于 2.5mm)嵌入支座钢衬板的凹槽内,一部分高出衬板(1.5~3mm),以便于不锈钢板滑动。

(3)中间衬板。中间衬板位于承压橡胶板与聚四氟乙烯板之间,中间衬板下面凸起,嵌入下支座钢盆内,并略小于凹盆内径(约 1mm),以保证支座的灵活转动。衬板上部设有凹槽,以便镶嵌聚四氟乙烯板。

(4)紧箍圈。在承压橡胶板上设有环形紧箍圈,其厚度约 4mm。它的外径与钢盆内径相近,镶嵌在氯丁橡胶板的顶面。由于转动的要求,中间衬板比钢盆内径小 1mm,在高压下橡胶易于从此缝隙间挤出,造成橡胶板沿周边破坏,经设置紧箍圈后,则可防止橡胶沿周边的破坏。德国常采用黄铜夹一层聚四氟乙烯板制成紧箍圈,使其能具有更好的密封效果。目前紧箍圈的材料可以采用多层黄铜圈、聚甲醛等。

(5)橡胶密封圈。密封圈橡胶的硬度一般为 IRHD50,它可使承压橡胶板基本上处于密封状态,有利于防止橡胶老化。

(6)下支座板。采用铸钢或钢板焊接而成的钢盆,用于约束橡胶板的变形。钢盆的盆环厚度可根据橡胶板的侧压力按厚壁圆筒公式求得内力。钢盆盆底厚度主要应根据支撑混凝土的局部承压强度求得。

(7)上支座板。通常采用厚钢板,表面用自动氩弧焊焊接上 2mm 厚的不锈钢板。上支座板的厚度取决于支撑混凝土的局部承压强度,板厚对保证不锈钢滑板的平面度也有重要作用。此外盆式橡胶支座一般还应设置支座围板,以保证支座滑动面的清洁。

盆式橡胶支座利用设置在钢盆内的橡胶实现对上部结构的承压和转动,利用中间钢板上的聚四氟乙烯板与顶面上不锈钢板之间的平面滑动适应桥梁较大的水平位移,与板式橡胶支座相比,盆式橡胶支座具有承载能力大、水平位移量大、转动灵活等优点。按其工作特征可以分为固定支座、多向活动支座和单向(纵向)活动支座 3 种。目前,60 MN 及以下的大吨位支座多采用盆式橡胶支座。

四、高速铁路桥梁用支座

高速铁路桥梁具有列车行车速度高、行车密度大、高速行车的安全性和舒适度要求高等特点,因此对高速铁路桥梁用支座提出了较高的技术要求。另外,由于长钢轨纵向力、制动力、列车动力作用和机车车辆横向摇摆等动力的影响较普通铁路桥梁加剧,因而对支座的减振消振性能提出了新的要求。我国高速铁路桥梁主要采用盆式橡胶支座和球形钢支座,支座构造在细节的处理上,结合环境状况增加了多道防尘构造,并特别考虑了支座更换的可能性。高速铁路用桥梁支座性能应满足以下要求:

(1)桥梁支座应有足够的竖向和水平向的承载能力。

(2)桥梁支座应有可靠的横向限位,在列车行车时支座的横向位移应控制在±1mm之内。

(3)桥梁支座用橡胶材料和聚四氟乙烯等滑板材料应具有可靠的耐久性和耐磨耗性能。

(4)桥梁支座应具有良好的外防护和油漆涂装。

1. 高速铁路用盆式橡胶支座

由于盆式橡胶支座构造简单、性能可靠、造价低廉,同时橡胶对箱形梁各支点的反力有一定的调整作用,对梁体的垂直荷载有一定的减振缓冲作用,因此盆式橡胶支座在高速铁路桥梁上采用较为普遍。目前,高速铁路桥梁采用的盆式橡胶支座是在原有盆式橡胶支座基础上改进而成。高速铁路桥梁盆式橡胶支座的特点如下:

(1)盆式橡胶支座的橡胶设计应力为25~30MPa,橡胶材料采用氯丁橡胶、天然橡胶或三元乙丙橡胶,常温地区-25~+60℃可采用氯丁橡胶和天然橡胶,低温地区-40~+40℃可采用天然橡胶或三元乙丙橡胶。橡胶的物理机械性能应满足《铁路桥梁盆式支座》(TB/T 2331—2013)的要求。

(2)使用的聚四氟乙烯板性能要求明显高于普通铁路支座。主要原因是由于高速铁路的行车速度快,高速行车引起桥梁支座的滑动速度提高。以铁路桥32m箱梁为例,当客车以300km/h速度在桥上通过时,在活动支座处的相对位移速度可达6mm/s左右,而且客车的行车密度大,活动支座在使用寿命中的累积滑移距离将明显大于普通铁路的桥梁支座,因此对支座用滑板提出了较高的要求。聚四氟乙烯板的设计应力为30MPa,表面应压制储硅脂凹槽,储硅脂凹槽的排列方向应与主位移方向一致,槽内涂满5201硅脂。

(3)盆式橡胶支座聚四氟乙烯滑板对磨件采用镜面不锈钢板,通常采用1Cr18Ni9Ti不锈钢板,不锈钢板表面粗糙度$R_y \leqslant 1\mu m$。不锈钢板应与基层钢板用氩弧焊焊接,焊接后不锈钢板的表面平面度应小于聚四氟乙烯板直径的0.0003倍或0.2mm,取其大者。

(4)盆式橡胶支座的钢件(钢盆、钢衬板和上支座板),可用钢板、铸钢件或锻钢件等加工。钢板的强度等级可采用Q235~Q345。铸钢件采用ZG270-500,用于支座的铸钢件除了要满足化学成分和机械性能要求外,还应满足冲击韧性的要求($A_k \geqslant 22J$)。支座钢盆应力除了考虑橡胶作用的侧向应力外,还必须考虑由于桥上的制动力、离心力、横向摇摆力和地震力等横向水平力引起的钢盆应力。

(5)盆式橡胶支座承压橡胶板的密封采用黄铜紧箍圈,材料采用H62黄铜。黄铜圈厚度为1.5~2.0mm,密封用2~3圈,各圈的切口均匀错开,以避免橡胶在高应力下从盆壁内侧挤出。

(6)盆式橡胶支座的聚四氟乙烯滑动表面外侧应设置可靠的防尘构造,以避免聚四氟乙烯滑动面被污染,支座的外侧还应另设防尘罩。

(7)盆式橡胶支座与梁体和墩台采用套筒螺旋方式连接,可以在需要时更换支座。

(8)盆式橡胶支座钢件的外露表面应进行油漆防护。

盆式橡胶支座在机加工和组装过程中应符合设计要求,确保其精度和质量。

2.高速铁路桥梁用球形支座

球形支座具有使用寿命长、工程造价低、转角大、适用范围广、耐低温性能好等优点,因此,球形支座也是高速铁路桥梁上常用的一种支座形式。球形支座有以下特点:

(1)球形支座采用平面和球面聚四氟乙烯滑板,聚四氟乙烯板的设计平均压应力为30MPa,其材料性能要求与盆式橡胶支座相同。球形支座也可以采用改性超高分子量聚乙烯滑板,改性超高分子量聚乙烯滑板的设计平均压应力为45MPa。在特大吨位的球形支座上采用改性超高分子量聚乙烯滑板,可以进一步减小支座构造尺寸。

(2)球形支座球冠板的滑动球面的球面半径为滑板直径的1.4~2.8倍,通常采用滑板直径的1.5倍。球形滑动表面可以采用镀硬铬处理,也可以采用不锈钢板包覆;采用镀硬铬表面时,硬铬层的厚度不小于100μm,滑动表面的球面度应小于滑板直径的0.0003倍,且不大于0.2mm。

(3)球形支座的平面滑动面通常采用不锈钢板,对其平面滑动面的要求与盆式橡胶支座一样,即滑动表面的球面度应小于滑板直径的0.0003倍,且不大于0.2mm。

任务二 支座设计

要正确选择和设计桥梁支座,就必须对支座所承受的竖向反力、位移和转角进行全面分析和计算。

使支座产生垂直反力的因素有恒载、活载、施加预应力、离心力、基础不均匀沉降等。产生作用于桥轴方向的支座水平力的主要因素包括制动力、牵引力、支座位移阻力、撞击力等。产生作用于垂直桥轴方向的支座水平力的主要因素包括离心力、风力、列车横向摇摆力、地震力、侧向撞击力等。

支座的位移(包括沿桥轴向和垂直于桥轴向)计算时应考虑如下因素:施加预应力(纵向、横向)产生的支座位移,混凝土收缩、徐变引起的变位,梁体温度伸缩变位及日照产生的变位,下部结构引起的位移等。支座的转角(纵向、横向)应考虑:自重(含二期恒载)产生的梁体转角,活载产生的转角,梁体施加预应力(纵向、横向)产生的转角,混凝土收缩、徐变产生的转角,下部结构引起的转角,梁体上下翼缘温差造成的转角。

一、板式橡胶支座设计与计算

板式橡胶支座的设计应按现行铁路桥规有关条文进行,其主要设计内容包括:

(1)计算支座反力并初步拟订支座平面尺寸。

(2)计算支座位移并确定支座总高度。

(3)计算支座转角,检算支座不脱空条件是否满足。

(4)检算支座的稳定性、抗滑性及抗震性能。

板式橡胶支座有系列成品可供选择,因此,一般情况下不必自行设计,只需根据支座反力、位移和转角进行选配。

二、盆式橡胶支座设计与计算

盆式橡胶支座的设计计算内容和其构造形式有关。其设计计算内容有:确定氯丁橡胶板和聚四氟乙烯板的尺寸、钢盆和盆塞的设计计算、钢盆顶板偏转的验算、上下支座垫板的验算、钢紧箍圈和橡胶密封圈的设计以及螺栓连接和焊接缝的计算等。

在实际工程中,通常是根据支座反力和变形直接在成品目录上选配合适的支座,同时考虑温度和地震两个因素,以确定适配常温型或耐寒型支座和采用何种抗震型支座或抗震措施。目前国内生产的盆式橡胶支座主要有 TPE-1、GPZ、SY-I 和 QPZ 等。

三、钢支座设计与计算

钢支座的设计计算主要包括确定支座的平面尺寸和上下板的厚度以及圆弧面(弧形、摇轴及辊轴)的曲面半径,固定支座还要验算销钉及锚栓的抗剪强度。

随着高速铁路的建设,国内开发生产了应用于高速铁路桥梁的 KTPZ、TGPZ 等大吨位盆式橡胶支座和 KGPZ 型球形钢支座。有关各种支座具体的设计计算理论和公式参见铁路桥规及相关资料。

四、支座布置

桥梁支座在布置上要有利于墩台传递纵向水平力和变形,一般地说,一片 T 梁的支点宜设一个支座,一个箱梁的支点宜设两个支座。当超过此数时,则应考虑如何调整多支座均衡受力的措施。

1. 支座布置方式

根据梁桥的结构体系以及桥宽,支座在纵、横桥向的布置方式主要有以下几种:

(1)简支梁桥应在每跨的一端设置固定支座,另一端设活动支座。对于多跨简支梁,一般把固定支座布置在桥台上,每个桥墩上布置一个(组)活动支座与一个(组)固定支座;若个别墩较高,也可以在高墩上布置两个(组)活动支座。

(2)对于坡桥,宜将固定支座布置在高程低的墩台上。同时,为了避免整个桥跨下滑,影响车辆的行驶,当纵坡大于 1% 或横坡大于 2% 时,通常在支座处梁底面增设局部的楔形构造,以使支座保持水平状态,如图 6-11 所示。

(3)对于桥面连续的简支梁及连续梁桥,一般在每一联设置一个固定支座,并宜将固定支座设置在靠近温度中心处,以使全梁的纵向变形分散在梁的两端,其余墩台上均设置活动支座。在设置固定支座的桥墩(台)上,一般采用一个固定支座,其余为横桥向的单向活动支座;在设置活动支座的所有桥墩(台)上,一般在设置固定支座的一侧,均布置顺桥向的单向活动支座,其余均为双向活动支座。对于一些特别宽的桥梁,尚应设置沿纵向和横向均能自由移动的活动支座。

2.高速铁路桥梁支座在墩台上的布置原则

(1)简支箱梁当梁底横向两排支座中心距小于4m时,可在一个桥墩上设两个固定支座,在另一个桥墩上设两个纵向活动支座。简支箱梁当梁底横向两排支座中心距大于4m时,可在一个桥墩上设一个固定支座和一个横向活动支座,在另一个桥墩上设一个纵向活动支座和一个多向活动支座,见图6-12a)。应该指出的是,应使固定支座和横向活动支座的顺桥向水平刚度尽可能接近,以使两个支座同时承受水平力,否则有可能将主要由固定支座承受水平力。

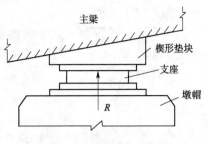

图6-11 坡桥楔形垫块

当横桥向支座中心距≥4m时,支座宜按下图布置: 当横桥向支座中心距≥4m时,支座宜按下图布置:

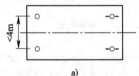   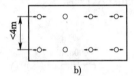

当横桥向支座中心距<4m时,支座宜按下图布置: 当横桥向支座中心距<4m时,支座宜按下图布置:

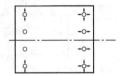   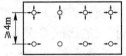

a)   b)

当横桥向支座中心距≥4m时,支座宜按下图布置:

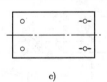

当横桥向支座中心距<4m时,支座宜按下图布置:

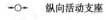

c)

图6-12 高速铁路桥梁支座布置示意

(2)连续梁桥当梁底横向两排支座中心距小于4m时,可在一个桥墩上设两个固定支座,在其余桥墩上均设置纵向活动支座。连续梁桥当梁底横向两排支座中心距大于4m时,可在一个桥墩上设一个固定支座和一个横向活动支座,其余桥墩上设一个纵向活动支座和一个多向活动支座,见图6-12b)。

(3)多片简支T梁可在靠近桥梁横截面中心部位的两片T梁下,一端设固定支座,另一端设纵向活动支座,其余各片T梁,在邻近固定支座端设横向活动支座,临近纵向活动支座端设多向活动支座,见图6-12c)。

3.防止落梁的措施

桥梁支座除在设计与选配上必须满足承受竖向反力、位移和转角要求外,在梁端支座处还要采取措施防止上部结构产生纵向位移或坠落等,其中以落梁最为严重。防止落梁的措施一般有以下几种。

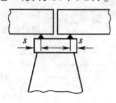

图6-13 支座两侧预留设计宽度

(1)桥梁墩台顶部沿梁轴方向的预留设计宽度 s(mm)应大于以下计算值(图6-13):

当 $L \leq 100$m 时,$s = 200 + 5L$;当 $L > 100$m 时,$s = 300 + 4L$;L 为桥梁跨度(m)。此外,对于架设在松软地基上的重要桥梁,s 值应大于 350mm。

悬臂梁与挂梁在支座处的搭接长度 s 宜大于 600mm(图6-14);但对软弱地基上的桥梁,其值应大于 700mm。

(2)桥跨结构的抗震连接。对于钢筋混凝土梁桥和预应力混凝土梁桥,当墩顶较宽时,可采用连接螺栓和嵌塞将桥跨结构联为一体,如图6-15所示。连接螺栓与端横梁之间以及嵌塞与端横梁之间均应设置氯丁橡胶或海绵胶垫,使梁体在温度变化或混凝土收缩时能自由伸缩,而在地震时,又能起抗震作用。另外,在墩台顶面设置限制位移锚栓或钢筋混凝土挡块,也是常用的防落梁措施,如图6-16所示。为防止梁横向位移,目前在高速铁路上常采用横向限位装置,如图6-17所示。

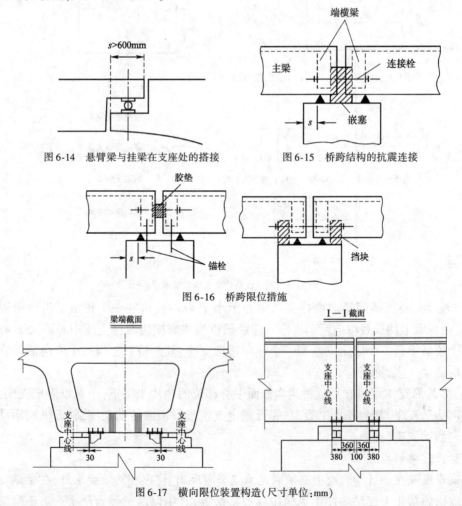

图6-14 悬臂梁与挂梁在支座处的搭接　　图6-15 桥跨结构的抗震连接

图6-16 桥跨限位措施

图6-17 横向限位装置构造(尺寸单位:mm)

复习思考题

1. 常见的支座类型有哪些？
2. 高速铁路桥梁支座性能有哪些要求？
3. 支座布置的原则有哪些？

项目七　桥梁墩台与基础

学习目标：

(1) 掌握桥梁重力式墩台、轻型墩台、桩柱式墩台的主要类型及构造要求。
(2) 掌握桥梁基础常见的类型及特点。

任务描述：

桥梁墩台是桥梁结构的重要组成部分，它主要由墩(台)帽、墩(台)身和基础三部分组成。墩台承担着桥梁上部结构所产生的荷载，并将荷载有效地传递给地基基础，起着"承上启下"的作用。

任务一　桥梁墩台的基本认知

一、概述

桥墩指多跨桥梁的中间支承结构物。它除承受上部结构产生竖向力、水平力和弯矩外，还承受风力、流水压力及可能发生的地震力、冰压力、船只和漂流物的撞击力。桥台设置在桥梁两端，除了支承桥跨结构外，它又是衔接两岸接线路堤的构筑物，挡土护岸，又能承受台背填土及填土上车辆荷载所产生的附加侧压力。因此，桥梁墩台不仅自身应有足够的强度、刚度和稳定性，而且对地基的承载能力、沉降量、地基与基础之间的摩阻力等也都提出一定的要求，以避免在上述荷载作用下产生危害桥梁整体结构的水平、竖向位移和转角位移。

确定桥梁下部结构应遵循安全耐久、满足交通要求、造价低、维修养护少、预制施工方便、工期短、与周围环境协调、造型美观等原则。桥梁的墩台设计与结构受力有关，与土质构造和地质条件有关，与水文、流速及河床性质有关。因此，桥梁墩台要置于稳定可靠的地基上，要通过设计和计算确定基础形式和埋置深度。在桥梁的总体设计中，下部结构的选型对整个设计方案有较大的影响。合理选型将使上、下部结构的造型协调一致，轻巧美观。

城市立交桥和高架桥均为跨线桥梁结构，多因受到地形、地物的限制，因此斜桥、弯桥较多。为了能满足交通需求，桥面势必较宽，而桥下我们又希望墩身及基础尺寸尽可能地小，常常将桥墩在横桥向做成独柱式、倾斜式、双叉式、T形、V形和X形等多种形式，如图7-1所示。

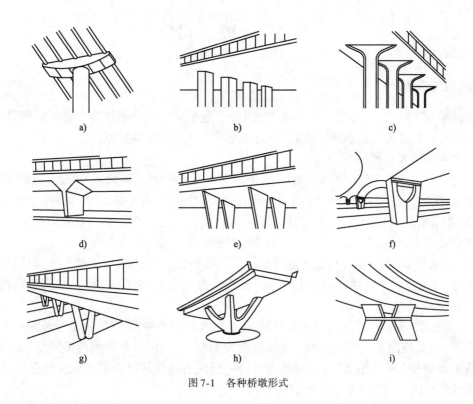

图 7-1　各种桥墩形式

二、桥梁墩台的类型及特点

尽管桥梁墩台的类型繁多,单根据力学特点可以把常用的墩台归纳为两大类。

1. 重力式墩台

这类墩台的主要特点是依靠自身巨大的重力和材料的受压性能来抵抗外载,维持自身的稳定性。因此,墩台自身截面积较大,可以用抗压性能较好的圬工修建。这类墩台具有坚固耐久、抗震性能较好、对偶然荷载有较强的抵抗能力、施工简便、养护工作量小等优点,适用于地基良好的大中型桥梁或者漂浮物较多的河流中,是目前铁路桥梁墩台的主要类型,在公路桥梁上也较为普遍。

2. 轻型墩台

这类墩台主要是使墩身自重和截面积减小,以达到轻型化的目的。具体途径有以下几点:

(1)改变建筑材料,使用抗拉压性能较好的材料,从而减小截面尺寸,如钢筋混凝土空心墩等。

(2)采用杆系结构,将单独的有较大偏心的压杆改成杆系体系,从而节约工程量,并且保持必要的整体抗压弯能力,如塔架、刚架墩等。

(3)改变结构的受力体系,使墩台内各构建的内力重新分配,如锚垫板桥台等。

总之,墩台的形式很多,而且各有特点和使用条件,选址时要根据桥位处的地形地质、水文和施工条件等因素,综合考虑确定。

任务二 桥 墩

一、重力式墩

在梁桥和拱桥上,重力式桥墩用得比较普遍。它们除了在墩帽构造上有所区别以外,其他部分的构造和外形大致相同。在此,结合铁路重力式墩介绍其特点。

1. 梁桥重力式桥墩

重力式桥墩存在多种形式,选用时主要考虑它的流水特性,尽量减轻河床的局部冲刷和不妨碍航运,在此前提下应力求节省圬工和施工方便。常用的重力式墩有如下几种截面形式。

(1)矩形墩[图 7-2a)]:它的外形简单,施工方便,圬工数量较省,但对水流阻力甚大,引起局部冲刷较巨大。一般用于无水或静水中,用于高桥墩最高水位以上部分。

(2)圆端形墩[图 7-2b)]:它的截面是矩形两端各接一个半圆,施工稍麻烦,但比较适合水流通过,可减少局部冲刷。用于水流与桥轴法线交角小于 15°的情况,是铁路跨河桥最广泛使用的一种形式。

(3)圆形墩[图 7-2c)]:其截面为圆形,流水特性较前两种形式好,用于桥轴法线与水流交角大于 15°或流向不定的河流中。由于截面为圆形,各方向具有相同的抵抗矩,在用于纵横向受力差异较大的桥墩上时,浪费圬工;另外,当用石料砌筑时费工。这种桥墩多见于单线直线铁路高墩中,在公路上极少采用。

(4)尖端形桥墩[图 7-2d)]:此种墩外形也较简单,适用于桥轴法线与水流斜交角小于 5°及河床不允许有严重冲刷的小跨度桥梁。在有流冰的河流,桥墩的尖端能起破冰的作用,因此,迎水端应采取特殊加固措施。在有流冰的河流中,也有只在迎水端流冰水位上下一个范围做成这种截面形式的。

a)矩形桥墩　　b)圆端形桥墩　　c)圆形桥段　　d)尖端形桥墩

图 7-2　重力式桥墩的几种形式

为了加快设计进度和便于组织规模施工,铁路上对前三种截面形式的桥墩编制了标准设计图。它们适用于各种不同跨度的钢筋混凝土梁、不同的墩身高度和不同地基承载力的扩大基础。标准图中不仅给出了各部分的具体尺寸,还给出了细部构造和各部分的工程数量,对于一般桥梁的设计,使用起来极为方便。公路部门也有自己的标准设计图。

2. 拱桥重力式桥墩

拱桥是一种推力结构,拱圈传给桥墩上的力,除了竖向力外,还有较大的水平推力,这是与梁桥的最大不同之处。从抵御恒载水平力的能力看,拱桥桥墩又分为普通墩和单向推力墩(也称制动墩或固定墩)两种。普通墩一般不承受恒载水平推力或者当相邻孔不等跨度时承受经过相互作用后尚余的不平衡水平推力。单向推力墩的主要作用是,在其一侧的桥孔坍塌后,能承受住另侧的单向恒载水平推力,以保证另侧的拱桥不致连续坍塌。而且当施工时,为了拱架的多次周转或者当施工设备的工作跨径受到限制时,能分段进行施工,在此情况下,也有设置能承受部分恒载单向推力的制动墩。多跨连续拱桥的制动墩一般3~4跨设置一个。由此可见,为了满足结构强度和稳定的要求,普通墩的墩身可以做得薄一些[图7-3a)~c)],制动墩则要求做得厚实一些[图7-3d)]。

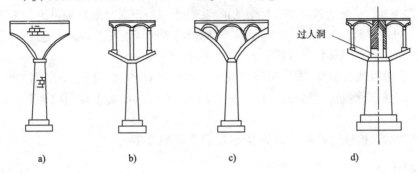

图7-3 拱桥重力式桥墩

其次,与梁桥重力式桥墩相比,拱挢桥墩在构造上还有以下特点。

(1)拱座

拱桥桥墩与梁桥桥墩的一个不同点是:梁桥桥墩的顶面要设置传力的支座,且支座距顶面边缘保持一定的距离;而装配式拱桥桥墩则在其顶面的边缘设置呈倾斜面的拱座,直接承受由拱圈传来的压力。故无铰拱的拱座总是设计成与拱轴线呈正交的斜面。由于拱座承受着较大的拱圈压力,故一般采用C20以上的整体式混凝土、混凝土预制块或MU40以上的块石砌筑。肋拱桥的拱座由于压力比较集中,故应用高等级混凝土及数层钢筋网加固,装配式的肋拱,以及双曲拱桥的拱座,也可预留供插入拱肋的孔槽(图7-4)。就位以后再浇筑混凝土封固。为了加强肋底与拱座的联结,底部可设U形槽浇筑混凝土,混凝土强度等级应不低于C25。有时孔底或孔壁还应增设一些加强钢筋网。

(2)拱座的位置

当桥墩两侧孔径相等时,则拱座均设置在桥墩顶部的起拱线高程上,有时考虑桥面的纵坡,两侧的起拱线高程可以略有不同,当桥墩两侧的孔径不等,恒载水平推力不平衡时,则将拱座设置在不同的起拱线高程上,此时,桥墩墩身可在推力小的一侧变坡或增大边坡。从外形美观上考虑,变坡点一般设在常水位以下(图7-5)。墩身两侧边坡和梁桥的一样,一般也为20∶1~30∶1。

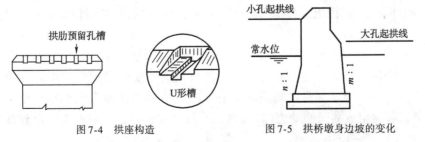

图7-4 拱座构造   图7-5 拱桥墩身边坡的变化

(3)墩顶以上构造

由于上承式拱桥的桥面与墩顶顶面相距有一段高度,故墩顶以上结构常采用各种不同形式。对于实腹式石拱桥的墩顶以上部分通常做成与侧墙平齐的形式[图7-3a)]。对于空腹式石拱桥或双曲拱桥的普通墩,常采用立墙式、立柱式或者跨越式[图7-3b) ~ d)]。对于单向推力墩常采用立墙式[图7-3d)]。当采用立墙式时,为了检修的方便,墙中应设置过人孔;当采用立柱加盖梁或框架时,则应按照钢筋混凝土结构进行配筋。立柱和盖梁可以做成装配式构件,采用不低于C20的钢筋混凝土。架设时可以将预制立柱插入墩顶预留的孔槽内,使工期大为加快。普通铁路拱桥桥墩的顶宽,对于混凝土墩一般可按拱跨的1/25 ~ 1/15采用,石砌墩可按拱跨的1/20 ~ 1/10估算,其比值将随跨径的增大而减小,且不宜小于80cm。对于单向推力墩,则按具体情况计算确定。

为了减小墩身截面长度,拱桥墩顶部分也可做成托盘形式。托盘可采用C20素混凝土圬工,或仅布置构造钢筋。墩身材料可以采用块石、片石或混凝土预制块砌筑,也可用片石混凝土浇筑。

公路拱桥墩顶构造与铁路拱桥基本相同,只是横向宽度要大。

二、轻型桥墩

1. 梁桥轻型桥墩

当地基土质条件较差时,为了减轻地基的负担,或者为了减轻墩身质量,节约圬工,常采用轻型桥墩。轻型墩主要有空心墩、板式墩、桩柱式墩、双柱式墩及各式柔性墩等。

(1)空心墩

墩身高度在30m以上的高墩,如将实体墩身改为厚壁式空心墩身,可节省圬工20% ~ 30%;墩身高在50m以上时可用钢筋混凝土空心墩,可节省圬工达50%左右。近年来滑动模板工艺的大量使用为空心墩施工创造了良好的条件,引起桥梁界的关注。

空心墩在力学上属于空间板壳结构,即使是素混凝土,其受力也有别于重力式实体墩,故将其划在轻型桥墩中。

(2)桩柱式桥墩及双柱式桥墩

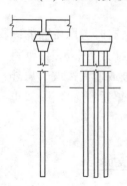

图7-6 桩柱式桥墩

桩柱式桥墩亦称排架式墩(图7-6),墩身是利用基础的桩延伸到地面,顶帽即为连接桩的帽梁。其特点是构造简单、用料少、施工快,但纵向刚度小,故其建筑高度常受墩顶位移的限制。铁路桥只宜用在较小跨度、高度10m以内的墩上,公路桥采用较多。

双柱式桥墩如图7-7所示,它是钢筋混凝土做成的刚架,其基础可为桩基或其他类型的基础,南京、九江长江大桥的引桥都采用了双柱式桥墩。其使用高度一般在30m以内,个别采用多层刚架的可达40m以上。

(3)各式柔性墩

以上是通过改变建筑材料或改变桥墩的结构形式而使桥墩轻型化。柔性墩则是改变桥梁的受力体系使墩台由单独承受某种荷载变为与其他墩台和梁组成共同的受力体系,以达到轻型化的目的。目前国内已建成的铁路桥梁柔性墩所采用的形式主要有刚架式、排架桩、板式及"上柔下刚墩"等。

柔性墩的截面纤细,抗撞击能力较差,故不宜在山坡有落石的傍山谷高架桥上或有泥石流、流冰、通航、漂流物的河流上采用。近30年的运营经验表明:为保证运营中有较高的安全度,柔性墩墩高一般不宜大于30m,曲线半径不宜小于500m,联长不宜大于132m。

2. 拱桥轻型桥墩

拱桥上所使用的轻型桥墩,一般为配合钻孔灌注桩的桩柱式桥墩。从外形上看,与梁桥的桩柱式桥墩非常相似,如图7-8所示。其主要差别就是梁桥桥墩帽上设支座,而在拱桥墩顶部分则设置拱座。

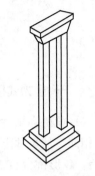

图7-7 双柱式桥墩

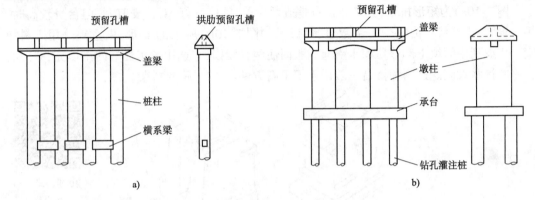

图7-8 拱桥桩柱式桥墩

在采用轻型桥墩的多孔拱桥中,每隔3~5孔应设单向推力墩。当桥墩较矮或单向推力不大时,可以考虑一些轻型的单向推力墩,其优点是阻水面积小,并可节约圬工。轻型单向推力墩形式有:

(1)带三角杆件的推力墩。这种桥墩的特点是:在普通墩的墩柱上,两侧对称地增设钢筋混凝土斜撑和水平拉杆,用来提高抵抗水平推力的能力[图7-9a)]。为了提高构件的抗裂性,可以采用预应力钢筋混凝土结构。这种墩只在桥不太高的旱地上采用。

(2)悬臂式单向推力墩。悬臂式单向推力墩的工作原理是:当该墩的一侧桥孔遭到破坏后,可以通过另一侧拱座上的竖向分力与悬臂长度所构成的稳定力矩来平衡由拱的水平推力所导致的倾覆力矩[图7-9b)]。这种形式的桥墩适用于两铰双曲拱桥。但由于墩身较薄,在受力后悬臂端会有一定位移,因而对无铰拱来说会有附加内力产生。

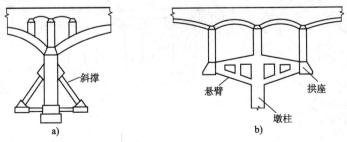

图7-9 拱桥轻型单向推力墩

拱桥轻型桥墩一般较少在铁路上采用,主要是用于公路桥。

任务三 桥 台

一、重力式桥台

梁桥和拱桥中使用重力式桥台比较普遍,二者除在台帽部分有所差别外,其余部分基本相同。从尺寸上看,拱桥桥台一般较梁桥的大。重力式桥台按其截面形状可以分为矩形桥台、U形桥台、T形桥台、耳墙式桥台、埋式桥台等多种形式。

1. 矩形桥台与 U 形桥台

图 7-10a)为矩形桥台,其主要优点是造型简单、整体性好,对抗震有利,但台身较高时,圬工量大,不经济。为减少圬工数量,可做成如图 7-10b)所示的 U 形,中空部分用土料填实。考虑到中间填土部分易积水引起冻胀而使两翼裂损,宜选用渗水性好的土填充,并应有良好的排水设施。这两种桥台一般用于填土高 $H \leqslant 4m$ 的小跨径桥梁。

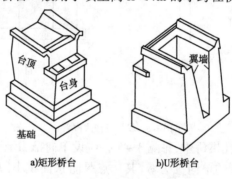

10-重力式 U 形桥台构造

a)矩形桥台   b)U形桥台

图 7-10 矩形桥台与 U 形桥台

2. T 形桥台

图 7-11 为 T 形桥台,在铁路桥中使用较多,从经济性考虑,它适用于填土高度 $H = 4 \sim 12m$。通常,T 形桥台的纵向长度是根据锥体填土的构造要求和锥体填土的坡脚不超出桥台前缘的条件确定的。当填土较高时,台长因而加长,圬工数量增大,故有时将锥体适当伸入台前一部分,如图 7-11 所示。有的为减少圬工量,将 T 形改造成如图 7-12 所示带洞的形式,或做成工字形截面。铁路标准图设计中桥梁跨径 $L_P = 5 \sim 32m$,填土高度 $H = 4 \sim 12m$。

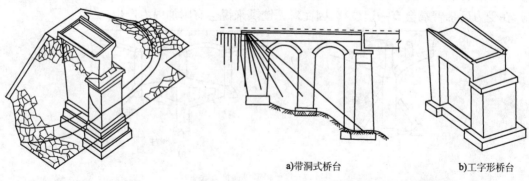

图 7-11 T 形桥台

a)带洞式桥台   b)工字形桥台

图 7-12 带洞式桥台和工字形桥台

3. 耳墙式桥台

耳墙式桥台如图 7-13 所示,是用两片钢筋混凝土耳墙代替台尾一部分实体圬工与路堤相连,从而缩短实体台身长度且可节省较多的圬工。由于两片耳墙位于地面较高部位,对其施工工艺的要求较高,如施工质量不好,在耳墙与台身连接的根部较易产生裂缝,为此也要求耳墙不宜做得太长。当填土高度大于 7m 时,此类桥台的锥体往往也伸出桥台前墙,形成埋式桥台。

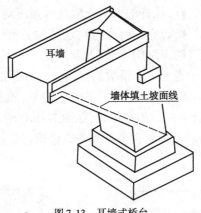

图 7-13　耳墙式桥台

4. 埋式桥台

埋式桥台的部分台身埋在锥体护坡之中,这样对较高桥台可减少台长,故对跨谷高桥甚为有利。但由于它占据了桥孔一部分空间,对于有水桥梁将压缩部分过水面积,因此,在方案比选时应综合权衡"减小台长"与"增大孔跨"二者的利弊。

如图 7-14a)所示为矩形埋式桥台,图 7-14b)所示为十字形埋式桥台。前者结构简单,宜用于混凝土施工;后者台宽有变化,可节省圬工,一般多用石砌施工。

铁路标准设计埋式桥台可用于高度为 8~20m、跨度 16~32m 的情况。

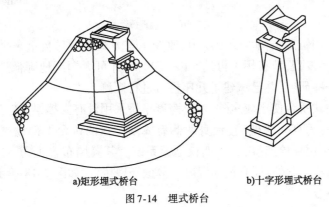

a)矩形埋式桥台　　b)十字形埋式桥台

图 7-14　埋式桥台

二、轻型桥台

1. 梁桥轻型桥台

铁路上已采用的梁桥轻型桥台主要有桩柱式桥台和锚定板桥台。桩柱式桥台的桩柱既是基础,也是台身,如图 7-15 所示。台顶部分由帽梁、两侧耳墙及胸墙组成,适用于地基承载力较低、填土不高的情况。

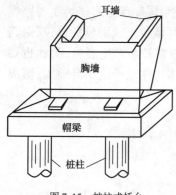

图7-15 桩柱式桥台

锚定板桥台是在其后设置由挡墙、拉杆和锚定板组成的锚定结构来承受土压力,以达到本身轻型化的一种桥台,如图7-16所示。挡墙可用整体式或用预制的钢筋混凝土立柱与挡土板拼装而成,钢拉杆一端与立柱连接,另一端与锚定板连接。在图7-16a)中,墙后土体的侧压力通过墙传至拉杆,拉杆的力由土体抗剪强度对锚定板所产生的抗拔力来平衡。它的台身与锚定结构分开,称为分离式,土压力全部由锚定结构承受,台身仅受桥跨传来的竖向压力和水平力,相当于一个桥墩的作用。这种分离式锚定板桥台的受力明确,但构件较多,施工工艺较繁,操作也不方便。锚定板桥台的另一种形式是将台身和挡墙合为一体的整体式,如图7-16b)所示。整体式与分离式相比,其构造简单、施工方便,材料也较省,但台顶位移尚难以精确计算。

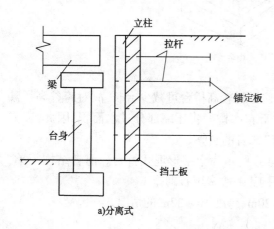
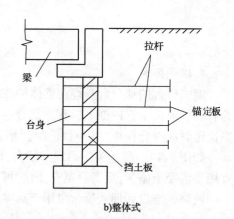

图7-16 锚定板桥台

锚定板桥台采用锚碇结构承受土压力,改变了重力式桥台靠自重来平衡土压力的受力状态,使桥台向轻型发展,节省圬工可达50%~70%,并可大幅度地降低造价。国内已对锚定板桥台进行了一些研究,并已试建了几座桥台进行观测。

公路桥除桩柱式桥台使用较多外,对小跨度旱桥采用设有支撑梁的轻型桥台,如图7-17所示,其特点是台身为直立薄壁墙,台身两侧有翼墙。在两桥台下部设置钢筋混凝土支撑梁,上部结构与桥台用锚栓连接,成为四铰框架系统。其翼墙布置可为一字形、八字形或耳墙式,如图7-17所示。此外,还有钢筋混凝土薄壁轻型桥台,如图7-18所示。

2. 拱桥轻型桥台

这种桥台适用于跨度在13m以下的小跨径拱桥和桥台水平位移量很小的情况。其工作原理是,当桥台受到拱的推力后,便发生绕基底形心轴而向路堤方向的转动,此时台后的土便产生抗力来平衡拱的推力,从而使桥台的尺寸较实体重力式桥台大幅减小。常用的轻型桥台有八字形和U形,以及由此派生出来的门形、E形等背撑式桥台。此外,有的地区还修建了改进基础布置方式的靠背式框架桥台。

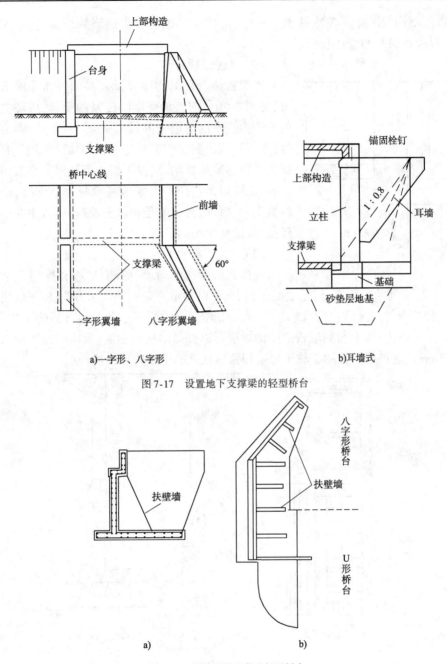

图 7-17 设置地下支撑梁的轻型桥台

图 7-18 钢筋混凝土薄壁轻型桥台

3. 拱桥的其他形式桥台

拱桥常用的其他形式的桥台有下述几种。

(1)组合式桥台

组合式桥台由台身和后座两部分组成,如图 7-19 所示。台身基础承受竖向力,一般采用桩基础或沉井基础。拱的水平推力则主要由后座基底的摩阻力及台的土侧压力来平衡,因此,后座基底高程应低于拱脚下缘的高程。台身与后座间应密切贴合,并设置沉降缝,以适应两者的不均匀沉降。在地基土质较差时,后座基础也应做适当处理,以免后座向后倾斜,导致台身和拱圈的位移和变形。

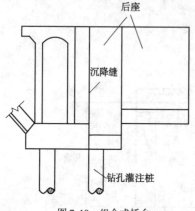

图7-19 组合式桥台

(2)空腹式桥台

空腹式桥台是由前墙、后墙、基础板和撑墙等部分组成,见图7-20。前墙承受拱圈传来的荷载,后墙支承台后的土压力。在前后墙之间设置撑墙3~4道,作为传力构件,并对后墙起到扶壁和对基础起到加劲作用。最外边的撑墙可以做成阶梯踏步,供人们上下河岸。空腹可以是敞口的,也可以是封闭的。如地基承载力容许时,也可在腹内填土。这种桥台一般是在软土地基、河床无冲刷或冲刷轻微、水位变化小的河道上采用。

(3)齿槛式桥台

齿槛式桥台是由前墙、侧墙、底板和撑墙几个部分组成,见图7-21。其结构特点是:基底面积较大,可以支承一定的垂直压力;底板下的齿槛可以增加摩擦和抗滑的稳定性;台背做成斜挡板,用其背面的原状土和前墙背面的新填土,共同平衡拱的水平推力;前墙与后墙板之间的撑墙可以提高结构的刚度;齿槛的宽度和深度一般不小于50cm。这种桥台适用于软土地基和路堤较低的中小跨径拱桥。

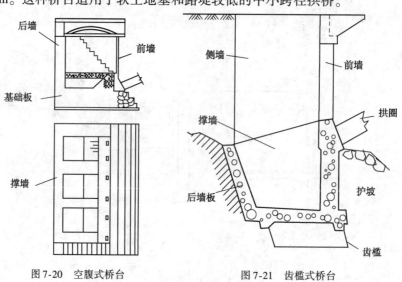

图7-20 空腹式桥台　　图7-21 齿槛式桥台

任务四　桥梁基础

一、基础的类型

桥梁基础根据埋置深度分为浅置基础和深置基础两类,其施工方法不同,设计计算理论也不同。浅置基础是在桥台和桥墩下直接修建的埋深较浅的基础(一般小于5m)。由于浅层土质不良,有时需把基础埋置于较深的良好地层上,这样的基础称为深基础(一般埋深大于 5m),当需要设置深基础时,常采用桩基础或沉井基础,特殊桥位也可能采用其他大型基础或组合形式。有水时,基础埋置在土层内深度虽较浅,但在水下部分较深,称为深水基础。按埋深和施工方法,桥梁基础的分类见图 7-22。当然也有其他的分类方法,如按桩的持力方式可将其分为柱桩和摩擦桩等。

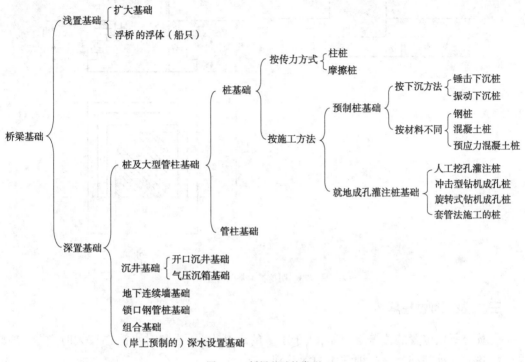

图 7-22 桥梁基础的类型

二、浅置基础

浅置基础又称刚性扩大基础,也称明挖基础,其构造如图 7-23 所示。浅置基础是直接在墩台下开挖基坑修建而成的实体基础,适合于在岸上或水流冲刷影响不大的浅水处,且浅表地基承载力合适的地层。它构造简单,施工方便,最为常见。

明挖扩大基础的平面形状常为矩形,也有其他形式(视墩台身底面的形状而定)。其立面形状为单层或多层台阶扩大形式,其与地基承载力及上部荷载大小有关。如图 7-23 所示,墩台身边缘至基顶边缘的距离 c_1 以及台阶宽度 c_2、c_3 称为襟边。其作用一方面是扩大基底面积以增加基础承载力,另一方面便于对基础施工时在平面尺寸可能发生的误差进行调整,同时也为了支立墩台身模板的需要。襟边的最小值为 20～50cm。基础每层台阶的高度通常为 50～100cm,且一般情况下各层台阶宜采用相同厚度。基础的各级台阶的正交方向的坡线与竖直线所成夹角 α 称为刚性角,其值不应超过某一限值,以防止基础开裂破坏。限值与基础材料有关,混凝土基础为 40°～50°,石砌圬工基础为 30°～35°。

明挖扩大基础的常用材料有混凝土、片石混凝土、浆砌片石等。混凝土强度等级一般不宜小于 C25,浆砌片石一般用 M20 以上水泥砂浆、MU50 以上石料。

明挖扩大基础的特点是稳定性好、施工简便、取材容易、能承受较大荷载,所以只要地基承载力能满足要求,它是桥梁的首选基础形式。但其缺点是自重大,在持力层为软弱土时,由于基础面积不能无限扩大,需要对地基进行处理或加固后才能采用。所以对于荷载较大、上部结构对沉降变形较为敏感、持力层土质较差且较厚的情况,不宜采用明挖扩大基础。

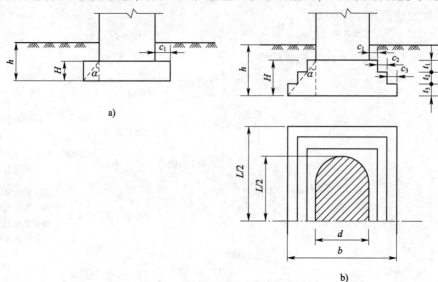

图 7-23 明挖扩大基础构造图

三、桩及大型管柱基础

当墩台所处位置的覆盖层很厚,适于承载的地基很深,或同时水深也较大时,往往需要采用深基础。桩基础就是一种常用的深基础。

桩基础由桩和承台两部分组成,桩在平面排列上可为一排或几排,桩的顶部由承台联成一个整体,再在承台上修筑桥墩或桥台及上部结构,如图 7-24 所示,桩身可全部或部分埋入地基土中。

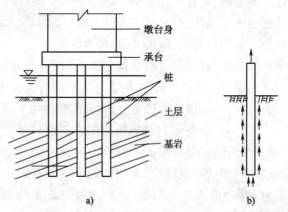

图 7-24 桩基础一般构造

我国桥梁桩基础大多采用钢筋混凝土桩、预应力混凝土桩和钢桩。钢筋混凝土桩截面形式有圆形、环形、方形、六角形等,钢桩的截面形式有圆形、H 形等,在桩轴方向,也分竖直桩和斜桩(通常用于拱桥墩台基础)。实践中已形成了各种形式的桩基础,它们在构造及桩土相互作用性能上都具有各自的特点,分别阐述如下。

1. 按承台位置分类

按承台位置的不同,桩基础可分为高桩承台桩基础和低桩承台桩基础,如图7-25所示。高桩承台的承台底面位于地面或冲刷线以上,低桩承台的承台底面则位于地面或冲刷线以下。高桩承台的桩身外露部分称为桩的自由长度,而低桩承台的自由长度为零。高桩承台由于承台位置较高或设在施工水位以上,可减少墩台的圬工数量,避免或减少水下作业,施工较为方便。然而由于承台和基桩外露部分无侧边土层来共同承受水平外力,对基桩受力较为不利,桩身内力和位移都将大于在同样水平力作用下的低桩承台,稳定性亦较低桩承台差。近年来由于大直径钻孔灌注桩的采用,桩的刚度、强度都较大,因而高桩承台也采用得较多。

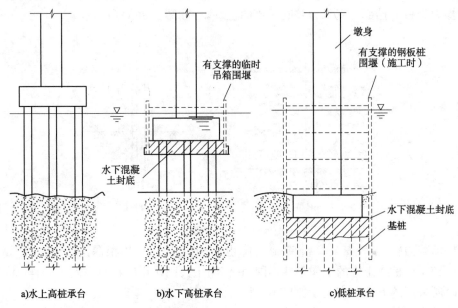

图7-25 高桩承台基础和低桩承台基础

2. 按施工方法分类

(1)灌注桩是采用就地成孔的方法来完成的一种深基础。其施工方法是:先用机械或人工在土中做成桩孔,然后在孔内放入钢筋笼,再灌注桩身混凝土而形成桩身,最后在桩顶浇筑承台或系梁。若用钻机成孔,称为钻孔桩;若用人工开挖桩孔,则称为挖孔桩。灌注桩的特点是施工设备简单,操作方便,适用于各种砂性土、黏性土,也适用于碎卵石类土层和岩层。钻孔桩的直径一般为0.8~3.0m,其长度可由几米至百米。挖孔桩的直径不宜小于1.2m,长度不宜大于20m,以便人工挖土。

(2)钻孔灌注桩常用设备为冲击型钻机和旋转式钻机。前者采用卷扬机带动重力式冲击钻头,往复吊起和落下,冲击成孔;后者由钻机机身、钻杆和钻头(可有多种形式,以适应不同地层)组成,其钻孔速度比冲击型钻机要快得多。在成孔过程中,需要向孔内灌入特制的泥浆,以起到保护钻好的孔壁不致坍塌的作用。为排除坍孔的危险,还可采用套管法施工桩基础。该方法适于施工深度不大于40m的情况。其特点是:采用一套常备式钢套管,用重锤式抓斗在套管内抓土,同时在地面上用一套特殊设备不断晃动套管,使其随之下沉。在套管达到设计高程后,即可清基并进行后续工序。在灌注混凝土的过程中,仍需不断地向上晃动套管,并逐节拔除。

(3)沉入桩是通过汽锤、柴油锤或振动锤等打桩机械将各种预制好的桩(主要是钢筋混凝土实心桩或管桩,也有木桩或钢桩)沉入或打入地基中所需深度。这种施工方法适用于桩径较小(一般直径为 0.6~1.5m),地基土质为砂性土、塑性土、粉土、细砂以及松散的不含大卵石或漂石的碎卵石类土的情况。

3. 按基础传力方式分类

按基础的传力方式,桩基础可分为柱桩与摩擦桩。柱桩是将桩尖通过软弱的覆盖层以后再嵌入坚硬的岩面,荷载由桩尖直接传到基岩中,桩像柱子一样受力,如图7-26a)所示。

摩擦桩是当基岩埋藏很深,桩尖不可能达到时,荷载通过位于覆盖层中桩的侧壁与土壤间的摩擦力和桩的端部的支承力共同承受的桩基础,如图 7-26b)所示。

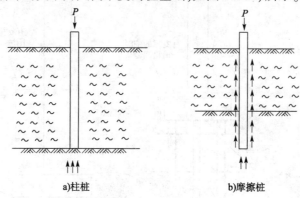

图 7-26 柱桩与摩擦桩

柱桩承载力较大,较安全可靠,基础沉降也小,但若岩层埋置很深,就需要采用摩擦桩。由于柱桩和摩擦桩在土中的工作条件不同,它们与土共同作用的特点也就不一样,因此在设计计算时所采用的方法和有关参数也不一样。

桩基础是深基础方案的首选形式,它耗用材料少、施工简便、适应性强。但当上层软弱土层很厚,桩底不能达到坚实土层,需使用较多较长的桩来传递荷载时,桩基础的稳定性稍差,沉降量也较大;当覆盖层很薄时,桩的稳定性也可能存在问题。

四、沉井及沉箱基础

沉井是一种历史悠久的施工方法,适用于地基表层较差而深部较好的地层,既可以用在陆地上,也可以用在较深的水中。所谓沉井基础,就是用一个事先修筑好的以后充当基础的混凝土井筒,一边挖土,一边靠它的自重不断下沉直至设计高程。其基本施工工序是:首先在地面(或人工筑岛)上做成钢筋混凝土沉井底节,底节下部的内侧井壁做成由内向外斜的"刃脚";然后用机械或人工方法挖掘与清除井底土壤,使之不断下沉,沉井底节以上随之逐节接高;沉井下沉到设计高程后,辅以混凝土封底,并建筑沉井顶盖,沉井基础便告完成,最后在其上修建墩台身。下沉时,为了减少沉井侧壁和土壤之间的摩阻力,可以采用泥浆护套、空气幕或塑料布膜衬壁等方法。

沉井基础是桥梁工程中一种较常见的基础形式。其优点是埋置深度可以很大,整体性强、稳定性好,能承受较大的垂直荷载和水平荷载;沉井既是基础,又是施工时挡土和围水的结构物,施工工艺也不复杂。其不足是工期较长,对细砂及粉砂类土在井内抽水易发生流沙现象,造成沉井倾斜;沉井下沉过程中遇到大孤石、树干或井底岩层表面倾斜过大,均会给施工带来一定困难。

按下沉方式分类,沉井基础可分为就地建造下沉的沉井和浮运就位下沉的沉井;按建筑材料分类,沉井基础可分为混凝土沉井、钢筋混凝土沉井等。

桥梁上常用的是钢筋混凝土沉井,它的抗拉及抗压能力较好,下沉深度可以很大,可达几十米。当下沉深度不大时,沉井壁大部分用混凝土,下部(刃脚)用钢筋混凝土。浮运沉井的底节也有用钢质的。

沉井按平面形状可分为圆形、矩形及圆端形沉井等,如图 7-27 所示。圆形沉井[图 7-27c)、d)]受力好,适用于河水主流方向易变的河流;矩形沉井制作方便,但四角处的土不易挖除;圆端形沉井[图 7-27a)]兼具两者的特点。沉井基础的平面形状常取决于墩台底部的形状。对矩形墩或圆端墩,可采用相应形状的矩形和圆端形沉井。采用矩形沉井[图 7-27b)]时为了保证下沉的稳定性,沉井的长边和短边之比不宜大于 3。当墩的长宽比较接近时,可采用圆形沉井或方沉井。立面外形主要有竖直式、倾斜式及阶梯式等,如图 7-28 所示。采用何种形式主要视沉井需要通过的土层性质和下沉深度而定。外壁竖直形式的沉井,在下沉过程中不易倾斜,井壁接长较简单,模板可重复使用,故当土质较松软、沉井下沉深度不大时,可以采用这种形式。

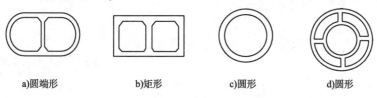

a)圆端形　　　b)矩形　　　c)圆形　　　d)圆形

图 7-27　沉井平面形式

倾斜式及阶梯式井壁可以减少土与井壁的摩阻力,其缺点是施工较复杂,消耗模板多,同时沉井下沉过程中容易发生倾斜。故在土质较密实、沉井下沉深度大、本身质量不大的情况下,可采用这类沉井。倾斜式的沉井井壁坡度一般为 1/40 ~ 1/20,阶梯形井壁的台阶宽度为 100 ~ 200mm。

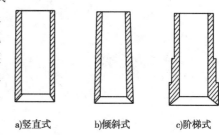

a)竖直式　　b)倾斜式　　c)阶梯式

图 7-28　沉井立面形式

气压沉箱基础则是一种类似于沉井的深水基础,其不同之处是在沉井脚以上适当高度处设置一层密封的顶盖板。顶盖板以下为工作室,以上构造与沉井类似。顶盖板中开有空洞,安置升降井筒,直出水面,井筒上端为气闸。压缩空气经气闸和井筒输入工作室,当压力相当于刃脚处水头时,工作室内积水被排出,施工人员就可以进入工作室,在高气压(2 ~ 3 个大气压,视沉箱下沉深度而定)下进行挖土。挖出的土通过井筒提升,经气闸运出,这样沉箱就可以利用其自重下沉到设计高程。沉箱的主要缺点是对施工人员的身体有害,工效很低。

复习思考题

1. 桥梁墩(台)由哪几部分组成？桥墩、桥台有何作用？
2. 梁桥桥墩的主要类型有哪几种？
3. 简述桥梁轻型桥墩的种类与特点。
4. 试述实体式桥墩的工作特点与使用范围。
5. 桥台有哪些类型？分别适用于什么条件？
6. 拱桥桥墩与梁桥桥墩有何区别？
7. 什么是拱桥的单向推力墩？有哪几种形式？

项目八　桥梁施工概述

学习目标：

(1)掌握桥梁施工方法的分类及特点。
(2)掌握根据实际情况选择恰当施工方法的原则。
(3)了解桥梁施工准备的内容和施工测量的方法。

任务描述：

桥梁的施工方法随着桥梁工程材料及构造的不同而变化,但总体的施工要求与施工前的准备工作是不变的。本任务需要学生掌握施工方法的分类及特点,并能够完成施工前的准备工作。

任务一　桥梁施工方法的分类及特点

一、桥梁基础施工

一般来说,桥梁基础工程发展到今天,已经不受水文、地质条件的控制,所重视的是工程结构本身和经济效益。目前我国已经拥有了合乎国情的一整套施工工艺及相应的设备,而特大桥梁基础也已向"组合基础"发展。扩大基础、桩基和沉井在各自的发展中又彼此"联合"。这种联合就是根据不同的水文、地质来发挥各类形式的特点而组成的一个整体,故出现了很多基础形式。

桥梁基础工程由于在地面以下或在水中,涉及水和岩土的问题,从而增加了它的复杂程度,使桥梁基础的施工无法采用统一的模式。但是桥梁基础工程的形式大致可以归纳为扩大基础、桩和管柱基础、沉井基础、地下连续墙基础和组合基础几大类。

二、桥梁上部结构的施工

桥梁上部结构的施工方法,20世纪70年代以后随着预应力混凝土的广泛应用,已经得到了迅速发展,并发生了重大的变革。

在钢筋混凝土桥梁时代,可以说主要是采用现场浇筑的施工方法。由于桥梁类型增加与跨径增大,构件生产的预制化、结构设计方法的进步、机械设备的发展,引起施工方法的进步和发展,形成了多种多样的施工方法。下面将简要介绍桥梁上部结构的施工方法,并概括各种方法的施工特点。

1. 就地浇筑法

就地浇筑法是在桥位处搭设支架,在支架上浇筑桥体混凝土,达到强度后拆除模板、支架。

就地浇筑施工无需预制场地,而且不需要大型起吊、运输设备,梁体的主筋可不中断,桥梁整体性好。它的缺点主要是工期长,施工质量不容易控制;对预应力混凝土梁由于混凝土的收缩、徐变引起的应力损失比较大;施工中的支架、模板耗用量大,施工费用高;搭设支架影响排洪、通航,施工期间可能受到洪水和漂流物的威胁。

2. 预制安装法

预制安装又称装配式施工,在预制工厂或运输方便的桥址附近设置预制场进行梁的预制工作,然后采用一定的架设方法进行安装。预制安装法施工一般是指钢筋混凝土或预应力混凝土简支梁的预制安装。

预制构件安装的方法很多,各需不同的安装设备,可根据施工的实际情况合理选择。预制安装法施工的主要特点:

(1)由于是工场生产制作,构件质量较好,有利于确保构件的质量和尺寸精度,并尽可能多地采用机械化施工。

(2)上下部结构可以平行作业,因而可缩短现场工期。

(3)能有效利用劳动力,因此降低了工程造价。

(4)由于施工速度快,可适用于紧急施工工程。

(5)将构件预制后要存放一段时间,因此在安装时已有一定龄期,可减少混凝土收缩、徐变引起的变形。

3. 悬臂施工法

悬臂施工法是从桥墩开始,两侧对称进行现浇梁段或将预制节段对称进行拼装。前者称悬臂浇筑施工,后者称悬臂拼装施工。

悬臂施工的主要特点:

(1)桥梁在施工过程中产生负弯矩,桥墩也要承受由施工而产生的弯矩,因此,悬臂施工宜在营运状态的结构受力与施工阶段的受力状态比较接近的桥梁中选用,如预应力混凝土 T 形刚构桥、变截面连续桥梁和斜拉桥等。

(2)非墩梁固结的预应力混凝土梁桥,采用悬臂施工时应采取措施,使墩、梁临时固结,因而在施工过程中有结构体系的转换问题。

11-斜拉桥悬臂浇筑施工

(3)采用悬臂施工的机具设备种类很多,就挂篮而言,也有桁架式、斜拉式等多种形式,可根据实际情况选用。

(4)悬臂浇筑施工简便,结构整体性好,施工中可不断调整位置,常在跨径大于 100m 的桥梁上选用;悬臂拼装法施工速度快,桥梁上、下部结构可平行作业,但施工精度要求比较高,可在跨径 100m 以下的大桥中选用。

12-斜拉桥悬臂拼装施工

(5)悬臂施工法可不用或少用支架,施工不影响通航或桥下交通。

4. 转体施工法

转体施工是将桥梁构件先在桥位处岸边(或路边及适当位置)进行预制,待混凝土达到设计强度后旋转构件就位的施工方法。转体施工其静力组合不变,它的支座位置就是施工时的旋转支承和旋转轴,桥梁完工后,按设计要求改变支承情况。

转体施工的主要特点:

(1)可以利用地形,方便预制构件。

(2)施工期间不断航,不影响桥下交通,并可在跨越通车线路上进行桥梁施工。

(3)施工设备少,装置简单,容易制作并便于掌握。

(4)节省木材,节省施工用料。采用转体施工与缆索无支架施工比较,可节省木材80%,节省施工用钢60%。

13-平面转体施工

(5)减少高空作业,施工工序简单,施工迅速。当主要结构先期合龙后,给以后施工带来方便。

(6)转体施工适合于单跨和三跨桥梁,可在深水、峡谷中建桥采用,同时也适用于平原区以及用于城市跨线桥。

(7)大跨径桥梁采用转体施工将会取得较好的技术经济效益,转体质量轻型化,多种工艺综合利用,是大跨及特大跨桥梁施工有力的竞争方案。

5. 顶推法施工

顶推法施工是在沿桥纵轴方向的台后设置预制场地,分节段预制,并用纵向预应力筋将预制节段与施工完成的梁体连成整体,然后通过水平千斤顶施力,将梁体向前推出预制场地,之后继续在预制场进行下一节段梁的预制,循环操作直至施工完成。

顶推法施工的特点:

(1)顶推法可以使用简单的设备建造长大桥梁,施工费用低,施工平稳无噪声,可在水深、山谷和高桥墩上采用,也可在曲率相同的弯桥和坡桥上使用。

(2)主梁分段预制,连续作业,结构整体性好。由于不需要大型起重设备,施工节段的长度一般可取用 10~20m。

(3)桥梁节段固定在一个场地预制,便于施工管理改善施工条件,避免高空作业。同时,模板、设备可多次周转使用,在正常情况下,节段的预制周期为 7~10d。

(4)顶推施工时,梁的受力状态变化很大,施工阶段梁的受力状态与营运时期的受力状态差别较大,因此在梁截面设计和布索时要同时满足施工与营运要求,由此而造成用钢量较高。在施工时,也可采取加设临时墩、设置前导梁和其他措施,用以减小施工内力。

(5)顶推法宜在等截面梁上使用,当桥梁跨径过大时,选用等截面梁会造成材料用量的不经济,也增加施工难度,因此以中等跨径的桥梁为宜,桥梁的总长也以 500~600m 为宜。

6. 移动模架逐孔施工法

逐孔施工是中等跨径预应力混凝土连续梁的一种施工方法,它使用一套设备从桥梁的一端逐孔施工,直到对岸。

采用移动模架逐孔施工的主要特点有:

(1)移动模架法不需设置地面支架,不影响通航和桥下交通,施工安全、可靠。

(2)有良好的施工环境,保证施工质量,一套模架可多次周转使用,具有在预制场生产的优点。

(3)机械化、自动化程度高,节省劳力,降低劳动强度,上下部结构可以平行作业,缩短工期。

(4)通常每一施工梁段的长度取用一孔梁长,接头位置一般可选在桥梁受力较小的部位。

(5)移动模架设备投资大,施工准备和操作都较复杂。

(6)移动模架逐孔施工宜在桥梁跨径小于 50 m 的多跨长桥上使用。

7. 横移法施工

横移法施工是在拟待安置结构的位置旁预制该结构物,并横向移运该结构物,将它安置在规定的位置上。

14-横移施工

横移法施工的主要特点是在整个操作期间与该结构有关的支座位置保持不变,即没有改变梁的结构体系。在横向移动期间,临时支座需要支承该结构的施工重量。

横移法施工多用于正常通车线路上的桥梁工程的换梁。为了尽量减少交通的中断时间,可在原桥位旁预制并横移施工。

横移法施工也可与其他施工方法配合使用。如一座分离式箱梁桥,可先用顶推法按单箱完成,再采用横移法就位,之后在原位置上继续进行另一单箱梁顶推施工,这样可以使用一套顶推设备完成全桥的施工。

横移法施工多采用卷扬机、液压装置并配置以千斤顶进行。由于混凝土桥具有较大的自重,横移法施工常在钢桥上使用。

8. 提升与浮运施工

这是一种采用竖向运动施工就位的方法。提升施工是指在未来安置结构物以下的地面上预制该结构并把它提升就位。浮运施工是将梁在岸上预制,通过大型浮船移运至桥位,利用船的上下起落安装就位。

采用提升和浮运的方法常选取整体结构,重达数千吨,使用该法的要求是:

(1)在该结构下面需要有一个适宜的地面。

(2)被提升结构下的地面要有一定的承载力。

(3)拥有一台支承在一定基础上的提升设备。

(4)该结构应该是平衡的,至少在提升操作期间是平衡的。

(5)采用浮运法要有一系列的大型浮运设备。

以上介绍了桥梁工程常用的施工方法。对于当前建造的特大桥梁,分主桥和引桥,有时主桥与引桥在结构体系、桥梁跨径、截面形式、桥梁高度、桥下环境等方面有较大差异,而常在一座大桥上采用两种或两种以上的组合施工方法。也有些桥梁,如拱桥、斜拉桥、悬索桥等,其施工方法相对较复杂,很难将其归并在某一施工法中。

三、施工方法的选择

选择确定桥梁的施工方法,需要充分考虑桥位的地形、环境,安装方法的安全性、经济性及施工速度等。因此,在桥梁设计时就要对桥位条件进行详细的调查,掌握现场的地理环境、地质条件及气象条件。施工场地处在市区内、平原、山区、跨河道、跨海湾等,其各方面的条件差别很大,运输条件和环境约束也不相同,这些条件除作为选择施工方法的依据外,同时也涉及设计方案的考虑、桥跨及结构形式的选定。

在选择施工方法时,桥梁的类型、跨径、施工的技术水平、机具设备条件等也是相当重要的因素。虽然桥梁的施工方法很多,但对于不同的桥梁类型,有的适合,有的就不适合,有的则在特定的条件下可以使用。表8-1所列各类型桥梁可选择的主要施工方法及表8-2所列各种桥梁施工方法的适用跨径,可在选择施工方法时参考。

各类型桥梁可选择的主要施工方法　　　　　　　　　　表8-1

施工方法	桥 型							
	简支梁桥	悬壁梁桥 T形刚架	连续梁桥	刚架桥	拱桥	组合体系桥	斜拉桥	吊桥
现场浇筑法	√	√	√	√	√	√		
预制安装法	√	√		√	√	√	√	√
悬臂施工法		√	√		√		√	√
转体施工法			√		√			
顶推施工法			√				√	
逐孔施工法			√					
横移施工法	√	√	√			√	√	
提升与浮运施工法	√				√			

各种桥梁施工方法的适用跨径　　　　　　　　　　表8-2

施工方法	跨 径 (m) 0 20 40 60 80 100 120 140 160 180 200 300 400 500
现场浇筑法	
预制安装法	
悬臂施工法	
转体施工法	
顶推施工法	
逐孔施工法	
横移施工法	
提升与浮运施工法	

注:桥梁跨径主要指混凝土桥的;——表示常用跨径;---表示施工达到跨径。

桥梁施工方法的选定,可参考以下条件:

1. 使用条件

包括桥梁的类型、使用跨径、墩高,梁下空间的限制,平面场地的限制,桥墩的形状等。

2. 施工条件

包括工期要求,起重能力和机具设备要求,架设时是否封闭交通,架设时所需的临时设施,材料可供情况,架设施工的经济核算等。

3. 自然环境条件

包括山区或平原,地质条件及软弱层状况,对河道的影响,运输线路的限制等。

4.社会环境影响

对施工现场环境的影响,包括公害、景观、污染,架设孔下的障碍,道路交通的阻碍,公共道路的使用及建筑限界等。

任务二 施工准备工作及桥位施工测量

一、施工准备工作

施工准备工作的基本任务是为桥梁工程的施工建立必要的技术和物资条件,统筹安排施工力量和施工现场,是施工得以顺利进行的基本保证。施工准备通常包括技术准备、劳动力组织准备、物资准备和施工现场准备等工作。

1.技术准备

技术准备是施工准备的核心。由于任何技术上的差错和隐患都可能危及人身安全并造成质量事故,带来生命、财产和经济的巨大损失,因此必须认真做好技术准备工作。

(1)熟悉设计文件、研究施工图纸及现场核对

施工单位在收到拟建工程的设计图纸和有关技术文件后,应尽快组织工程技术人员熟悉、研究所有技术文件和图纸,全面领会设计意图;检查图纸与各组成部分之间有无矛盾和错误;在几何尺寸、坐标、高程、说明等方面是否一致,技术要求是否正确,并与现场情况进行核对,同时要做好详细记录,记录应包括对设计图纸的疑问和有关建议。

(2)原始资料的进一步调查分析

对拟建工程进行实地勘察进一步获得有关原始数据的第一手资料,这对正确选择施工方案、制订技术措施、合理安排施工顺序和施工进度计划是非常必要的。

①自然条件的调查分析。

a.地质。应了解的主要内容有:地质构造、墩(台)位处的基岩埋深、岩层状态、岩石性质、土的性质和类别、地基土的承载力、土的冻结深度、妨碍基础施工的障碍物、地震级别和烈度等。

b.水文。应了解的主要内容有:河流流量和水质、年水位变化情况、最高洪水位和最低枯水位的时期及持续时间、流速和漂浮物、地下水位的高低变化、含水层的厚度和流向;冰冻地区的河流封冻时间、融冰时间、流冰水位、冰块大小;受潮汐影响河流或水域中潮水的涨落时间,潮汐水位的变化规律和潮流等情况。

c.气象。调查的内容一般包括:气温、气候、降雨、降雪、冰冻、台风、风向、风速等变化规律及历年记录;冬、雨季的期限及冬季地层冻结厚度等情况。

d.施工现场的地形、地物。

②技术经济条件的调查分析。

主要内容包括:施工现场的动迁状况、当地可利用的地方材料状况、地方能源和交通运输状况、地方劳动力和技术水平状况、当地生活物资供应状况、可提供的施工用水用电状况、设备租赁状况、当地消防治安状况及分包单位的实力状况等。

(3)施工前的设计技术交底

设计技术交底一般由建设单位主持,设计、监理和施工单位(承包人)参加。先由设计单

位说明工程的设计依据、意图和功能要求,并对特殊结构、新材料、新工艺和新技术提出设计要求,进行技术交底。然后施工单位根据研究图纸的记录以及对设计意图的理解,提出对设计图纸的疑问、建议和变更。最后在统一认识的基础上,对所探讨的问题逐一做好记录,形成"设计技术交底纪要",由建设单位正式行文,参加单位共同会签盖章,作为与设计文件同时使用的技术文件和指导施工的依据,以及建设单位与施工单位进行工程结算的依据。当工程为设计施工总承包时,应由总承包人主持进行内部设计技术交底。

(4)制订施工方案、进行施工设计

在全面掌握设计文件和设计图纸,正确理解设计意图和技术要求,以及进行以施工为目的的各项调查之后,应根据进一步掌握的情况和资料,对投标时初步拟订的施工方法和技术措施等进行重新评价和深入研究,以制订出详尽的更符合现场实际情况的施工方案。

施工设计应在保证安全的前提下尽量考虑使用现有材料和设备,因地制宜,使设计出的临时结构经济适用、装拆简便、功能性强。

(5)编制施工组织设计

施工组织设计是施工准备工作的重要组成部分,也是指导工程施工中全部生产活动的基本技术经济文件。编制施工组织设计的目的在于全面、合理、有计划地组织施工,从而具体实现设计意图,优质高效地完成施工任务。

(6)编制施工预算

施工预算是根据施工图纸、施工组织设计或施工方案、施工定额等文件进行编制的。施工预算是施工企业内部控制各项成本支出、考核用工、签发施工任务单、限额领料以及基层进行经济核算的依据,也是制订分包合同时确定分包价格的依据。

2.劳动力组织准备和物资准备

(1)劳动力组织准备

①建立组织机构。确定组织机构应遵循的原则是:根据工程项目的规模、结构特点和管理机构中各职能部门的职责,人员的配备应力求精干,以适应任务的需要。坚持合理分工与密切协作相结合,使之便于指挥和管理,分工明确,责权具体。

②合理设置施工班组。施工班组的建立应认真考虑专业和工种之间的合理配置,技工和普工的比例要满足合理的劳动组织,并符合流水作业方式的要求,同时制订出该工程的劳动力需要量计划。

③集结施工力量,组织劳动力进场。进场后应对工人进行技术、安全操作规程以及消防、文明施工等方面的培训教育。

④施工组织设计、施工计划和施工技术的交底。在单位工程或分部分项工程开工之前,应将工程的设计内容、施工组织设计、施工计划和施工技术等要求,详尽地向施工班组和工人进行交底,以保证工程能严格按照设计图纸、施工工艺、安全技术措施、降低成本措施和施工验收规范的要求施工;新技术、新材料、新结构和新工艺的实施方案和保证措施的落实;有关部位的设计变更和技术核定等事项。

⑤建立健全各项管理制度。通常包括技术质量责任制度、工程技术档案管理制度、施工图纸学习与会审制度、技术交底制度、技术部门及各级人员的岗位责任制、工程材料和构件的检查验收制度、工程质量检查与验收制度、材料出入库制度、安全操作制度、机具使用保养

制度等。

(2) 物资准备

物资准备工作的主要内容包括：工程材料，如钢材、木材、水泥、砂石等的准备；工程施工设备的准备；其他各种小型生产工具、小型配件等的准备。

3. 施工现场准备

施工现场的准备工作主要是为工程的施工创造有利条件和提供物资保证，其具体内容如下：

(1) 施工控制网测量。按照勘测设计单位提供的桥位平面图控制网中所设置的基线桩、水准高程以及重要桩志和保护桩等资料，建立满足施工要求的平面和立面施工测量控制网。

(2) 补充钻探。桥梁工程在初步设计时所依据的地质钻探资料往往因钻孔较少、孔距过大而不能满足施工的需要，因此必须对有些地质情况不甚明了的墩位进行补充钻探，以查明墩位处的地质情况和可能的隐蔽物，为基础工程的施工创造有利条件。

(3) 搞好"四通一平"。"四通一平"是指水通、电通、通信通、路通和平整场地。另外，出于蒸汽养护的需要以及考虑寒冷冰冻地区特殊性，还要考虑暖气供热的要求。

(4) 建造临时设施。按照施工总平面图的布置，建造所有生产、办公、生活、居住和储存等临时用房，以及临时便道、码头、混凝土拌和站和构件预制场地等。

(5) 安装调试施工机具。

(6) 材料的试验和储存堆放。按照材料的需要量计划及时提供材料，制订混凝土和砂浆的配合比与强度、钢材的机械性能等各种材料的试验申请计划，并组织材料进场，按规定的地点和指定的方式进行储存堆放。

(7) 新技术项目的试制和试验。

(8) 冬、雨季施工安排。

(9) 消防、保安措施。

(10) 建立健全施工现场各项管理制度。

二、桥梁施工测量

1. 概述

桥梁施工测量的主要任务是精确地测定桥轴线位置、墩台中心位置以及对构造物各细部构造的定位和放样。对大型桥梁来讲，首先必须建立平面控制网、高程系统及测量桥位中线(桥轴线)的长度，以确保桥梁走向、跨径、高程等符合规范和设计要求。

测量前必须做好必要的技术和组织准备工作，例如要熟悉设计文件、图纸和有关测设资料，要与监理单位办理好现场固定桩的交接工作，还应做好测量人员的分工、仪器的校验和施工步骤的制订等准备工作。

2. 桥位中线测量

桥位中线及其长度是用来确定墩台位置的依据。测量桥位中线的目的，是控制中线的长度和方向，从而确保墩台位置的正确，因此保证桥轴线测量的必要精度是十分重要的。

为了确保桥轴线长度的精度，有时需要建立独立的三角网与国家的控制点进行联测。

为了与线路的坐标取得统一,也需要与线路上的国家平面控制点进行联测。

(1)预估桥轴线长度的精度

在测量桥轴线长度之前,应预先估算桥轴线长度所需要的精度,以便合理制订测量方案和规定各项测量的限差。桥轴线的精度要求取决于桥长、跨径及其假设的精度,因此估算时应考虑这些因素。

(2)桥轴线长度的测量方法

测量桥轴线长度的方法,通常采用光电测距法(目前使用电子全站仪测量更为方便)、直接丈量法、三角网法等。对于直线桥梁可以直接采用此三种方法进行测量;对于曲线桥梁,应结合曲线桥梁的轴线在曲线上的位置而定。

3. 桥梁墩台定位与轴线测量

在桥梁施工测量中,最主要的工作是准确地定出桥梁墩台的中心位置和它的纵横轴线,这些工作称为墩台定位。

(1)直线桥梁的墩台定位

位于直线段上的桥梁,其墩、台中心一般都位于桥轴线的方向上,根据桥轴线控制桩及各墩台中心的里程,即可求得其间的距离。使用全站仪,在被测设点位上可以安置棱镜的条件下,若用坐标法放出桥墩中心位置,则更为精确和方便。

(2)曲线桥的墩台定位

一般路线设计中常用的有圆曲线和缓和曲线,各主点要素的计算有专门的计算公式。在设计文件已给定墩台定位有关数据时,只需重新复核无误即可按其进行放样定位。一般在直角坐标系中进行坐标值的计算较为普遍和简便。可以先建立以墩台中心为原点,切线及法线方向为坐标轴的局部坐标系,在局部坐标系中确立待放点局部坐标值,再利用墩台中心的线路坐标值将局部坐标值转换至线路坐标中。

(3)墩台纵横轴线的测设

墩台中心测设定位以后,尚需测设墩台的纵横轴线,作为墩台细部放样的依据。在直线桥上,墩台的横轴线与桥的纵轴线重合,而且各墩台一致,所以可利用桥轴线两端控制桩来标志横轴线的方向,而不再另行测设标志桩。

在水中的桥墩,因不能架设仪器,也不能钉设护桩,则暂不测设轴线,等筑岛、围堰或沉井露出水面以后,再利用它们钉设护桩,准确地测设出墩台中心及纵横轴线。

4. 桥梁施工的高程测量

在桥梁施工阶段,除了建立平面控制,尚需建立高程控制。一般在河流两岸分别布设若干个水准基点,作为施工阶段高程放样以及桥梁营运阶段沉陷观测的依据。因此,在布设水准基点时,点的密度及高程控制的精度,均应考虑这两方面的要求。布设水准点可由国家水准点引入,经复测后使用。

为了施工方便起见,应在基点的基础上设立若干施工水准点。基点是永久性的,它既要满足施工要求,又要满足变形观测时永久使用要求。施工水准点只用于施工阶段,要尽量靠近施工地点。

无论是基点还是施工水准点,均要选在地基稳固、使用方便且不易破坏的地方。根据地形条件、使用期限和精度要求,可分别埋设混凝土标石、钢管标石、管柱标石或钻孔标石。

复习思考题

1. 桥梁施工准备中的技术准备主要内容有哪些?
2. 施工现场准备工作的具体内容有哪些?
3. 如何进行曲线桥梁墩台定位?
4. 如何进行桥梁施工的高程测量?

项目九　梁式桥上部结构施工

学习目标：

(1) 了解简支梁的制作工艺与架设方法。
(2) 了解连续梁桥的现浇施工与装配化施工的工艺流程以及注意事项。

任务描述：

梁式桥可分为简支梁桥与连续梁桥两大类，由于适用跨径不同，结构类型也不同，因此上部结构施工方法也有所不同。本项目需要学生掌握简支梁桥的预制与架设方法以及连续梁桥的现浇施工和装配化施工工艺。

任务一　简支梁的预制与架设

一、概述

简支梁属于静定结构，地基变形、温度变化、混凝土收缩徐变、张拉预应力等均不会在梁中产生附加内力，而且受力简单、设计计算方便、施工方便、工期短、造价低且容易维修。由于上述特点，使得简支梁桥成为钢筋混凝土和预应力混凝土梁式桥体系中应用最早、使用最广泛的一种桥型。钢筋混凝土简支梁桥施工方法主要包括现场浇筑法和预制安装法两大类。

现场浇筑法：是指在桥位处搭设施工支架，在支架上立模板，在现场浇筑梁体混凝土，待混凝土达到强度后拆除模板、施工支架的方法。现场浇筑施工无须预制场地，而且不需要大型起吊、运输设备，梁体的主筋可不中断，桥梁整体性好。它的缺点主要是工期长，混凝土的收缩、徐变引起的应力损失比较大，施工质量不容易控制；施工中的支架、模板耗用量大，施工费用高；搭设支架影响排洪、通航，施工期间可能受到洪水和漂流物的威胁。

预制安装法：是指在预制工厂或在运输方便的桥址附近设置预制场进行梁体的预制工作，然后采用一定的架设方法进行安装的方法。预制安装法施工一般是指钢筋混凝土或预应力钢筋混凝土简支梁的预制安装。预制构件安装的方法很多，各需不同的安装设备，可根据施工的实际情况合理选择。

预制安装法施工的主要特点：由于是工厂化集中生产制作，梁体质量好，尺寸精度高；桥梁上下部结构可以平行作业，因而可缩短现场工期；能有效利用劳动力，并由此而降低了工程造价;由于施工速度快,可适用于紧急施工工程;将梁体预制后由于要存放一段时间,因此在安装时已有一定龄期,可减少混凝土收缩、徐变引起的变形。

综上所述,装配式桥的造价较之整体浇筑桥高还是低的问题,要针对具体的桥梁项目进行具体分析,不能一概而论。当桥址地形条件不可能设立支架,施工队伍有足够的设备或有可能获得所需的设备,以及桥的工程数量相当大,以致如采用就地浇筑方法施工势必在冬季施工,难以保证工程质量和工程进度时,采用装配式施工将是经济合理的。近年来,随着吊运能力的不断提高,预应力工艺的日趋完善,预制安装的施工方法在国内外获得了更大的发展。

二、混凝土简支梁桥的制造工艺

1. 钢筋混凝土简支梁施工工艺

对于钢筋混凝土简支梁,无论采用哪一种施工方法进行施工,都必须经过图 9-1 所示的基本施工工艺流程才能成型。

图 9-1　钢筋混凝土简支梁施工工艺流程

下面将简单介绍每一流程。

(1)支立模板

①常用模板的构造。

常用的构件模板材料有木模和钢模两种。前者多用于就地浇筑或者非等跨结构的场合;后者多用于预先制作的装配式标准构件,以便成批生产降低成本。

用于制造 T 形梁的装拆式钢模板的构造图如图 9-2 所示,它除了用于截面成型的钢壳板以外,还要用角钢做成水平肋、竖向肋、斜撑、直撑以及固定侧模用的顶部和底部拉杆等部件来固定模板位置。T 形梁钢模板如图 9-3 所示。

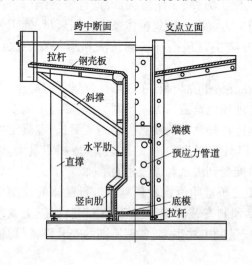

图 9-2　T 形梁钢模板构造图

图 9-3　T 形梁钢模板

图 9-4 为预应力混凝土箱形截面无砟无枕梁的中间段钢模板。全梁内外模板分为 8 段,中间段长 5m,用 8mm 厚的钢板作面板,并加焊横肋与竖肋。箱梁内模本身呈箱形,在竖向分为上下两部分。上部高度较大,下部较小,在竖向连接处做成斜面,上下两部分又都在中线处分成两块,用两个铰连接。箱形截面梁钢模板如图 9-5 所示。

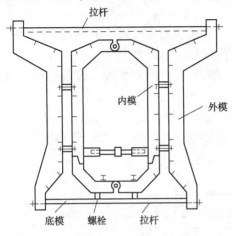

图 9-4 箱形截面梁中间段钢模板

图 9-5 箱形截面梁钢模板

为了确保腹板和底板的厚度符合设计要求,可在内模与外模及内模与底模之间用直径 60mm 的塑料管作横撑,并在其中穿以螺栓连接。梁体灌注完毕后,拆除螺栓,拔出塑料管,即形成通风孔。

②模板的制作与安装。

模板在制作和安装时,必须保证模板接缝密合,如有缝隙,需塞堵严密,以防漏浆。建筑物外露面的模板应刨光并涂以石灰乳浆、肥皂水或润滑油等润滑剂。为减少施工现场的安装拆卸工作和便于周转使用,模板应尽量制成装配式组件或块件。模板应用内撑支撑,用螺栓拴紧。使用木内撑时,应在浇筑到该部位时及时将支撑撤掉。

支架及模板,在使用前应进行检验,需保证其坚固、稳定,位置及尺寸符合设计要求。

(2) 钢筋骨架成型

混凝土内的钢筋骨架是由主筋、架立筋、斜筋、分布钢筋以及附加钢件构成,并且均要通过钢筋整直→切断→除锈→弯曲→焊接或者绑扎等工序后才能成型。

钢筋接头的形式有绑扎接头和焊接接头两种。

①绑扎接头简便易行,就是把钢筋按规定搭接起来,然后在搭接部分的中心和两端用铅丝扎紧。绑扎接头依靠钢筋搭接部分锚固在混凝土中来传力,因此,使用范围受到一定限制,凡钢筋直径超过 25mm 就不应采用绑扎接头。绑扎接头操作方便,但其缺点是:不如焊接接头牢固可靠,特别是在钢筋直径较大时;消耗较多的钢材;搭接占地方大,用于钢筋密集的结构时,浇灌混凝土有困难;工效低,进度慢。

受力钢筋的绑扎接头,不应集中在同一截面内。在同一截面内,受拉区只允许有 25% 的接头,受压区只允许有 50% 的接头。上述规定的百分率,按钢筋横截面面积计算。绑扎接头应布置在受力较小处(例如:简支梁,不应把接头放在梁的中间,可放在靠近两端 1/3 的范围内);距钢筋弯曲处 10d(d 为钢筋直径,下同)范围之内,也应避免设置绑扎接头。

②焊接接头有节约钢材、提高工程质量、缩短工期的优点,因此,特别适用于钢筋工程量较大的建筑工地。焊接接头分接触对焊和电弧焊两种。

a. 接触对焊:是一种成本低、质量好、效率高的接头方式。其工作原理是使钢筋的端面接触,通电发热到一定程度,再加压顶锻,把两根钢筋对接成一体。接触对焊又分为电阻对焊和闪光对焊两种。

b. 电弧焊:包括交、直流两类电焊机。其工作原理是利用电弧产生的热能,把钢筋末端和焊条(或帮条和焊条)熔化,冷却凝固后便形成焊接接头。

电弧焊焊条,应选用低碳、低合金、高强度钢焊条,并符合国家标准。焊条的型号、直径和钢筋直径与焊接形式有关,应按规定选用。

直径 $d > 28$mm 的钢筋和轴心受拉、小偏心受拉构件中的钢筋宜采用焊接。当采用搭叠式电弧焊接时,钢筋端都应预先折向一侧,使两接合钢筋轴线一致。搭接时,双面焊缝的长度不得小于 $5d$,单面焊缝的长度不得小于 $10d$,如图 9-6a)所示。

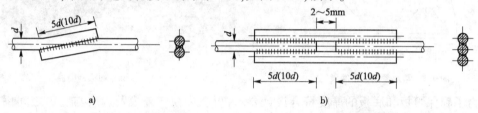

图 9-6 钢筋接头焊缝形式(括号内数字为单面焊接时取值)

当采用夹杆式电弧焊接时,夹杆的总截面面积不得小于被焊钢筋的截面积。夹杆长度,如用双面焊缝则不小于 $5d$,如用单面焊则不应小于 $10d$,如图 9-6b)所示。

为了防止钢筋在焊接过程中由于温度变化造成的翘曲变形及焊缝内的收缩应力,钢筋骨架应采取合理的焊接工艺措施。钢筋应采用双面焊缝使骨架的变形尽可能均匀对称,若只能采用单面焊时,应在垂直骨架平面方向留预拱度。在施焊顺序上采用先点焊后跳焊,且在跳焊时采用分段跳焊和分层跳焊的方法,即从钢筋骨架中心向两端对称错开焊接,且先下部后上部,每条焊缝应一次焊成。在同一部位有多层钢筋焊接时,各道焊缝应互相交错跳焊。当多层钢筋直径不同时,可先焊直径相同的,再焊直径不同的。

(3)浇筑及振捣混凝土

该施工过程包括混凝土搅拌→混凝土运输→浇筑混凝土→振捣密实 4 个工序。混凝土的砂、石配合比及水灰比均应通过设计和试验室试配来确定,拌制一般采用搅拌机。混凝土振捣的目的是让模板内混凝土密实,不能使混凝土内存在大的空洞,表面出现蜂窝和麻面现象。

①混凝土的运输。

混凝土的运输能力应适应混凝土凝结速度和浇筑速度的需要,务必使混凝土在运到浇筑地点时仍保持均匀性和规定的坍落度。无论采用汽车运输还是搅拌车运输,其运输时间均不宜超过规定的时间范围。

采用泵送混凝土应符合下列规定:混凝土的供应必须保证输送混凝土泵能连续工作;输送管线宜直,转弯宜缓,接头应严密,如管道向下倾斜,应防止混入空气,产生阻塞;泵送前应先用水泥浆润滑输送管道内壁,混凝土出现离析现象时,应立即用压力水或其他方法冲洗管内混凝土,泵送间歇时间不宜超过15min;在泵送过程中,受料斗内应具有足够的混凝土,以防止吸入空气产生阻塞。

②混凝土的浇筑。

混凝土简支梁构件的高度一般较高,故宜分层浇筑。当采用插入式振捣器时,其分层厚度不宜超过0.3m。分层方法可以有水平分层和倾斜分层两种,如图9-7所示。当采用水平分层浇筑时,由于构件较长,故必须在前一层混凝土开始凝结之前,将次一层混凝土浇筑完毕。当气温在30℃以上时,前、后两层浇筑时间相隔不宜超过1h;当气温在30℃以下时,不宜超过1.5h;或由试验资料来确定相隔时间。当无法满足上述规定的间隔时间时,就必须预先确定施工缝预留的位置。一般将其选择在受剪力和弯矩较小且便于施工的部位,并应按下列要求进行处理:

a. 在浇筑接缝混凝土之前,先凿除老混凝土表层的水泥浆和较弱层。

b. 经凿毛的混凝土表面,应用水洗干净,在浇筑次层混凝土之前,对垂直施工缝宜刷一层净水泥浆,对于水平缝宜铺一层厚为10~20mm、比例为1:2的水泥砂浆。

c. 对于斜面施工缝应凿成台阶状再进行浇筑。

d. 接缝位置处在重要部位或者结构物处在地震区时,在灌筑之前应增设锚固钢筋,以防开裂。

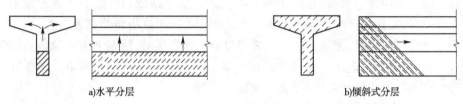

图9-7 混凝土浇筑方法

a)水平分层 b)倾斜式分层

③混凝土的振捣。

混凝土的捣实就是使入模的混凝土成型与密实的过程,从而保证混凝土构件外形美观,表面平整,混凝土的强度和其他性能符合设计要求。混凝土入模后应立即进行充分的振捣,使新入模的混凝土充满模板的每一角落,排出气泡,使混凝土拌和物获得最大的密实度和均匀性。混凝土的振捣分为人工振捣和机械振捣。人工振捣由于工作效率低下,振捣效果差而较少采用。目前普遍采用机械振捣混凝土。

施工现场可以采用机械外力来克服混凝土拌和物的黏聚力和内摩擦力而使其液化、沉实。混凝土振捣机械按其工作方式分为:内部振动器(插入式振捣器)、表面振动器(平板振捣器)、外部振动器(附着式振捣器)和振动台。

a. 内部振动器。

内部振动器(图9-8和图9-9)又称插入式振动器,是施工现场使用最多的一种振动器,适用于深度或厚度较大的混凝土构件捣实。

插入式振动器的工作部分是振动棒,是一个棒状空心圆柱体,内部安装偏心振子。在电动机驱动下,由于偏心振子的振动,棒体产生高频微幅的机械振动。工作时,将振动棒插入混凝土中,通过棒体将振动能传给混凝土,其振动密实的效率高。

插入式振动器的操作要点:一是垂直振捣,即振动棒与混凝土表面垂直;二是斜向振捣,即振动棒与混凝土表面成 40°~45°的角;三是振捣器的操作要做到快插慢拔,插点要均匀,逐点移动,顺序进行,不得遗漏,达到均匀振实;四是混凝土分层浇筑时,应将振动棒深入下层混凝土 50~100mm,以促使上下层相互胶合;五是使用时,不允许将其支承在结构钢筋上或碰撞钢筋,不宜紧靠模板振捣。

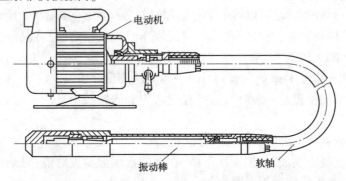

图 9-8　插入式振动器结构图

b. 表面振动器。

表面振动器(图 9-10)又称平板振动器,是由带偏心块的电动机和平板组成。平板振动器是放在混凝土表面进行振捣,适用于厚度不大的混凝土路面和桥面等工程的施工。当使用表面振动器时,振捣器产生的振动波通过与之固定的振捣底板传给混凝土。

表面振动器操作要点:振动器的平板要与混凝土保持接触,使振波有效地传到混凝土而使之振实;在每一位置上应连续振动 25~40s,以混凝土表面出现均匀的浆液为准;移动时,前后位置和排与排之间要相互搭接,防止漏振。

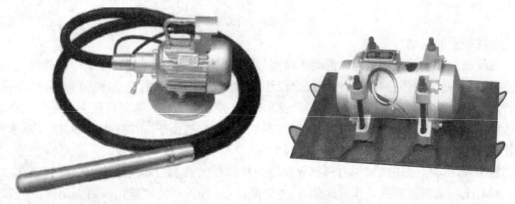

图 9-9　插入式振动器　　　　　　　　图 9-10　表面振动器

c. 外部振动器。

外部振动器(图 9-11)又称附着式振动器,它是直接固定在模板上,利用带偏心块的振动器产生的振动力,通过模板传递给混凝土,达到振实的目的。适用于振捣断面较小或钢筋较密的构件。

外部振动器操作要点:外部振动器的振动深度约为 25cm;若构件尺寸较厚时,应在构件两侧分别安装振动器,同时进行振捣;振动器安装在混凝土模板上时,每次振动时间不应超过 1min,当混凝土在模内泛浆流动或成水平状即可停振,不得在混凝土初凝状态时再振;装置振动器的构件模板应坚固牢靠,其面积应与振动器额定振动面积相适应。

d.振动台。

混凝土振动台(图9-12)主要由台底架、振动器弹簧等部件组成,台面与底架均用钢板和型钢焊接而成,振动台是用电动机加一对偏心轮组成。混凝土振动台适用于试验室,现场工地做试件成型和预制构件如各种板、梁等的振实成型。

振动台的操作要点:振动台使用前需试车,先空载3~5min,停车拧紧全部紧固零件,反复2~3次,才能正式投入使用;振动台在生产使用中,混凝土试件的试模必须牢固地紧固在工作台上,试模的放置必须与台面的中心线相对称,使负载平衡;混凝土的厚度以20cm为宜,超过20cm时应分层浇筑或随浇随振。

图9-11 附着式振动器

图9-12 振动台

(4)养护及拆除模板

混凝土成型后,为保证水泥水化作用能正常进行,应及时进行养护。养护的目的是为了保证混凝土凝结和硬化必需的湿度和适宜的温度,促使水泥水化作用充分发展。混凝土中拌和水的用量虽比水泥水化所需的水量大得多,但由于蒸发,骨料、模板和基层的吸水作用以及环境条件等因素的影响,可使混凝土内的水分降低到水泥水化必需的用量之下,从而妨碍了水泥水化的正常进行。因此,如果混凝土养护不及时、不充分,不仅易产生收缩裂缝、降低强度,而且会影响到后台的耐久性及其他性能。试验表明,未养护的混凝土与经充分养护的混凝土相比,其28d抗压强度将降低30%左右,1年后的抗压强度降低5%左右,由此可见,养护对混凝土工程的重要性。

混凝土浇筑完毕后,应在收浆后尽快用草袋、麻袋或稻草等物予以覆盖和洒水养护。洒水持续时间,随水泥品种的不同和是否掺用塑化剂而异,对于用硅酸盐水泥拌制的混凝土构件不少于7昼夜,对于用矿渣水泥、火山灰水泥或在施工中掺用塑化剂的,不少于14昼夜。

梁体混凝土采用蒸汽养护时,分为静停、升温、恒温、降温四个阶段。静停期间应保持棚温不低于5℃,浇筑完4h后方可升温,升温速度不得大于10℃/h,恒温时蒸汽温度不宜超过45℃,梁体芯部混凝土温度不宜超过60℃,降温速度不应大于10℃/h;蒸养期间及撤除保温设施时,梁体混凝土芯部与表层、表层与环境温差不宜超过15℃;蒸汽养护结束后,应立即进入自然养护,时间不少于7d。梁体混凝土采用自然养护时,梁体表面应采用草袋或麻袋覆盖,并在其上覆盖塑料薄膜,梁体洒水次数应以保持混凝土表面充分潮湿为度。当环境相对湿度小于60%时,自然养护不应少于28d;相对湿度在60%以上时,自然养护不应少于14d。当环境温度低于5℃时,梁体表面应喷涂养护剂,采取保温措施,禁止对混凝土洒水。

混凝土构件经过养护后,达到了设计强度的25%~50%时,即可拆除侧模;达到了设计吊装强度并不低于设计强度等级的70%时,就可起吊主梁。

2.后张法预应力混凝土简支梁的制造

普通钢筋混凝土简支梁构件的预制较为简单,这就是在地面专门的场地上,按照图9-1的基本施工工艺流程来完成构件的制作,然后堆放在场地的一侧,等待运到桥孔处进行安装。

后张法预应力混凝土简支梁构件的预制过程也基本相同,所不同的主要有两点:第一,在钢筋成型这个施工过程的同时,要按照设计图中的位置布设制孔器,即在混凝土构件中预留孔道,供以后预应力筋的穿入;第二,当完成混凝土养护和拆除模板后,按照设计图中所规定的混凝土龄期强度,将制备好的预应力筋穿入孔道中,完成张拉过程。由于它是在完成混凝土构件的制作之后再施加预应力,故把这种构件称作后张法预应力混凝土预制构件。

后张法预应力混凝土梁施工基本过程:钢筋骨架制作并预埋管道→灌注混凝土→抽拔管道并穿束→张拉(初、终)→封端→存梁。

(1)预应力锚具

锚具是在制作预应力混凝土构件时锚固预应力筋的一种装置。锚具类型繁多,按其传力锚固的受力原理可分为三类:依靠摩擦力锚固的锚具,如楔形锚、锥形锚和用于锚固钢绞线的JM锚与夹片式群锚等;依靠承压锚固的锚具,如镦头锚、钢筋螺纹锚等;依靠黏结力锚固的锚具,如先张法的筋束锚固,以及后张法固定端的钢绞线压花锚具等。下面介绍夹片锚具。

夹片锚具主要用于锚固钢绞线筋束。由于钢绞线与周围接触面积小,且强度高,硬度大,所以对锚具性能要求高。这种锚具是在一块多孔的铺板上,利用每个锥形孔装一副夹片,夹持一根钢绞线。其优点是任何一根钢绞线锚固失效,都不会引起整体锚固失效。每束钢绞线的根数不受限制。对锚板与夹片的要求,与单孔夹片锚具相同。多孔夹片锚固体系在后张法有黏结预应力混凝土结构中用途最广,主要品牌有QM、XM、OVM型等,如图9-13~图9-15所示。

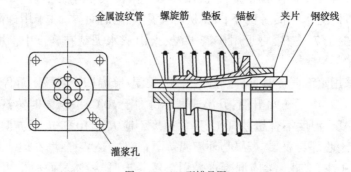

图9-13 QM型锚具图

15-钢绞线束夹片锚具工作原理

项目九　梁式桥上部结构施工

图9-14　OVM型锚具

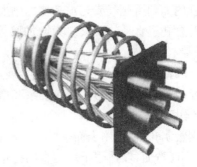
图9-15　固定端P型锚具

(2)制孔器

制孔器的种类:埋置式和抽拔式。

埋置式制孔器,主要有铁皮管、铝合金波纹管(图9-16)、塑料波纹管(图9-17)。埋置式制孔器在梁体制成后将留在梁内,形成的孔道壁对预应力筋的摩阻力小,但它们加工成本高,使用后也不能回收。铁皮管用薄铁皮制作,安放时分段连接。这种制孔器制作时费人工,速度慢,在接缝和接头处容易漏浆,造成以后穿束和张拉的困难。波纹管由铝合金片材用制管机卷制而成,横向刚度大,不易变形,不会漏浆,纵向也便于弯成各种线形,与构件混凝土的黏结也较好,故比较常用。塑料波纹管的应用越来越广泛,它的优点是:抗腐蚀性好;能防止氯离子侵入;不导电,可防电流腐蚀;强度高,不怕踩压;耐疲劳性好等。

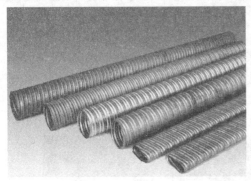
图9-16　铝合金波纹管

图9-17　塑料波纹管

抽拔式制孔器,即利用制孔器预先安放在预应力束的设计位置上,待混凝土强度达到抽拔要求后将它拔出,构件内即形成孔道。这种方法制孔的优点是,制孔器能够周转使用,应用较广。常用的抽拔式制孔器(俗称抽拔管)有以下三种:

①橡胶管制孔器(图9-18):分夹布胶管和钢丝网胶管两种。通常选用具有5~7层夹布的高压输水(气)管作为制孔器,要求管壁牢固,耐磨性能好,能承受5kN以上的工作拉力,并且弹性恢复性能好,有良好的挠曲适应性。

图9-18　橡胶管制孔器

胶管内如利用充气或充水来增加刚度,管内压力不得低于500kPa。充气(水)后胶管的外径应符合孔道直径的要求。为增加胶管的刚度并准确控制位置,需在橡胶管内置一圆钢筋(称芯棒)。

②金属伸缩管制孔器:是一种用金属丝编织成的可伸缩网套,具有压缩时直径增大而拉伸时直径减小的特性。为了防止漏浆和增强刚度,网套内可衬以普通橡胶衬管,插入圆钢或5mm钢丝束芯棒。

③钢管制孔器:是用表面平整光滑的钢管焊接制成,焊接接头应磨平。钢管制孔器抽拔力大,但不能弯曲,仅适用于短而直的孔道。混凝土浇筑完毕后,要定时转动钢管。

无论采用何种制孔器,都应按设计规定或施工需要预留排气排水和灌浆用的孔眼。

(3)钢束制作

高强钢丝用前应调直,普通钢绞线使用前应通过预拉减少松弛。钢绞线下料时两端各5cm处扎紧。钢绞线束每隔1~1.5m用细铅丝扎紧。

钢绞线束的下料长度由孔道长度和工作长度决定。

钢绞线的下料方法有氧气-乙炔切割法、电弧熔割法和机械切割法三种。

(4)穿束

预应力筋穿入孔道的方法有先穿束法和后穿束法两种。先穿束法即在浇筑混凝土之前穿束。这种穿束法较省力,但束端若保护不当易生锈。后穿束法即在浇筑混凝土之后穿束。穿束可在混凝土养护期内进行,不占工期,便于用通孔器或高压水通孔。穿束后及时张拉、易于防锈,但穿束较为费力。后穿束法可用人工穿束、卷扬机穿束和穿束机穿束。

(5)张拉

张拉前须做好千斤顶和压力表的校验,与张拉吨位相应的油压表读数和钢丝伸长量的计算,张拉顺序的确定和清孔、穿束等工作;应对千斤顶和油泵进行仔细检查,以保证各部分不漏油和正常工作;画出油压表读数和实际拉力的标定曲线,确定预应力筋(束)预应力值和油压表读数的直接关系。如图9-19所示。

图9-19 装配式预应力混凝土箱梁预应力束的张拉

后张法预应力混凝土简支梁的预应力筋张拉工艺,除设计有特别规定外,宜按初张拉和终张拉两个阶段进行。张拉数量及张拉力值应符合设计要求。预应力束张拉前,应清除管道内的杂物及积水。终张拉应在梁体混凝土强度及弹性模量达到设计值后、龄期不少于10d时进行。预施力应采用两端同步张拉,并符合设计要求的张拉顺序。预施力过程中应保持两端的伸长量基本一致。张拉期间应采取措施避免锚具、预应力筋受雨水、养护用水浇淋,防止锚具及预应力筋出现锈蚀。张拉用千斤顶一般可使用单作用、双作用、三作用千斤顶。

各钢丝束的张拉顺序,应对称于构件截面的竖直轴线,同时考虑不使构件的上下缘混凝土应力超过允许值。

张拉时钢筋或钢丝应力用油压表读数来控制,同时测量伸长量作为校核。根据应力与伸长的比例关系,实测的伸长量与计算的伸长量相差不应大于5%。

预应力筋锚固应在张拉控制应力达到稳定后进行。预应力筋锚固后的外露长度不宜小于30mm,锚具应用封端混凝土保护,当需长期外露时,应采取防止锈蚀的措施。一般情况下,锚固完毕并经检验合格后即可切割端头多余的预应力筋,严禁用电弧焊切割,最好用砂轮机切割。

(6)孔道压浆和封锚

预应力孔道内压浆的目的是防止预应力钢束锈蚀,通过水泥浆将钢束与混凝土黏结成整体,减轻锚具受力,提高梁承载力、耐久性及抗裂性能。压浆前应用压缩空气清除管道内杂物,吹去水分后压浆。水泥浆采用32.5级以上水泥,水灰比为0.4~0.45,砂浆强度等级不低于混凝土的80%。为保证管道压浆密实,一般进行反复两次压浆,第一次压浆从甲端压入,乙端流浓浆时堵住乙端,达到压力后堵住甲端。第二次压浆是在距第一次压浆30min后,从另一端再来一遍,如图9-20所示。

图9-20 孔道压浆

施锚后压浆前须将预应力筋(束)露于锚头外的部分(张拉时的工作长度)截除。当采用分阶段张拉力筋时,应在各阶段分别制取试件,压浆后将锚具周围冲洗干净并凿毛,设置钢筋网并浇筑封锚混凝土。

封锚混凝土的强度等级应符合设计要求,一般不宜低于梁体混凝土强度等级的80%,并不宜低于C30。封锚混凝土必须严格控制梁体长度。长期外露的金属锚具,应采取防锈措施。

3.先张法预应力混凝土简支梁的制造

先张法预制板梁的工艺是在浇筑混凝土之前先进行预应力筋的张拉,并将其临时固定在张拉台座上,然后完成图9-1中的基本施工工艺流程,待混凝土达到规定强度(但不得低于设计强度等级的80%)时,逐渐将预应力筋松弛,利用力筋回缩和与混凝土之间的黏结作用,使构件获得预应力。下面仅介绍与后张法制造工艺的不同之处。

(1)台座墩式台座

张拉台座可分为墩式台座和槽式台座两种。

墩式台座是靠自重和土压力来平衡张拉力所产生的倾覆力矩,并靠土壤的反力和摩擦力来抵抗水平位移。台座由台面、承力架、横梁和定位钢板等组成,如图9-21所示。台面有整体式混凝土台面和装配式台面两种,它是制梁的底模。承力架承受全部的张拉力,横梁是将预应力筋张拉力传给承力架的构件,它们都需要进行专门的设计计算。定位钢板是用来固定预应力筋的位置,其厚度必须保证承受张拉力后具有足够的刚度。定位板上的圆孔位置则按构件中预应力筋的设计位置确定。

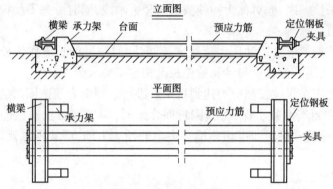

图 9-21　重力式台座构造

当现场地质条件较差,台座又不是很长时,可以采用由台面、传力柱、横梁、横系梁等构件组成的槽式台座,如图 9-22 所示。传力柱和横系梁一般用钢筋混凝土做成,其他部分与墩式台座相同。

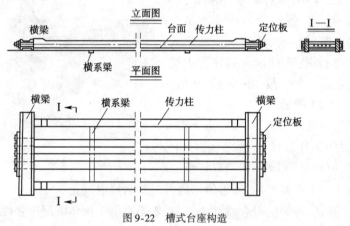

图 9-22　槽式台座构造

(2) 初调应力

为使各力筋初应力基本相等,在整体张拉钢束前,用千斤顶进行单束调整,张拉应力为 $0.15 R_y^j$ (R_y^j 为抗拉极限强度)。

(3) 整体张拉

在固定横梁与活动横梁之间设置两对千斤顶,每对为上下两台。为了固定应力以便抽换千斤顶,在台座的一端每对千斤顶外侧各设置一个支承垫箱;台座另一端每对千斤顶外侧,各设一套螺旋式固定应力装置(支承筒)。一端整体张拉至钢绞线应力为 $0.65 R_y^j$,放入支承垫箱。另一端超张拉至 $0.8 R_y^j$,并维持 5min,以克服钢绞线的松弛损失和满足测量伸长值的作业时间。退回至 $1.04 \sigma_k$ (σ_k 为控制应力,$0.04 \sigma_k$ 考虑支承筒压缩变形应力损失),旋紧支承筒。钢绞线维持在 σ_k 的应力状态下,灌注混凝土并养护至放松强度(一般为 80% 的设计强度)。

(4) 混凝土灌注

梁体混凝土从一端向另一端推进,因梁体钢绞线密集且在高应力状态下,混凝土采用底模振捣(振动小车)。桥面和腹板用插入振捣器振捣。

(5)预应力筋的放松

当混凝土达到了预期的强度后,就要从台座上将预应力筋的张拉力放松,逐渐将此力传递到混凝土构件上。放松的方法有多种,下面仅介绍常用的两种方法。

①千斤顶放松:首先要在台座上重新安装千斤顶,先将力筋稍张拉至能够逐步扭松端部固定螺母的程度,然后逐渐放松千斤顶,让钢筋慢慢回缩完毕为止(图9-23)。

②砂筒放松:在张拉预应力之前,在承力架和横梁之间各放一个灌满被烘干过的细砂砂筒(图9-24)。张拉时筒内砂子被压实。当需要放松预应力筋时,可将出砂口打开,使砂子慢慢流出,活塞徐徐顶入,直至张拉力被全部放松为止。本法易于控制放松速度,故应用较广。

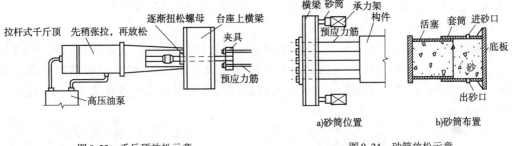

图9-23 千斤顶放松示意　　　　　图9-24 砂筒放松示意

三、装配式混凝土简支梁桥的安装

为了把在预制构件厂或桥梁施工现场预制的简支梁或板安放到设计位置,还需要完成两个重要的施工过程,即构件的水平运输和构件的垂直向安装。

1. 预制构件的运输

从工地预制场至桥头处的运输,称为场内运输,通常需要铺设钢轨便道,由预制场地用龙门吊机或木扒杆将预制构件装上平板车后,再用绞车牵引运抵桥头。当采用水上浮吊架梁时,还需要在河岸适当位置修建临时便桥(码头),再将钢轨便道延伸到这里,以便将预制构件运上驳船,再开往桥孔下面进行架设。

从预制构件厂至施工现场的运输,称为场外运输,通常用大型平板车、驳船或火车等运输工具。不论属于哪类运输方式,都要求在运输过程中,构件的放置要符合受力方向,并在构件的两侧采用斜撑和木楔加以临时固定,防止构建发生倾斜、滑动或跳动,造成构件的损坏。

2. 预制构件的安装

安装预制简支梁构件的机械设备和方法较多,现仅就几种常见的架设方法略加说明。

(1)自行式吊车架设

当桥梁跨径不大、质量较轻时,可以采用自行式吊车架梁。如果是岸上的引桥或者当桥墩不高时,可以视吊装质量的不同,用一台或两台吊车直接在桥下进行吊装,如图9-25a)所示;如果桥下是河道或当桥墩较高时,则将吊车直接开到桥上,利用吊机的伸臂边架梁、边前进,如图9-25b)所示。

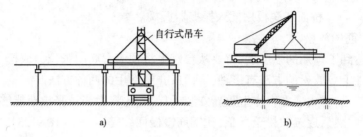

图9-25 小跨径梁的架设

(2)浮吊船架设

浮吊船实际上是吊车与驳船的联合体,它可以在通航河道上的桥孔下面架桥,而装有成批预制构件的装梁船,则停靠在浮吊船的一旁,随时供浮吊船起吊,如图9-26所示。浮吊船宜逆流而上,先远后近地安装。吊装前应先下锚定位,航道要临时封锁。

(3)跨墩龙门式吊车架设

当桥不太高,架桥孔数又多,且沿桥墩两侧铺设轨道不困难时,可以采用跨墩的龙门式吊车(图9-27)。此时,尚应在龙门式吊车的内侧铺设运梁轨道,或者设便道用拖车运梁。我国广珠城际轨道交通工程施工中,曾采用跨墩门式吊机进行装配式预应力简支梁的安装施工(图9-28)。

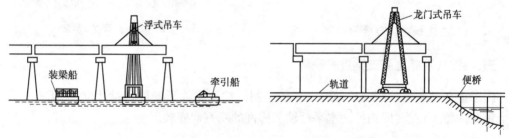

图9-26 浮吊船架设法　　　　　　图9-27 跨墩龙门式吊车架设法

图9-28 轨道跨墩式吊机施工

①结构特点。

其优点是:单梁式架桥机的机臂是单一的箱形截面梁,起吊能力为130t,能做升降、水平摆动;可在隧道洞口及半径450m的曲线上,连续架设跨度32m以内的各种混凝土梁;不需架梁岔线;机械化程度较高,本身设有自动行驶的动力装置,既能架梁又能铺轨;一般不需使用超重车压道和特殊加固路基;能依靠自身装置装梁、自行运梁、直接喂梁;架桥机不需吊梁运行，安全性好。该机型的主要缺点是：不能使梁片一次就位；需墩上人工移梁；费时费工，也会降低安全性。

②架桥机的构造。

架桥机由主机、机动平车和龙门架三部分组成，如图9-29所示。

图9-29 单梁式架桥机

③架梁作业全过程(图9-30)按照顺序分述如下：

a.架桥机自行至桥头。架梁前，架桥机应在车站组装完毕。在半悬臂状态下(机臂回缩13m)与机动平车联挂，由主机控制运行至前方待架梁的桥头约150m处停下。

b.组装换装龙门吊。如车站的设备较好(如股道多，有吊装设备)，龙门吊的组装宜在车站组装。龙门吊组装完毕后，可骑在待架的梁片上，由机车在后面将他们一起向前顶进。

c.梁片换装。龙门吊将梁吊起后，机车将运梁平车拉出龙门吊。机动平车自行至梁下对位后，将梁放在其上。梁放在机动平车上时，前端搁在枕木上，后端搁在拖梁小车上。

d.架桥机对位。2号柱下拉，使机臂前端0号柱处于上翘状态(此举为调整由于大悬臂引起的挠度)。主机以500m/h的速度前进，达到桥孔架设位置时停下。机臂前伸，直到0号柱达到前方桥墩上空，放下0号柱，2号柱上升。

e.运梁至桥头。利用机动平车前端的液压千斤顶将梁顶起，拆除枕木，落下千斤顶，使梁前端落在主机的拖梁小车上(有动力)，后端落在机动平车的拖梁小车上(无动力)。

f.架梁。拖梁使梁前端到第一部吊梁小车下，用第一部吊梁小车将梁前端吊起，通过千斤顶的顶、落将梁的后端落在主机的拖梁小车上，然后由吊梁小车向前运梁，当梁后端达到第二部吊梁小车时，第二部吊梁小车再将梁后端吊起。继续前行到桥位，然后落梁。落梁后需横移梁。

(4)双梁式架桥机架梁

①结构特点。

双梁式架桥机有两片主梁，其最大起吊能力为130t(图9-31)。

主要技术特点如下：喂梁简单，可直接从运梁平车上吊梁，桥梁不需换装。架设两片梁，能直接落梁一次就位，无须使用拨道法或移梁法，在墩台上无须人工移梁；架桥机轴重小，桥头线路无须特殊加固，压道量小；不需铺设桥头岔线；吊点低，架桥机不吊梁走行，作业平稳、安全；能在隧道口及隧道内架梁；可在半径大于350m的曲线上架设32m及以下的各种跨度的混凝土梁和钢板梁；架桥机两端均能架梁，不需转向；主梁间距能宽能窄，宽时为工作状态，窄时为运输状态；电动机械设备完整配套，结构简单，操纵方便，具有自动走行装置。

架桥机构造如图9-32所示，主要由台车、主梁、机臂、前门架、后门架、前支腿、中支腿、后支腿、吊梁桁车、活动横梁等组成。

②架梁作业程序。

a.起动自动走行装置，架桥机自行到桥头就位，对准位置，支好台车及前、中、后支腿。

b.运梁平车将梁运入机身，吊梁桁车开到相应位置吊梁。

c.吊梁桁车吊梁运行。

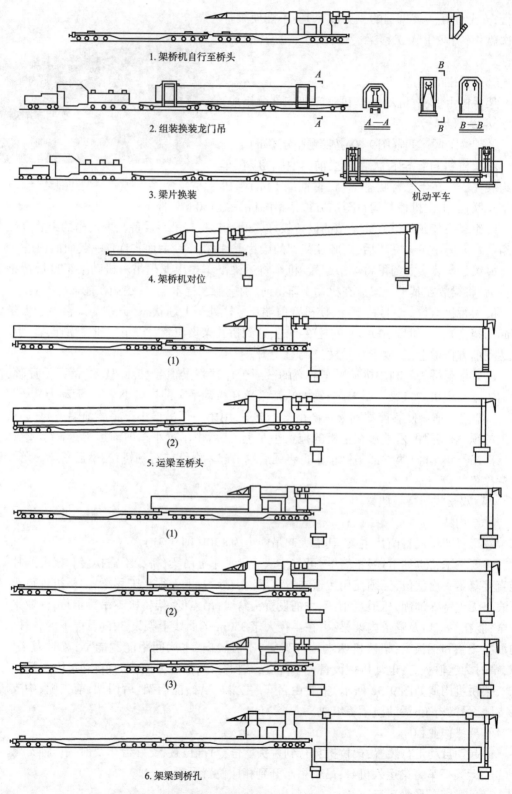

图 9-30 单梁式架桥机作业过程

d. 吊梁桁车对位、下落,横移小车将第一片梁落位,然后起吊扁担梁、横移、后退,继续将第二片梁对位、下落、横移、再下落、就位。

e. 架完一孔梁并铺好桥面后,缩短支腿高度,架桥机自行到下一跨继续架梁。

图 9-31　双梁式架桥机

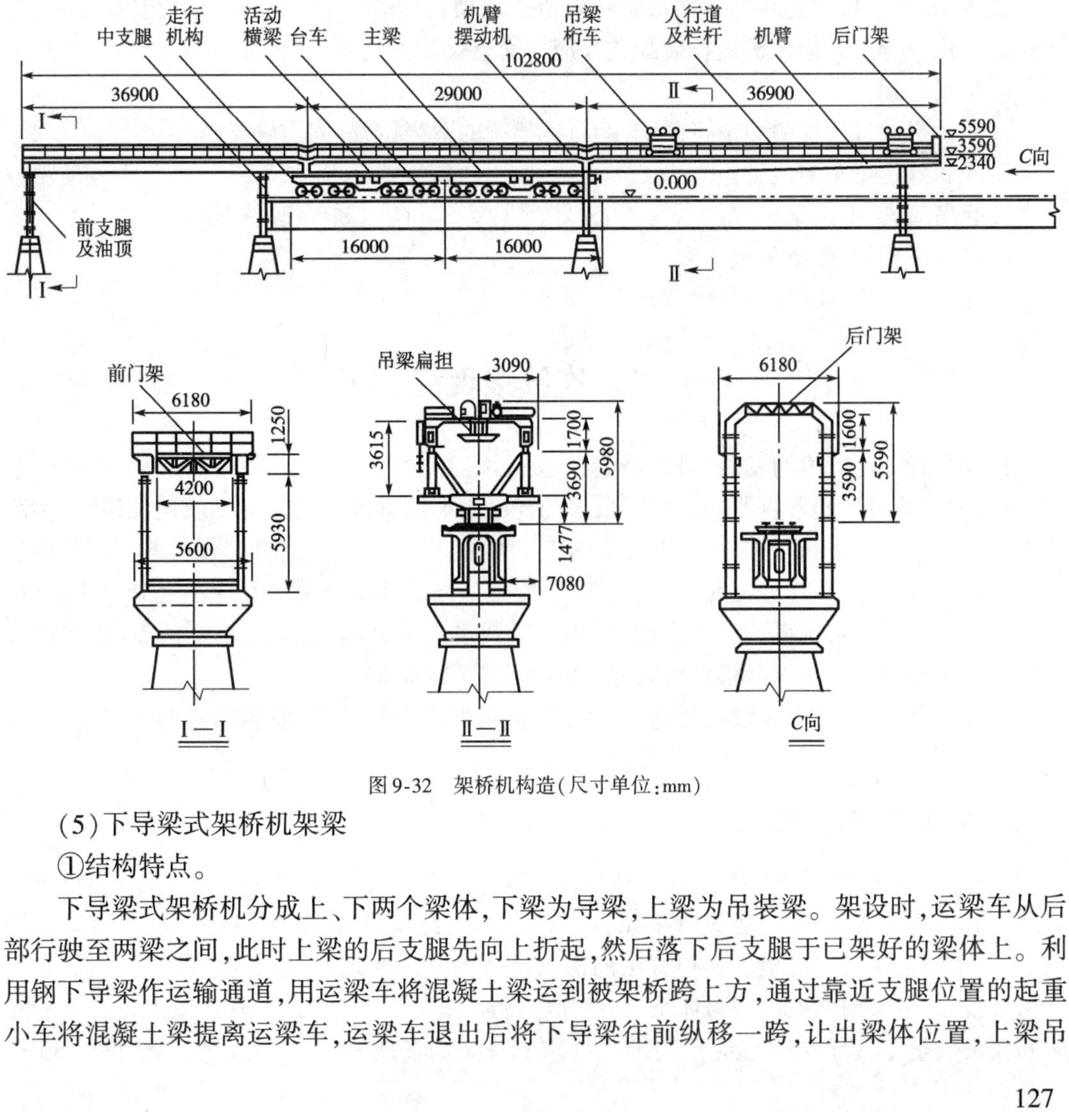

图 9-32　架桥机构造(尺寸单位:mm)

(5) 下导梁式架桥机架梁

① 结构特点。

下导梁式架桥机分成上、下两个梁体,下梁为导梁,上梁为吊装梁。架设时,运梁车从后部行驶至两梁之间,此时上梁的后支腿先向上折起,然后落下后支腿于已架好的梁体上。利用钢下导梁作运输通道,用运梁车将混凝土梁运到被架桥跨上方,通过靠近支腿位置的起重小车将混凝土梁提离运梁车,运梁车退出后将下导梁往前纵移一跨,让出梁体位置,上梁吊梁小车再将梁准确落到正式支座上。

下导梁式架桥机由下导梁、主梁(上梁)、前支腿、后支腿、喂梁支腿、起重小车等组成。

图9-33　JQ600下导梁式架桥机

16-下行式架桥机中跨施工过程

我国2010年建成的开封至郑州城际轨道交通项目,是郑州重要的一体化基础设施,施工中曾采用下导梁式架桥机进行装配式预应力简支梁的安装施工(图9-33)。

②架梁过程。

a. 架桥机通过后支腿的走行系统,运行到架梁的适当位置,固定好支腿。

b. 轮轨式运梁车喂梁就位。

c. 起吊箱梁,退运梁车。

d. 前移下导梁,落梁就位。

e. 铺运输轨道,架桥机前移一跨。

任务二　连续梁现浇施工

回顾混凝土连续梁的发展,可以清楚地看到,施工技术的发展对桥梁的跨径、桥梁的造型、截面形式等方面起着重要的作用。最早的混凝土连续梁桥多采用支架就地浇筑,桥梁跨径不大,一般为30~40m。这种施工方法施工工期长,且耗用大量临时工程材料,因此,建造连续梁数量很少。到20世纪60年代初期,悬臂施工方法从钢桥引入预应力混凝土桥后,使预应力混凝土连续梁桥得到迅速发展,它用挂篮或吊机悬臂施工,施工不受河流、通航的影响。因此预应力混凝土连续梁在桥梁方案的比选中常常取胜。

目前,预应力混凝土连续梁的施工方法很多,除就地浇筑施工、悬臂对称施工、顶推法施工外,还有逐孔施工法、移动横架法等施工方法。

一、满堂支架法浇筑施工

满堂支架就地浇筑施工是在连续梁桥的一联各跨全部设置支架,在一联桥施工完成后,各跨同时卸落支架,一次形成设计要求的一联连续梁结构,因此施工过程不会产生体系转换,不产生恒载徐变二次矩。这种方法的优点是桥梁整体性较好,施工简便可靠,不需大型起吊设备,并可采用强大预应力体系,如莱昂哈特体系等,大大方便了施工;缺点是需要的支架和模板数量多,费用昂贵,施工工期长,要求有一定的场地,并且影响通航。20世纪50年代初期我国建造的钢筋混凝土梁桥、悬臂梁桥,主要采用这种施工方法,该方法目前主要用于桥墩较低的中、小跨连续梁桥。近年来随着大量标准钢制脚手架的采用,它也用于建造弯桥、宽桥、斜交桥等长大跨复杂桥梁。

1. 支架类型

就地浇筑施工应首先设计好支架。支架按其构造分为支柱式、梁式和梁柱式3种,见图9-34。对于陆地或不通航的河道,或桥墩不高的小跨径连续梁可采用支柱式支架;有通航要求的中小跨径桥梁可采用梁式支架,跨径小于10m时可采用工字梁作为承重梁,大于20m时可采用钢桁梁;大跨径桥梁则可采用梁柱式支架,使梁支承在支架或临时墩上形成多跨连续支架。

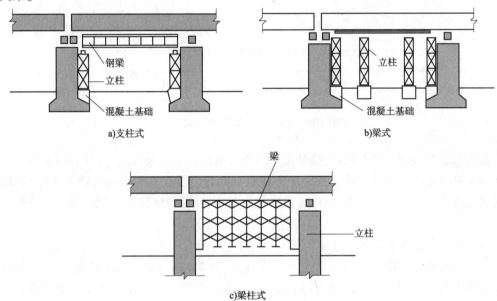

图9-34 支架构造图

支架虽为临时结构,但它要承受桥梁的大部分恒重,因此必须有足够的强度、刚度,同时支架的基础要可靠,构件结合要紧密,并要有足够的纵、横、斜向连接杆件,使支架成为整体。若支架处于河道中,则要充分考虑洪水和漂流物的影响。设计时要考虑到支架在受荷后有变形和挠度,因此在安装前要进行计算,设置预拱度,使结构的外形尺寸和高程符合设计要求。另外,支架上要设置落架设备,落架时要对称、均匀,不应使主梁发生局部受力状态。

2. 施工顺序

有支架就地浇筑施工需采用一联同时搭设支架,按照一定的程序一次完成浇筑工作,待张拉预应力筋、压浆后移架。小跨径板梁桥一般采用从一端向另一端浇筑的施工顺序,先梁身,后支点依次进行。图9-35表示一座5跨连续空心板梁桥的施工顺序。

大跨径桥通常采用箱形截面,施工时常分段进行。一种是水平分层施工法,即先浇筑底板,待达到一定强度后进行腹板施工,最后浇筑顶板。当工程量较大时,各部分亦可分数次浇筑。如某两跨径85m单箱单室连续梁桥,其施工程序如图9-36所示。在浇筋混凝土时两跨对称进行,这样支架受力较小,变形也容易控制。其中10、11两部分是在力筋张拉完成后再灌筑。另一种是分段施工法,根据施工能力每隔20~45m设置连接缝,该连接缝一般设在弯矩较小的区域,接缝长1m左右,待各段混凝土浇筑完成后,最后在接缝处施工合龙。

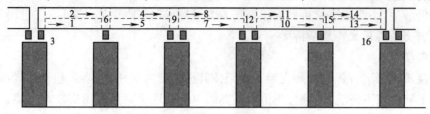

图9-35　5跨连续空心板梁桥的施工顺序

注:图中数字为序号。

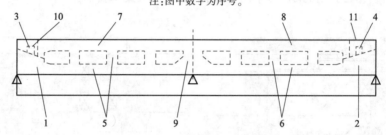

图9-36　两跨85m箱梁桥灌注混凝土的施工顺序

注:图中数字为序号。

为使接缝处混凝土结合紧密,该处梁的腹板常做成齿形或企口缝,同时采用腹板与底板不在同一竖截面内接头的方式。分段施工法在大部分混凝土重力作用后合龙,形成连续梁前支架的变形大部分已经发生,这样可以避免由于支架的沉降引起的混凝土开裂,有利于提高质量。

预应力混凝土连续梁桥在支架上施工,其预应力筋可一次布置,集中张拉施工,因此便于采用大型力筋。我国通惠河铁路连续梁桥,跨度为 $26.7m + 40.7m + 26.7m$,采用莱昂哈特体系集中布筋,力筋在套管中排成18层13列,共计234根 $7\phi 3mm$ 钢绞线,每端总张拉力为25088kN,采用多台强大千斤顶一次张拉施工。

二、逐孔施工

逐孔施工是中等跨径预应力混凝土连续梁桥较常采用的一种施工方法。逐孔施工时不再在一联各跨内同时施工,而是在支架上逐孔现浇施工,或是用临时支承组拼预制节段逐孔施工,也可以是预制梁的逐孔架设施工。逐孔施工过程中会不断产生体系转换。

逐孔现浇施工就是只在一跨内设置支架,在支架上只浇筑这一节段混凝土,待预应力筋张拉完毕后,将支架移动到下一孔继续施工,这样,最少只需要一套模板周转使用,施工费用小,但施工周期相对较长(图9-37)。在支架上逐孔现浇和满堂支架施工是不同的,满堂支架施工一次落架即形成连续梁,不存在体系转换,而逐孔现浇施工时,随着施工的进行,结构体系是在不断发生变化的。

用于逐孔现浇施工的支架有支承式和非支承式。其中支承式包括落地式和梁式支架;非支承式包括移动悬吊和活动模架,采用此类支架时也称移动模架施工,其方法可参阅有关书籍。

逐孔现浇施工时必然会留有施工缝,为避免接缝强度不够,其位置应设在弯矩较小的部位,一般取离桥墩 $L/5$ 处(L为桥的跨径)。

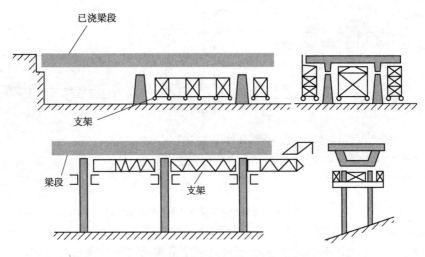

图 9-37 使用移动支架逐孔现浇施工示意

三、悬臂浇筑施工

悬臂浇筑是在桥墩两侧利用挂篮,对称浇筑混凝土,待混凝土达到张拉强度后张拉预应力筋,而后移动挂篮继续下一段的悬臂浇筑。根据挂篮和施工方法的不同,悬臂浇筑又分为挂篮悬臂浇筑施工法、移动桁式吊悬臂浇筑施工法、分段悬臂浇筑施工法、渐近施工法和挂篮—导梁悬臂浇筑施工法等。现仅对常用的挂篮悬臂浇筑施工法加以介绍,其余可参考相关文献。

1. 施工工艺流程

用挂篮悬臂浇筑施工又称为迪维达克施工法,施工前需首先将梁体进行施工设计分段,然后依照设计节段长度在桥墩两侧以挂篮为机具对称悬臂施工,通常的分段方式如图 9-38 所示。其中 A 段为墩顶 0 号段,一般在墩旁设支架现浇(图 9-39),其上可提供挂篮的安装和材料的堆放场地,因此长度按两个挂篮的纵向安装长度而定,一般为 5~10m,若场地不够也可将悬臂根部梁段与 0 号段一同浇筑。0 号段是悬臂浇筑施工的中心段,又是体系转换的控制段,受力复杂,预应力孔道最多,需精心施工段为 0 号段两侧利用挂篮分段对称悬臂施工部分,根据挂篮的承载能力和预应力筋的布置要求,一般每 2~5m 分成一个节段;C 段为边跨合龙段,根据桥梁分跨比例一般为 2~3 个悬臂节段长,且因近桥台处桥高较低,因此 C 段均在支架上现浇完成;D 段为中跨合龙段,是悬臂施工的关键部位,应尽量短,一般以 1.5~2.0m 为宜。有多个中跨合龙段时,需选择最优合龙顺序以使结构体系转换后内力最合理。

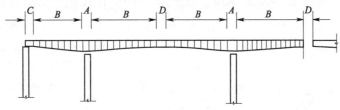

图 9-38 悬臂浇筑分段示意

挂篮悬臂施工时需首先在已建桥墩顶部现浇 0 号段,张拉预应力筋后在其上安装两个

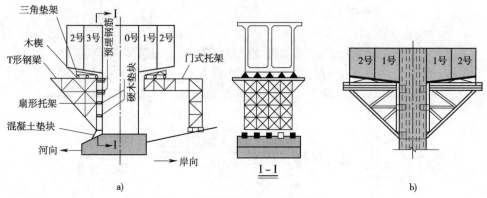

图 9-39 悬臂根部梁段现浇施工的支架

悬臂端挂篮,若墩顶位置不够,可将两侧挂篮的承重梁先连在一起[图 9-40a)];安装完毕即可以挂篮为施工机具浇筑对称的 1 号和 1 号,这两个节段通过张拉预应力筋和 0 号段连成整体;之后两个挂篮解体[图 9-40b)],各自前移,进行下一节段施工,浇筑一段,前进一段,直至悬臂完成;接下来即可根据设计工序在支架上进行 C 段的边跨合龙或 D 段的中跨合龙,最终成为连续梁体系。

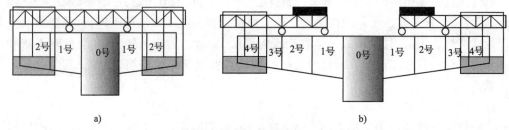

图 9-40 用挂篮悬臂浇筑施工

2. 挂篮

挂篮是悬臂施工的关键设备,挂篮的主要功能是支撑模板,承受新浇混凝土重量,由工作平台提供张拉、灌浆的场地,调整高程。因此挂篮不仅要求有足够的强度保证,还要有足够的刚度及稳定性,并且结构简便,自重轻,便于装、拆、移动灵活,便于调整高程等。

17-梁式挂篮组成及行走

目前,挂篮的形式很多:按使用材料可分为制式杆件(万能杆件、军用梁、贝雷梁等)组拼的挂篮和由型钢加工而成的挂篮;按受力原理可分为垂直吊杆式(包括三角形挂篮和菱形挂篮)、斜拉式(包括三角斜拉式和预应力斜拉式)和刚性模板式;按抗倾覆平衡方式可分为压重式、锚固式和半压重半锚固式 3 种;按移动方式可分为滚动式、滑动式和组合式 3 种。下面以菱形挂篮为例说明挂篮的构造和功能,如图 9-41 所示。

菱形挂篮主要由承重系统、走行系统、内外模板系统、悬吊系统、锚固系统和张拉操作平台组成。

(1)承重系统:挂篮的承重系统由两榀菱形主桁架组成,桁架主要杆件由 2 片槽钢组焊而成,槽钢的截面由结构分析确定,各杆件间的联结全部为销接,每 2 根主桁杆件由 1 个销子连接。主桁架承受施工设备和新浇节段混凝土的全部重量,并通过支点和锚固装置将荷载传到已施工完成的梁身上。

(2) 走行系统：由钢枕、滑道及上滑板构成，其中钢枕为槽钢加 1 块钢板焊接而成，滑道为 2 根槽钢组焊而成，上滑板为厚钢板，牵引动力采用电动卷扬机。

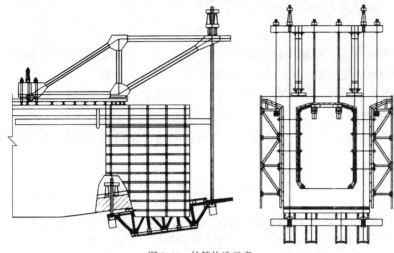

图 9-41　挂篮构造示意

18-菱形挂篮组成及行走

(3) 内外模板系统：内模分顶模和内侧模，由型钢组焊成模架。内模工作时由滑梁支承在内吊梁上，脱模时松开内吊梁，滑梁落在内吊梁上，即可滑行前移；顶模板为组合钢模板，侧模板还有部分木模组成，以适应梁高的变化。外模板由侧模板和底模构成，侧模由外吊梁悬挂，模板为型钢和钢板组焊的整体钢模板；底模由底纵梁、底横梁及模板组成，通过底横梁的前后吊带悬挂在挂篮主桁的前吊点、已浇梁段和外吊梁上，随主桁一起前移；底纵梁由型钢组焊成桁架，底横梁由工字钢组焊成格构式梁。

(4) 悬吊系统：由螺旋千斤顶、小横梁、吊带及由 φ32 精轧螺纹钢筋组成，用于悬挂模板系统，调整模板的高程。

(5) 锚固系统：对双向及三向预应力梁，可借助梁腹板的竖向预应力钢筋将滑道锚固在梁的顶板上，用以平衡挂篮空载走行时的倾覆力矩。对无竖向预应力筋的梁，可通过施工中的预埋钢筋或预留孔洞来解决。

(6) 张拉操作平台：悬挂于主桁上，提供立模、扎筋、灌筑混凝土、张拉预应力束及移动挂篮的工作面。

3. 悬臂浇筑合龙段构造

当悬臂施工各 T 构完成后，两悬臂之间需有一段梁体将各相邻 T 构连成整体，完成体系转换，最终形成连续梁结构。合龙段施工是悬臂施工技术的重要环节，在混凝土刚浇筑完成至张拉预应力钢筋完毕期间，由于昼夜温差的变化，新浇混凝土的早期收缩、已成梁段混凝土产生的收缩和徐变、新浇混凝土水化热、结构体系的变化、施工荷载及外力变化等原因，在结构中要产生变形和内力，这对尚未达到强度的合龙段混凝土质量有直接影响。例如广西红水河铁路斜拉桥，主跨 96m 两个 T 构施工完成后，两悬臂端之间距离为 1.4m，在昼夜温差影响下，伸缩力达 1289kN，伸缩量达 5～6mm。可见若合龙段设计不合理，施工措施不利，势必引起合龙段混凝土的压碎或开裂，其后果是非常严重的。

为保证桥梁工程质量,从合龙段混凝土开始灌筑至达到设计强度并张拉部分预应力钢筋之前,既保持新浇混凝土不承受任何外力,又要使合龙段所连接的梁体在各种因素影响下变形协调,为此,应从以下两个方面采取措施。

(1)结构设计

①在满足施工需要的前提下尽量缩短合龙段的长度,以减小现浇混凝土数量,缩短合龙混凝土浇筑时间。据国内外施工经验,合龙段长度以采用1.5~2.0m为宜。

②合龙段的混凝土应选用早强、高强、微膨胀混凝土,以使混凝土尽早达到设计强度,及早施加预应力,完成合龙段的施工。

③合理选择合龙顺序,使合龙段施工中及合龙后体系转换时产生的内力较小,且又满足工期的需要。

④加强合龙段的配筋。

(2)施工设计

为了保证结构按设计要求合龙,往往在合龙段设置临时劲性支撑,以保证合龙前、后结构变形协调。临时支撑分为下述两大类。

①体内支撑法。

用劲性钢管作为合龙段支撑。这种方法是在合龙段内用厚壁钢管安装在箱梁顶板、底板的某些预应力孔道位置上,钢管两端加法兰以增加支承面,并在钢管对应的预应力筋孔道内张拉部分预应力筋,以共同承受和传递合龙段在混凝土施工和养护期间的内力,待合龙段混凝土达到设计强度并张拉预应力筋后,放松钢管内临时束或补足到设计应力,成为永久索,最后拆除支承处临时支座,实现体系转换,其构造见图9-42。这种方法的不足是钢管不能回收,由于钢管的作用,减小了合龙后所张拉预应力筋对混凝土的有效预应力值。

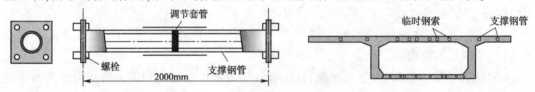

图9-42 支撑钢管构造及临时力筋布置

采用预制钢筋混凝土短柱支撑。在合龙段的上、下部设置预制钢筋混凝土短柱,短柱做成空心(与合龙段预应力孔道相吻合),短柱两端预埋带孔钢板,以便与已完成悬臂端预埋钢板焊接。施工程序与劲性钢管支撑相同,这种方法能节省钢材,且可避免钢管对预应力的影响。

②体外支撑法。

在箱梁顶面及底板上方,预先设置若干牛腿,然后在两悬臂端相应位置的牛腿上安装临时型钢支撑,以传递合龙段混凝土的压应力。在预应力管道中张拉部分预应力钢筋,以承受合龙段施工时悬臂两端的拉力,待合龙段混凝土达到张拉强度后,张拉连续束,之后即可解除临时型钢支撑,实现体系转换。其构造见图9-43。这种方法钢材可以回收,但需设置专门的牛腿,牛腿位置往往与合龙用的托架模板有干扰,须特殊处理。

(3)施工措施

合龙段设计及构造除应注意以上几方面以外,在施工过程中还应采取以下措施:

①采取低温合龙。为避免新浇混凝土早期受到较大拉力作用,合龙段混凝土浇筑时间

应选在当天气温最低时刻,当气温升至最高时,混凝土本身已能承受部分应力。

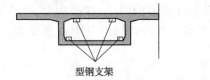 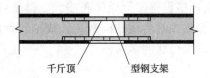

图 9-43　临时劲性钢管的布置

②加强混凝土养护,使新浇箱梁混凝土在达到设计强度前处于潮湿状态,以减小箱梁顶面因日照不均所造成的温差。

③为防止合龙段两边悬臂端因降温而产生上翘,在合龙段施工时应在两悬臂端增加压重。

④及时张拉。在合龙段混凝土强度达到设计强度的80%时,应及时张拉预应力连续束,解除临时支座,实现体系转换,以策安全。

⑤支撑合龙段混凝土重的吊架,应具有较大的竖向刚度,以保证合龙段混凝土施工时两悬臂端不致因升温产生过大的挠度。

任务三　连续梁装配化施工

悬臂拼装法(图9-44)是悬臂施工法的一种,它是利用移动式悬拼吊机将预制梁段起吊至桥位,然后采用环氧树脂胶和预应力钢丝束连接成整体。采用逐段拼装,一个节段张拉锚固后,再拼装下一节段。悬臂拼装的分段,主要决定于悬拼吊机的起重能力,一般节段长2~5m。节段过长则自重大,需要悬拼吊机起重能力大,节段过短则拼装接缝多,工期也延长。一般在悬臂根部,因截面积较大,预制长度比较短,以后逐渐增长。悬拼施工适用于预制场地及运吊条件好,特别是工程量大和工期较短的梁桥工程。

图 9-44　悬臂拼装法施工

一、块件预制

悬臂拼装用的预制块件,要求其各部分尺寸准确,拼装时接缝密贴,预留管道对接顺畅。箱梁块件通常采用长线浇筑或短线浇筑的立式预制方法。

1.长线预制

长线预制是按桥梁下缘曲线制作固定的底座,在底座上安装底模,进行块件预制工作。形成底座有多种方法,可以利用预制场的地形堆筑土胎,经加固夯实后铺砂石并在其上做混凝土底板；山区可用石砌圬工筑成所需的梁底形状；地质条件较差的预制场地，必须打短桩基础加固，再搭设排架形成梁底曲线。排架可用木材或型钢组成，如图 9-45 所示为某 T 形刚构件的箱梁预制台座的构造。长线法的台座可靠，梁体线形较好，但占地较大，适用于具有固定梁底缘形状的多跨桥。

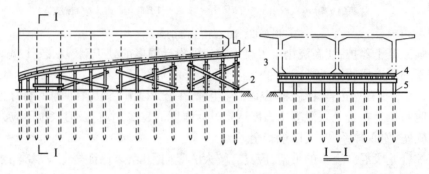

图 9-45 长线法预制箱梁块件台座
1-底板；2-斜撑；3-帽木；4-纵梁；5-木桩

2. 短线预制

短线预制是按箱梁纵剖面的变化尺寸设计出单个浇筑单元，在配有纵移及调整底板高度设备的底模上浇筑梁段。梁段一端是刚度很大、平整度很好的固定端模，称封闭模；另一端是已浇筑梁端，称配合单元。浇筑好的梁段当达到强度时，则从浇筑位置移到配合位置，原来的配合单元即可移到存梁场检修、暂存待装运，所需预制底座只要 3 倍梁段长度即可，如图 9-46 所示，此法亦称活动底座法。

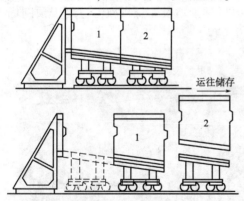

图 9-46 梁块短线预制
注：图中数字为梁段编号。

可以看出：采用长线台座法制梁，成桥后梁体线形较好。长线台座使梁段存储有较大余地，但占地较大，地基要求坚实，混凝土的浇筑和养护移动分散。短线预制场地相对较小，浇筑模板及设备基本不需移动，可调的底、侧模便于平、竖曲线梁段的预制；但要求精度高，施工严，周转不便，工期相对较长。

二、梁段运输

梁段运输有水、陆、栈桥及缆吊等各种形式。梁体节段自预制底座上出坑后，一般先存放于存梁场，拼装时节段由存梁场移至桥位处的运输方式一般可分为场内运输、装船和浮运三个阶段。

1. 场内运输

节段的出坑和运输一般由预制场上的龙门吊机完成。节段上船也可用预制场的龙门吊机。节段的运输，当预制场与栈桥距离较远时，应首先考虑采用平车运输。

当采用无转向架的运梁平车时，运输轨道不得设平曲线，纵坡一般应为平坡。当地形条件限制时，最大纵坡不得大于 1%。

2. 装船

梁段装船在专用码头上进行。码头的主要设施是施工栈桥和节段装船吊机。栈桥的长度应保证在最低施工水位时驳船能进港起运。栈桥的高度要考虑在最高施工水位时,栈桥主梁不被水淹。栈桥宽度要考虑到运梁驳船两侧与栈桥之间需有不小于0.5m的安全距离。栈桥起重机的起重能力和主要尺寸(净高和跨度)应与预制场上的吊机相同。

3. 浮运

浮运船只应根据节段重量和高度来选择,可采用铁驳船、坚固的木戽船、水泥驳船或用浮箱装配。为了保证浮运安全,应设法降低浮运重心。开口舱面的船应尽量将节段置于船舱底板。必须置放在甲板面上时,要在舱内压重。

节段的支垫应按底面坡度用碎石子堆成,满铺支垫或加设三角形垫木,以保证节段安放平稳。节段一般较大,还需以缆索将节段系紧固定。

三、梁段拼装

预制节段的悬臂拼装,可根据现场布置和设备条件采用不同的方法。当靠岸边的桥跨不高且可在陆地或便桥上施工时,可采用自行式起重机(如履带起重机)、门式起重机拼装。对于河中桥孔,也可采用水上浮吊进行安装。如果桥墩很高,或水流湍急而不便在陆上、水上施工时,可利用各种吊机进行高空悬拼施工。

1. 悬臂吊机拼装法

悬臂吊机由纵向主桁架、横向起重桁架、锚固装置、平衡重、起重系、行走系统和工作吊篮等部分组成,如图9-47所示。纵向主桁为吊机的主要承重结构,可由贝雷架、万能杆件、大型型钢等拼制,一般由若干桁片构成两组,用横向联结系连成整体,前后用两根横梁支承。横向起重桁是供安装起重卷扬机直接起吊箱梁节段用的构件,多采用贝雷架、万能杆件及型钢等拼配制作。纵向主桁的外荷载,就是通过横向起重桁传递的。横向起重桁支承在轨道平车上,轨道平车搁置于铺设在纵向主桁上弦的轨道上。起重卷扬机安置在横向起重桁上弦。这种起重机结构简单、使用方便,施工单位可自行拼制。

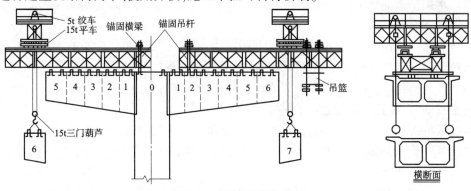

图9-47 悬臂吊机拼装示意
注:图中数字为梁段编号。

2. 浮吊拼装法

重型的起重机械装配在船舶上,全套设备在水上作业就位方便,40m的吊高范围内起重力大,辅助设备少,相应的施工速度较快,但台班费用较高。一个对称悬拼的工作面,一天可完成2~4段的吊拼。

3. 连续桁架(闸式吊机)拼装法

连续桁架悬拼施工,可分移动式和固定式两类。移动式连续桁架的长度大于桥的最大跨径。桁架支承在已拼装完成的梁段和待拼墩顶上,由吊车在桁架上移运节段进行悬臂拼装。固定式连续桁架的支点均设在桥墩上,而不增加梁段的施工荷载,如图9-48所示。移动式连续桁架吊机,其长度大于两个跨度,有三个支点。这种吊机每移动一次可以同时拼装两孔桥跨结构。首次悬拼国内最大跨度为96m的铁路混凝土连续梁湘江大桥,最大吊重2×160t。本支架也可悬臂拼装,浇筑跨度为64~96m的铁路、公路预应力混凝土梁,也可整孔吊装跨度32m T形梁和40m箱形梁。

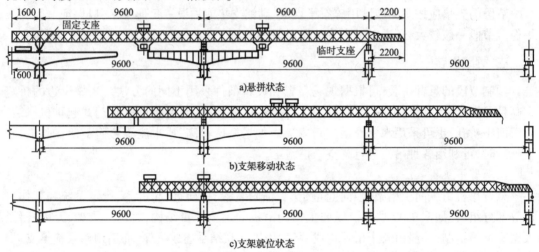

图9-48 移动式连续桁架拼装示意(尺寸单位:cm)

4. 缆索起重机(缆吊)拼装法

缆吊无须考虑桥位状况,且吊运结合,机动灵活,作业空间大。在一定设计范围内,缆吊几乎可以承担从下部到上部,从此岸到彼岸的施工作业。因此,缆吊的利用率和工作效率很高。

其缺点是一次性投入大,设计跨度和起吊能力有限,一般起吊能力不宜大于500kN。目前我国使用缆吊悬拼连续梁都是由两个独立单箱单室并列组合的桥型。为了充分利用缆吊的空间特性,特将预制场及存梁区布设在缆吊作用面内。进行缆吊拼合作业时,可增加风缆和临时手拉葫芦,以控制梁段就位的精度。

缆机运吊结合的优势,大大缩短了采用其他运吊方式所需的转运时间,可以将梁段从预制场直接吊至悬拼结合面。施工速度可达日拼2个作业面4段,甚至可达日拼3个作业面6段。

5. 起重机拼装法

可采用伸臂吊机、龙门吊机、人字扒杆、汽车吊、履带吊、浮吊等起重机进行悬臂拼装。根据吊机的类型和桥孔处具体条件的不同,吊机可以支承在墩柱上、已拼好的梁段上或栈桥上、桥孔下。

不管是利用现有起重设备还是专门制作,悬臂吊机需满足如下要求:

(1)起重能力能满足起吊最大节段的需要。

(2)吊机能便于做纵向移动,移动后又能固定于一个拼装位置。

(3)吊机处在一个位置上进行拼装时,能方便地起吊节段做三个方向的运动:竖向提升和纵、横向移动,以便调整节段拼装位置。

(4)吊机的结构尽量简单,便于装拆。

四、接缝处理

悬臂拼装时,预制块件间接缝的处理,分干接缝、湿接缝、胶接缝等几种方法。

干接缝是相邻块件拼装时,将两端面直接贴合,接缝上的内力通过预施力及肋板上的齿形键传递。这种接缝不易保证接缝密合,易受水气侵袭而导致钢筋锈蚀,且容易产生局部应力集中现象。

湿接缝是在相邻块件间现浇一段 10~20cm 宽的高强度等级的砂浆或小石子混凝土,将块件连接成整体。这种接缝工序复杂,且现浇混凝土需要养护,致使工期延长。因此,其通常只在悬臂的个别地点(例如墩柱顶现浇的 0 号块件与预制的 1 号悬臂块件之间)设置,以保证接缝的密合,并用以调整拼装误差。

胶接缝是在接缝端面涂一薄层环氧树脂等胶结材料,保证相邻整体刚度和不透水性。它既具有湿接缝的优点而又不影响工期,因此国内近来较多采用。在采用胶接缝时,应注意胶层的厚薄均匀,涂抹厚度不宜超过 3mm。如悬臂过长,还可在悬臂中部或端部设置湿接缝。

五、拼装程序

1. 0 号块件

0 号块大多采用在墩旁的托架上就地浇筑施工。在后面的悬拼过程中,悬拼吊机必须要有一定的起步长度和工作空间。为此,有时将 0 号、1 号块都在墩顶现浇,甚至将 0~2 号块现浇施工的。

2. 其他块件拼装

其他块件利用悬拼吊机分块对称拼装,其施工程序可参见图 9-49。1 号块件是悬臂梁的基准块件,是全跨安装质量的关键。因此,必须确保其定位的精度。

3. 合龙段施工

合龙段的施工常采用现浇和拼装两种方法。现浇合龙段预留 1.4~2m,在主梁高程调整后,现场浇筑混凝土合龙。节段拼装合龙对预制和拼装的精度要求较高,但工序简单,施工简单,施工速度快。合龙时间以在当天低温时为宜,图 9-50 所示为合龙段施工支架结构。

六、施工控制

(1)桥位纵轴线的观测。桥梁纵轴线的施工控制是悬拼法的主要控制点之一。为此,在主桥上部结构施工前,应在立桥两端搭设测量三脚架,其高度应保证在施工时经纬仪(最好用全站仪)能直视全桥桥面结构表面的各测点,以便随时测量各有关测点的位置是否有偏差。

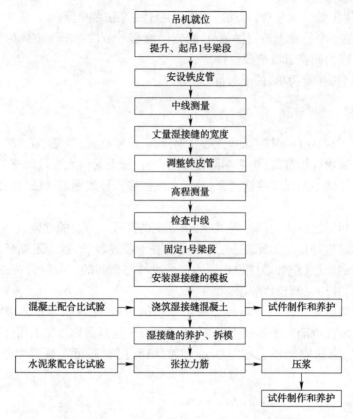

图9-49 1号梁段湿接缝拼装工序

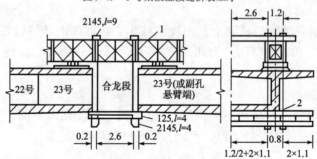

图9-50 合龙段施工支架结构(尺寸单位:m)

(2)拼装块件各点的高程,应根据浇制块件假定的相对高程值,通过实测逐点计算出各相应点的绝对高程,以便悬拼时控制。

(3)块件的拼装:为便于控制,在预制成型拆模后,在块件两外侧各画一通长的色线,在块件表面亦同样画一道通长墨线,在吊装前操作工人直接控制三线吻合,则可节约测量时间,容易保证质量。

(4)0号块件与1号块件的测量工作要精益求精,使后期吊装易于控制。

(5)在块件吊装时,如果发生线形误差,最好及时用湿接缝纠正,以免误差加大,造成明显的线形偏差。

复习思考题

1. 简述钢筋混凝土梁的施工工艺。
2. 预制梁的预制方法有哪些？安装的方法及特点有哪些？
3. 梁式桥采用有支架就地浇筑法施工的特点有哪些？
4. 简述后张法预应力混凝土梁的施工工艺。
5. 简述悬臂施工法的适用条件和施工要点。
6. 简述悬臂梁临时固结的形式。什么是体系转换？体系转换时应注意哪些事项？
7. 简述悬臂拼装的方法及特点。接缝的分类及特点有哪些？
8. 简述悬臂拼装时梁段的预制方法。悬臂拼装时应注意哪些问题？
9. 简述顶推法的原理。采用的方法有哪些？注意事项有哪些？
10. 顶推法采取的临时措施有哪些？其起到的作用是什么？

项目十　拱桥上部结构施工

学习目标：

(1) 掌握拱桥就地浇筑和拱上建筑浇筑施工方法。
(2) 掌握装配式拱桥的预制、运输与安装方法。
(3) 了解拱桥的转体施工方法。

任务描述：

拱桥是桥梁中最常见的一种桥型,拱桥一般由下部结构、主拱圈、拱上结构和附属设施四个基本部分组成。根据施工方法及构造特点,拱桥的施工可划分为拱桥的现场浇筑施工、装配式拱桥施工、拱桥转体施工等类型。

任务一　拱桥就地浇筑施工

一、施工程序

现浇混凝土拱桥施工工序一般分 3 个阶段进行：
第 1 阶段,浇筑拱圈(或拱肋)及拱上立柱的底座。
第 2 阶段,浇筑拱上立柱、联结系及横梁等。
第 3 阶段,浇筑桥面系。

前一阶段的混凝土达到设计强度的 75% 以上才能浇筑后一阶段的混凝土。拱架则在第 2 阶段或第 3 阶段混凝土浇筑前拆除,但必须事先对拆除拱架后拱圈的稳定性进行验算。若设计文件对拆除拱架另有规定,应按设计文件执行。

二、拱圈或拱肋的浇筑

1. 浇筑流程

满堂式拱架浇筑流程为：支架设计→基础处理→拼设支架→安装模板→安装钢筋→浇筑混凝土→养护拆模→拆除支架。满堂式拱架宜采用钢管脚手架、万能杆件拼设；模板可以采用组合钢模、木模等。

拱式拱架浇筑流程为：钢结构拱架设计→拼设拱架→安装模板→安装钢筋→浇筑混凝土→养护→拆模→拆除拱架。拱式拱架一般采用六四式军用梁(三脚架)、贝雷架拼设。

2. 连续浇筑

跨径小于 16m 的拱圈(或拱肋)混凝土,应按拱圈全宽度,自两端拱脚向拱顶对称地连续浇筑,并在拱脚处混凝土初凝前全部完成。如预计不能在限定时间内完成,则需在拱脚处预留一个隔缝,并最后浇筑隔缝混凝土。

薄壳拱的壳体混凝土,一般从四周向中央进行浇筑。

3. 分段浇筑

19-主拱圈连续浇筑施工

对于大跨径拱桥的拱圈或拱肋(跨径≥16m),为避免因拱架变形而产生裂缝以及减小混凝土的收缩应力,应采用分段浇筑的施工方法。分段长度一般为 6~15m。分段长度应以能使拱架受力对称、均匀和变形小为原则,拱式拱架宜设置在拱架受力反弯点、拱架结点、拱顶及拱脚处,满堂式拱架宜设置在拱顶 $L/4$ 部位、拱脚及拱架节点等处。各段的接缝面应与拱轴线垂直。

分段浇筑程序应符合设计要求,且对称于拱顶进行,使拱架变形保持对称均匀和尽可能的小。填充间隔缝混凝土,应由两拱脚向拱顶对称进行。拱顶及两拱脚间隔缝应在最后封拱时浇筑,间隔缝与拱段的接触面应事先按施工缝进行处理。间隔缝的位置应避开横撑、隔板、吊杆及刚架节点等处。间隔缝的宽度以便于施工操作和钢筋连接为宜,一般为 5~100cm。间隔缝混凝土应在拱圈分段混凝土强度达到 75% 设计强度后进行;为缩短拱圈合龙和拱架拆除的时间,间隔缝内的混凝土强度可采用比拱圈高一等级的半干硬性混凝土。封拱合龙温度应符合设计要求,如设计无规定时,一般宜在接近当地的年平均温度或在 5~15℃之间进行。

4. 箱形截面拱圈(或拱肋)的浇筑

大跨径拱桥一般采用箱形截面的拱圈(或拱肋),为减轻拱架负担,一般采取分环、分段的浇筑方法。分段的方法与上述相同。分环的方法一般是分成 2 环或 3 环。分 2 环时,先分段浇筑底板(第 1 环),然后分段浇筑肋墙、隔墙与顶板(第 2 环);分 3 环时,先分段浇筑底板(第 1 环),然后分段浇筑肋墙脚(第 2 环),最后分段浇筑顶板(第 3 环)。

分环分段浇筑时,可采取分环填充间隔缝合龙和全拱完成后最后一次填充间隔缝合龙两种不同的合龙方法。图 10-1 为箱形截面拱圈采用分环分段浇筑的施工程序。

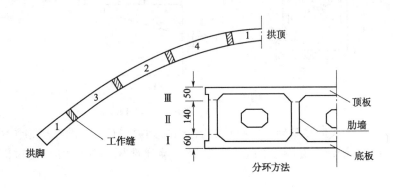

20-主拱圈分段分环浇筑施工

图 10-1 箱形截面拱圈分环分段浇筑的施工工序示意(尺寸单位:cm)

注:图中数字为分段序号。

三、卸换架

采用就地浇筑施工的拱架,卸拱架的工作相当关键。拱架拆除必须在拱圈砌筑完成后 20~30d 进行,待砂浆砌筑强度达到设计强度的 75% 后方可拆除。此外,还必须考虑拱上建筑、拱背填料、连拱等因素对拱圈受力的影响,尽量选择对拱体产生最小应力时卸落拱架。为了能使拱架所支承的拱圈重力能逐渐转给拱圈自身来承受,不能突然卸除拱架,而应按一定的程序进行。

1. 卸架设备

为保证拱架能按设计要求均匀下落,必须采用专门的卸架设备。常用的卸架设备有砂筒、木模和千斤顶。

(1) 砂筒。砂筒一般用钢板制成,筒内装以烘干的砂子,上部插入活塞(木制或混凝土制)。

卸落是靠砂子从筒的下部预留泄砂孔流出,因此要求筒内的砂子干燥、均匀、清洁。砂筒与活塞间用沥青填塞,以免砂子受潮而不易流出。由砂子泄出量来控制拱架卸落高度,这样就能由泄砂孔的开与关,分数次进行卸架,并能使拱架均匀下降而不受振动,使用效果良好。图 10-2 为砂筒构造图。

(2) 木模。木模有简单木模和组合木模等不同构造。图 10-3 为木模构造图,其中 a) 为简单木模,由两块 1:8 斜面的硬木模组成,落架时,只需轻轻敲击木模小头,将木模取出,拱架即下落;b) 为组合木模,由三块楔形木和一根拉紧螺栓组成,卸架时只需扭松螺栓,木模下降,拱架即降落。

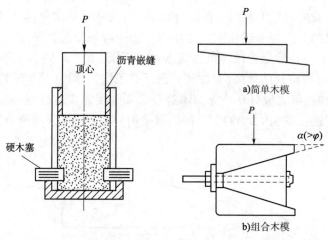

图 10-2 砂筒构造图　　图 10-3 木模构造图

(3) 千斤顶。采用千斤顶拆除拱架,常与拱圈调整内力同时进行。一般在拱顶预留放置千斤顶的缺口,千斤顶用来消除混凝土的收缩、徐变以及弹性压缩的内力和使拱圈脱离拱架。

2. 卸架程序

(1) 满布式拱架的卸落。满布式拱架可根据算出和分配的各支点的卸落量,从拱顶开始,逐次同时向拱脚对称地卸落。多孔连续拱桥,拱架的卸落应考虑相邻孔的影响。若桥墩设计为单向推力墩,就可以直接地卸落拱架,否则应多孔同时卸落拱架。

(2)工字梁活用钢拱架的卸落。这种拱架的卸落设备一般放于拱顶,卸落布置如图 10-4 所示。卸落拱架时,先将绞车摇紧,然后将拱顶卸拱设备上的螺栓松两转,即可放松绞车,敲松拱顶卸拱木,如此循环松降,直至降落到设定的卸落量。

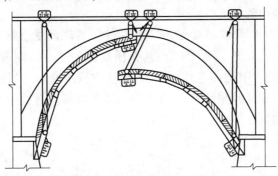

图 10-4 工字梁活用钢拱架的卸落

(3)钢桁架拱架的卸落。当钢桁架拱架的卸落设备架设于拱顶时,可在系吊或支撑的情况下,逐次松动卸架设备卸落拱架,直至拱架脱离拱圈后,才将拱架拆除。当卸架设备架设于拱脚时(一般为砂筒),为防止拱架与墩台顶紧,阻碍拱架下降,应在拱脚三角垫与墩台之间设置木楔,如图 10-5 所示。卸落拱架时,先松动木模,再逐次对称地泄砂落架。

拼装式钢桁架拱架可利用拱圈体进行拱架的分节拆除,拆除后的拱架节段可用缆索吊车吊移。图 10-6 所示为拼装式钢桁架的拆除。扣件式钢管拱架没有卸落设备,卸架时,只需用扳手拧紧扣件,取走拱架杆件即可。可以由点到面多处操作。

斜拉式贝雷平梁拱架的卸落,应视平梁上拱架的形式而定,一般可采取满布式的卸架程序和方法,同时应考虑相邻孔拱架卸落的影响。

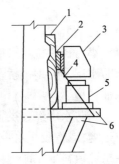

图 10-5 钢桁架拱架拱脚处卸落设备

1-垫木;2-木楔;3-混凝土三角垫;4-斜拉杆;5-泄砂筒;6-支架

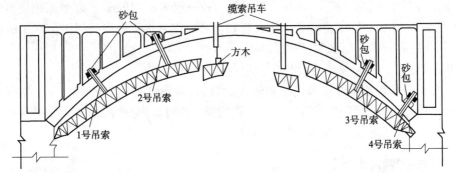

图 10-6 拼装式钢桁架的拆除

四、拱上建筑浇筑

拱上建筑施工,应对称均衡地进行。施工中浇筑的程序和混凝土数量应符合设计要求。

在拱上建筑施工过程中,应对拱圈的内力和变形及墩台的位移进行观测和控制。

主拱圈拱背以上的结构物称为拱上建筑,主要有横墙座、横墙、横墙帽或立柱座、立柱、盖梁、腹拱圈或梁(板)、侧墙、拱上结构伸缩缝及变形缝、护拱、拱上防水层、拱腔填料、泄水管、桥面铺装、栏杆系等。

1. 伸缩缝及变形缝的施工

伸缩缝缝宽 1.5～2cm,要求笔直,两侧对应贯通。现浇混凝土侧墙,须预先安设塑料泡沫板,将侧墙与墩台分开,缝内采用锯末沥青,按质量比 1:1 配合制成填料填塞。变形缝不留缝宽,设缝处现浇混凝土时用油毛毡隔断,以适应主拱圈变形。当护拱、缘石、人行道、栏杆和混凝土桥面跨越伸缩缝或变形缝时,在相应位置要设置贯通桥面的伸缩缝或变形缝(栏杆扶手一端做成活动的)。

2. 换防水设施

(1) 拱圈混凝土自防水

采用品质优良的粗、细集料和优质粉煤灰或硅灰制作高耐久性的混凝土,同时严格控制施工工艺。

(2) 拱背防水层

小跨径拱桥可采用石灰土防水层。对于具有腹拱的拱腔防水可采用砂浆或小石子混凝土防水层。大型拱桥及冰冻地区的砖石拱桥一般设沥青毡防水层,其做法常为三油两毡或二油一毡。

当防水层经过拱上结构物伸缩缝或变形缝时,要做特殊处理。一般采用 U 形防水土工布过缝,或橡胶止水带过缝。泄水管处的防水层,要紧贴泄水管漏斗之下铺设,防止漏水。在拱腔填料填充前,要在防水层上填筑一层砂性细粒土,以保证防水层完好。

3. 拱圈排水处理

拱桥的台后要设排水设施,集中于盲沟或暗沟排出路基外。拱桥的桥面纵向、横向均设坡度,以利顺畅排水,桥面两侧与护轮带交接处隔 15～20m 设泄水管。拱桥除桥面和台后应设排水设施外,对渗入到拱腹内的水应通过防水层汇积于预埋在拱腹内的泄水管排出。泄水管可采用混凝土管、陶管或 PVC 管。泄水管内径一般为 6～10cm,严寒地区须适当增大内径,但不宜大于 15cm。应尽量避免采用长管和弯管。在泄水管进口处周围防水层应做积水坡度,并用大块碎石做成倒滤层,以防堵塞。

4. 拱背填充

拱背填充应采用透水性强和安息角较大的材料,一般可用天然砂砾、片石、碎石夹砂混合料以及矿渣等材料。填充时,应按拱上建筑的顺序和时间,对称而均匀地分层填充并碾压密实,但须防止损坏防水层、排水管和变形缝。

五、拱桥的悬臂浇筑施工

国外在拱桥就地浇筑施工中,多采用悬臂浇筑法。以下介绍塔架斜拉索法和斜吊式悬浇法两种施工方法。

1. 塔架、斜拉索及挂篮浇筑拱圈

这是国外采用最早、最多的大跨径钢筋混凝土拱桥无支架施工的方法。这种方法的要点是：在拱脚墩、台处安装临时的钢塔架或钢筋混凝土塔架，用斜拉索（或斜拉粗钢筋）将拱圈（或拱肋）用挂篮浇筑一段系吊一段，从拱脚开始，逐段向拱顶悬臂浇筑，直至拱顶合龙。塔架的高度和受力应按拱的跨径、矢跨比等确定。斜拉索可用预应力钢筋或钢束，其面积及长度由所系吊的拱段长度和位置确定。用设在已浇完的拱段上的悬臂挂篮逐段悬臂浇筑拱圈（或拱肋）混凝土，整个拱圈混凝土的浇筑工作应从两拱脚开始，对称地进行，最后在拱顶合龙。塔架斜拉索法一般多采用悬浇施工，也可用悬拼法施工，但后者用得较少。施工工序如图10-7所示。

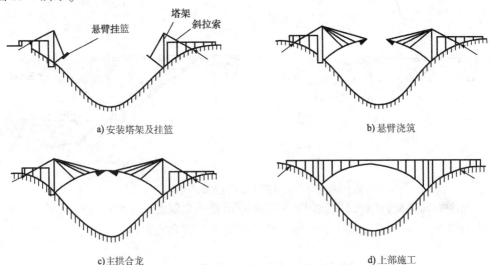

图10-7 塔架、斜拉索及挂篮浇筑拱圈的施工工序示意

2. 斜吊式悬臂浇筑拱圈

它是借助于专用挂篮，结合使用斜吊钢筋将拱圈、拱上立柱和预应力混凝土桥面板等齐头并进地边浇筑边构成桁架的悬臂浇筑方法。施工时，用预应力钢筋临时作为桁架的斜吊杆和桥面板的临时拉杆，将桁架锚固在后面的桥台（或桥墩）上。此过程中，作用于斜吊杆的力通过布置在桥面板上的临时拉杆传至岸边的地锚上（也可利用岸边桥墩作地锚）。用这种方法修建大跨径拱桥时，个别的施工误差对整体工程质量的影响很大，因此对施工测量、材料规格和强度及混凝土的浇筑等必须进行严格检查和控制。在施工技术管理方面，应重视的问题有：斜吊钢筋的拉力控制，斜吊钢筋的锚固和地锚地基反力的控制，预拱度的控制，混凝土应力的控制等几项。其施工程序如图10-8所示。

图10-8a）和图10-8b）为在边孔完成后，在桥面板上设置临时拉杆，在吊架上浇筑第一段拱圈。待此段混凝土达到要求强度后，在其上设置临时预应力拉杆，并撤去吊架，直接系吊于斜吊杆上，然后在其前端安装悬臂挂篮。

图10-8c）和图10-8d）为用挂篮逐段悬臂浇筑拱圈。当挂篮通过拱上立柱位置后，须立即浇筑立柱 P_2 及 P_1 至 P_2 间的桥面板，然后用挂篮继续向前悬臂浇筑，直至通过下一个立柱后，再安装 P_1 至 P_2 间桥面板的临时拉杆及斜吊杆，并浇筑下一个立柱及之间的桥面板。每当挂篮前进一步，必须将桥面板拉杆收紧一次。这样，一面用斜吊钢筋构成桁架，一面向前悬臂浇筑，直至拱顶附近，撤去挂篮，再用吊架浇筑拱顶合龙混凝土。

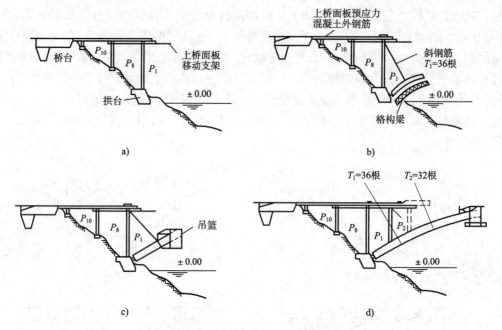

图 10-8 斜吊式现浇法的主要施工步骤

当拱圈为箱形截面时,每段拱圈施工应按箱形截面拱圈的施工程序进行浇筑。为加快施工进度,拱上桥面板混凝土宜用活动支架逐孔浇筑。

任务二 拱桥的装配化施工

梁桥上部的轻型化、装配化大大加快了梁桥的施工速度。要提高拱桥的竞争能力,拱桥也必须向轻型化和装配化的方向发展。从双曲拱桥及以后发展至桁架拱桥、刚架拱桥、箱形拱桥、桁式组合拱桥、钢管混凝土拱桥,均沿着这一方向发展。混凝土装配式拱桥主要包括双曲拱、肋拱、组合箱形拱、悬砌拱、桁架拱、钢管拱、刚架拱和扁壳拱等。

在无支架施工或脱架施工的各个阶段,对拱圈(或拱肋)截面强度和稳定性均有一定要求。但实际施工过程中,拱圈(或拱肋)的强度和稳定安全度常低于成桥后的安全度,因此,必须对拱圈(或拱肋)在预制、吊运、搁置、安装、合龙、裸拱卸架及施工加载等各个阶段进行强度和稳定性的验算,以确保桥梁安全和工程质量。对于在吊运、安装过程中的验算,应根据施工机械设备、操作熟练程度和可能发生的撞击等情况,考虑1.2~1.5的冲击系数。在拱圈(或肋)及拱上建筑施工过程中,应经常对拱圈(或拱肋)进行挠度观测,以控制拱轴线的线形。

目前在大跨径拱桥中,较多采用箱形截面拱,因此下面将着重介绍箱形截面拱桥的装配式施工。为叙述方便,下面均以拱肋进行介绍,如无特殊说明,同样适合于板拱。下面以缆索吊装施工为例来介绍拱桥的装配式施工。

一、缆索吊装的应用

在峡谷或水深流急的河段上,或在通航的河流上,需要满足船只的顺利通行,缆索吊装由于具有跨越能力大,水平和垂直运输机动灵活,适应性广,施工比较稳妥方便等优点,成为拱桥施工中使用最为广泛的方案。

采用缆索吊机吊装拱肋时,为使在起重索的偏角不超过15°的限度内减少主索横向移动次数,可采用两组主索或加高主索塔架高度的方法施工。

在采用缆索吊装的拱桥上,为了充分发挥缆索的作用,拱上建筑也可以采用预制装配施工。缆索吊装对加快桥梁施工速度、降低桥梁造价等方面起到了很大作用,如图10-9所示。

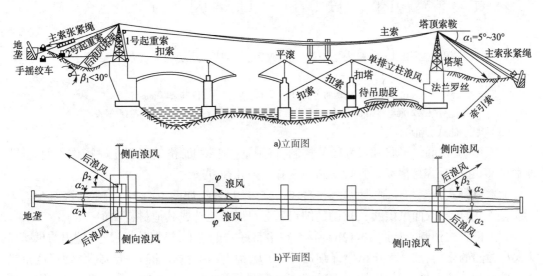

图10-9　缆索吊装布置示意

二、构件的预制、运输与堆放

1. 预制方法

(1)拱肋构件坐标放样

装配式混凝土拱桥,拱肋坐标放样与有支架施工拱肋坐标放样相同。

(2)拱肋立式预制

采用立式浇筑方法预制拱肋,具有起吊方便、节省材料的优点。底模采用土牛拱胎密排浇筑时,能减小预制场地。该法是预制拱肋最常用的方法,尤其适用于大跨径拱桥。

①土牛拱胎立式预制。该法施工方便,适用性较强。填筑土牛拱胎时,应分层夯实,表面土中宜掺入适量石灰,并加以拍实,然后用栏板套出圆滑的弧线,如图10-10所示。为便于固定侧模,拱胎表层宜按适当距离埋入横木,也可用粗钢筋或钢管固定侧模。

当取土及填土不方便时,可采用木支架进行装模和预制,但拆除支架时须注意拱肋的强度和受力状态,防止拱肋发生裂纹。

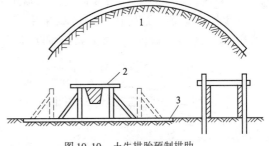

图10-10　土牛拱胎预制拱肋
1-土牛拱胎;2-凹形拱肋扶手;3-横木

②条石台座立式预制。条石台座由数个条石支墩、底模支架和底模等组成,如图10-11所示。

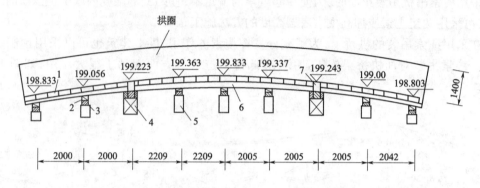

图10-11 条石支墩布置图(尺寸单位:高程以 m 计,其余以 mm 计)
1-底模;2-混凝土帽梁;3-木楔;4-滑道支墩;5-条石支墩;6-底模支架;7-船型滑板

(3)拱肋卧式预制

卧式预制,拱肋的形状和尺寸较易控制,特别是空心拱肋,浇筑混凝土时操作方便,且节省木材,但起吊时容易损坏。卧式预制一般有下列几种方法。

①木模卧式预制。预制拱肋数量较多时,宜采用木模,如图10-12a)所示。浇筑截面为L形或倒T形时(双曲拱拱肋),拱肋的缺口部分可用黏土砖或其他材料垫砌。

②土模卧式预制。如图10-12b)所示,在平整好的土地上,根据放样尺寸,挖出与拱肋尺寸大小相同的土槽,然后将土槽壁仔细抹平、拍实,铺上油毛毡或铺筑一层砂浆,便可浇筑拱肋。虽然此法节省材料,但土槽开挖较费工且容易损坏,尺寸也不如木模精确,仅适用于预制少量的中小跨拱桥。

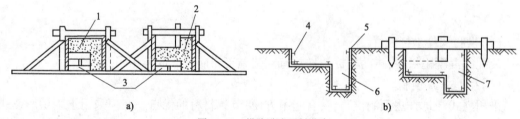

图10-12 拱肋卧式预制拱肋
1、6-边肋;2、7-中肋;3-砖砌垫块;4-圆钉;5-油毛毡

③卧式叠浇。如图10-13所示,采用卧式预制的拱肋混凝土强度达到设计强度的30%以后,在其上安装侧模,浇筑下一片拱肋,如此连续浇筑称为卧式叠浇。卧式叠浇一般可达5层。浇筑时,每层拱肋接触面用油毛毡、塑料布或其他隔离剂将其隔开。卧式叠浇的优点是节省预制场地和模板,但先期预制的拱肋不能取出,影响工期。

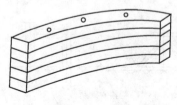

图10-13 拱肋卧式叠浇

2.拱肋分段与接头

(1)拱肋的分段

拱肋跨径在30m以内时,可不分段或仅分2段;在30~

80m 范围时,可分 3 段;大于 80m 时,一般分 5 段。拱肋分段吊装时,理论上接头宜选择在拱肋自重弯矩最小的位置及其附近,但一般为等分,这样各段重力基本相同,吊装设备较省。

(2)拱肋的接头形式

①对接。为方便预制,简化构造,拱肋分两段吊装时多采用对接形式,如图 10-14a)及 b)所示。吊装时,先使中段拱肋定位,再将边段拱肋向中段拱肋靠拢,以防中段拱肋搁置在边段拱肋上,增加扣索拉力及中段拱肋搁置弯矩。

对接接头在连接处为全截面通缝,对接头连接材料的强度要求高,一般采用螺栓或电焊钢板等。

②搭接。分三段吊装的拱肋,因接头处在自重弯矩较小的部位,一般宜采用搭接形式,如图 10-14c)所示。拱肋吊装时,采用边段拱肋与中段拱肋逐渐靠拢的合龙工艺,拱肋通过搭接混凝土接触面的抗压来传递轴向力而快速成拱。然而中段拱肋部分重力搁置在边段拱肋上,扣索拉力和中段肋自重弯矩较大,设计扣索时必须考虑这种影响。分 5 段安装的拱肋,边段与次边段拱肋的接头也可采用搭接形式。搭接接头受力较好,但构造复杂,预制也较困难,须用样板校对、修凿,确保拱肋安装质量。

③现浇接头。用简易排架施工的拱肋,可采用主筋焊接或主筋环状套接的现浇接头,如图 10-14d)所示。

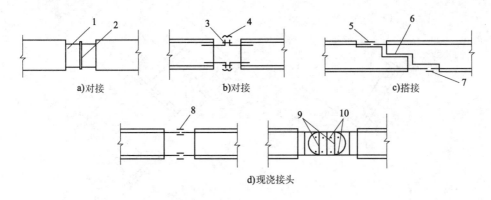

图 10-14 拱肋接头形式

1-预埋钢板或型钢;2-电焊缝;3-螺栓;4、5、7-电焊;6-环氧树脂;8-主筋对接和绑焊;9-箍筋;10-横向插销

(3)接头连接方法及要求

用于拱肋接头的连接材料,有电焊型钢、钢板(或型钢)螺栓、电焊拱肋钢筋、环氧树脂水泥胶等,其优缺点见表 10-1。

用于拱肋接头的连接材料的优缺点 表 10-1

连接材料	优 点	缺 点
电焊型钢	接头基本固结,强度高	钢材用量多,高空焊接量大,焊固后不能调整高程
螺栓连接	拱肋合龙时不需要电焊,安装方便,可反复调整,接头能承受部分弯矩	拱肋预制精度要求高

续上表

连 接 材 料	优 点	缺 点
电焊拱肋钢筋	拱肋受力具有连续性,钢材用量少,施工方便	拱肋钢筋未电焊前,接头不能承受拉力
环氧树脂水泥胶	加强接头混凝土接触面的黏结,填补钢结构的空隙	硬化时间内不能受力,应严格控制配比,不能单独作连接措施

3. 拱座

拱肋与墩台的连接称为拱座。拱座主要有如图 10-15 所示的几种形式,其中插入式及方形拱座因其构造简单、钢材用量少、嵌固性能好而被普遍采用。

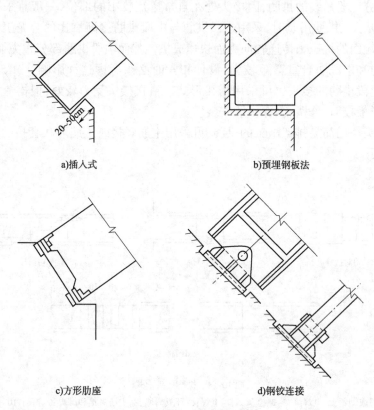

图 10-15　拱座形式

4. 拱肋起吊、运输及堆放

(1)拱肋脱模、运输、起吊时间的确定。装配式拱桥构件在脱模、移运、堆放、吊装时,混凝土的强度不应低于设计所要求的吊装强度;若无设计要求,一般不得低于设计强度的75%。为加快施工进度,可掺入适量早强剂,在低温环境下,可用蒸汽养护。

(2)场内起吊。拱肋移运起吊时的吊点位置应按设计图上的设计位置实行,如图上无要求,应结合拱肋的形状、拱肋截面内的钢筋布置以及吊运、搁置过程中的受力情况综合考虑确定,以保证移运过程中的稳定安全。

大跨径拱桥拱肋构件的脱模起吊一般采用龙门架,小跨径拱桥拱肋及小型构件可采用三角扒杆、马凳、吊车等机具进行。

(3)场内运输(包括纵横移)。场内运输可采用龙门架、胶轮平板挂车、汽车平板车、轨道平车或船只等机具进行。

(4)构件堆放。拱肋堆放时,应尽可能卧放,特别是矢跨比小的构件(拱肋、拱块)。卧放时应垫三点,垫木位置应在拱肋中央及离两端 $0.15L$(L 为桥梁跨径,下同)处,三个垫点应同高度。如必须立放时,应搁放在符合拱肋曲度的弧形支架上,如无此种支架,则应垫搁三个支点,其位置在中央及距两端 $0.2L$ 处,各支点高度应符合拱肋曲度,以免拱肋折断。

堆放构件的场地应平整夯实,不致积水。当因场地有限而采用堆放时,应设置垫木。堆放高度按构件强度、地面承载力、垫木强度以及堆放的稳定性而定,一般以 2 层为宜,不应超过 3 层。

构件应按吊运及安装次序顺序堆放,并留适当通道,防止吊运难度加大。

三、吊装程序

根据拱桥的吊装特点,其一般吊装程序为:边段拱肋吊装及悬挂,次边段拱肋吊装及悬挂(对于五段吊装);中段拱肋吊装及拱肋合龙;拱上构件的吊装或砌筑安装等。

全桥拱肋的安装可按下列原则进行:

(1)单孔桥吊装拱肋顺序常由拱肋合龙的横向稳定方案决定;多孔桥吊装应尽可能在每孔合龙几片拱肋后再推进,一般不少于两片拱肋。对于肋拱桥,在吊装拱肋时,应尽早安装横系梁,为加强拱肋的稳定性,需设横向临时连接系,加快施工进度。但合龙的拱肋片数所产生的单向推力应不超过桥墩的承受能力。

(2)对于高墩,应以桥墩的墩顶位移值控制单向推力,位移值应小于 $L/400$。

(3)设有制动墩的桥跨,可以制动墩为界分孔吊装,先合龙的拱肋可提前进行拱肋接头、横系梁及拱波等的安装工作。

(4)采用缆索吊装时,为减少主索的横向移动次数,可将每个主索位置下的拱肋全部吊装完毕后再移动主索。一般将起吊拱肋的桥孔安排在最后吊装,必要时该孔最后几段拱肋可在两肋之间用"穿孔"的方法起吊。

(5)为减少扣索往返拖拉次数,可按吊装推进方向,按顺序地进行吊装。缆索吊装施工工序为:在预制场预制拱肋(箱)和拱上结构→将预制拱肋和拱上结构通过平车等运输设备移运到缆索吊装位置→将分段预制的拱肋吊至安装位置→利用扣索对分段拱肋进行临时固定→吊装合龙段拱肋→对各段拱肋进行轴线调整→主拱圈合龙→拱上结构安装。

四、吊装准备工作

1. 预制构件质量检查

预制构件起吊安装前,必须进行质量检查,不符合质量标准和设计要求的不准使用,有缺陷的应预先予以修补。

拱肋接头和端头应用样板校验,突出部分应予以凿除,凹陷部分应用环氧树脂砂浆抹平。接头混凝土接触面应凿毛,钢筋应除锈;螺栓孔应用样板套孔,如不合适应适当扩孔。拱肋接头及端头应标出中线。

应仔细检测拱肋上下弦长,如与设计不符者,应将长度大的弧长凿短。拱肋在安装后如发生接合面张口现象,可在拱座和接头处垫塞钢板。

2. 墩台拱座尺寸检查

墩台拱座混凝土面要修平,水平顶面高程应略低于设计值,预留孔长度应不小于计算值,拱座后端面应与水平顶面相垂直,并与桥墩中线平行。在拱座面上应标出拱肋安装位置的台口线及中线,用红外线测距仪或钢尺(装拉力计)复核跨径,每个拱座在肋宽范围内左右均应至少丈量两次。用装有拉力计的钢尺丈量时,对丈量结果要进行温度和拉力的修正。

3. 跨径与拱肋的误差调整

预制每段拱肋时,拱背弧长宜小于设计弧长 0.5~10cm,使拱肋合龙时接合面保留上缘张口,便于嵌塞钢片,调整拱轴线。通过丈量和计算所得的拱肋长度和墩台之间净跨的施工误差,可以通过在拱座处垫铸铁板来调整,如图 10-16 所示。背垫板的厚度一般比计算值增加 1~12cm,以缩短跨径。合龙后,应再次复核接头高程以修正计算中一些未考虑的因素和丈量误差。

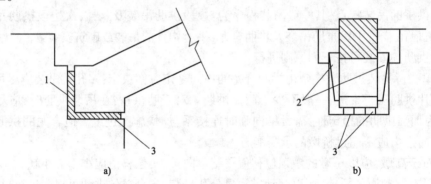

图 10-16 拱肋施工误差的调整
1-背调整垫板;2-左、右木模;3-底调整垫板

五、缆索设备的检查与试吊

在使用缆索吊装设备前,必须进行试拉和试吊。

1. 地锚试拉

一般每一类地锚取一个进行试拉。缆风索的土质地锚要求位移小,因此,在有条件时宜全部试拉,使其预先完成一部分位移。可利用地锚相互试拉,受拉值一般为设计荷载的 1.3~1.5 倍。

2. 扣索对拉

扣索是悬挂拱肋的主要设备,因此必须通过试拉来确保其可靠性。可将两岸的扣索用卸甲连在一起,将收紧索收紧进行对拉,这样可全面检查扣索、扣索收紧索、扣索地锚和动力装置等是否达到了要求。

3. 主索系统试吊

主索系统试吊一般分跑车空载反复运转、静载试吊和吊重运行 3 个步骤。必须待每一步骤检查、观测工作完成并无异常现象后,方可进行下一步骤。试吊重物可以利用钢筋混凝土预制构件、钢轨和钢梁等,一般按设计吊重的 60%、100%、130%,分几次进行。

试吊后,应综合各种观测数据和检查情况,对设备的技术状况进行分析和鉴定,然后提出改进措施,确定能否进行正式吊装。

六、拱肋缆索起吊

拱肋由预制场运到主索下后,一般用起重索直接起吊。当不能直接起吊时,可采用下列方法进行。

1. 翻身

卧式预制拱肋在吊装前,需要"翻身"成立式,常用就地翻身和空中翻身两种方法。

(1)就地翻身。如图 10-17a)所示,先用枕木垛将平卧拱肋架至一定高度,使其在翻身后两端头不致碰到地面,然后用一根短千斤顶将拱肋吊点与吊钩相连,边起重拱肋边翻身直立。

(2)空中翻身。如图 10-17b)所示,在拱肋的吊点处用一根串有手链滑车的短千斤顶,穿过拱肋吊环,将拱肋兜住,挂在主索吊钩上,然后收紧起重索起吊拱肋,当拱肋起吊至一定高度时,缓慢放松手链滑车,使拱肋翻身为立式。

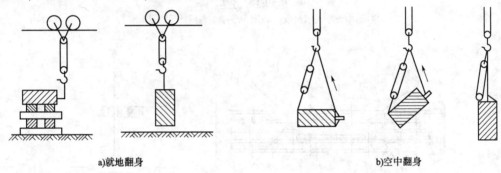

图 10-17 拱肋翻身

2. 掉头

为方便拱肋预制,边段拱肋有时采用同一方向预制,这样,部分拱肋在安装时,掉头方法常因设备不同而异。

(1)在河中起吊时,可利用装载拱肋的船进行掉头。

(2)在平坦场地采用胶轮平车运输时,可用跑车与平车配合起吊将拱肋掉头。

(3)用一跑车吊钩将拱肋吊离地面约 50cm,再用人工拉动麻绳使拱肋旋转 180°掉头放下,当一个跑车承载力不够时,可在两个跑车下另加一钢扁担起吊,旋转掉头。

3. 吊鱼

如图 10-18 所示,当拱肋从塔架下面通过后,在塔架前场地不足时,可先用一个跑车吊起一个吊点并向前牵出一段距离后,再用另一个跑车吊起第二个吊点。

4. 穿孔

拱肋在桥孔中起吊时,最后几段拱肋常须在该孔已合龙的拱肋之间穿过,俗称穿孔,如图 10-19 所示。

穿孔前,应将穿孔范围内的拱肋横夹木暂时拆除,在拱肋两端另加稳定缆风索。穿孔时,应防止碰撞已合龙的拱肋,故主索宜布置在两拱肋中间。

5. 横移起吊

当主索布置在对中拱肋位置,不宜采用穿孔工艺起吊时,可以用横移索帮助拱肋横移起吊。

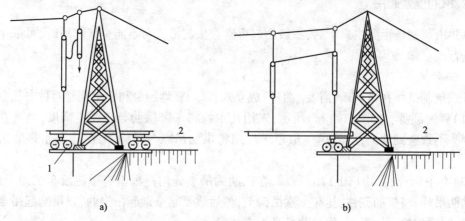

图 10-18　吊鱼

注:图中数字表示吊点。b)图中数字 1 在图外,故未标出。

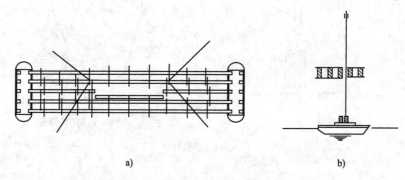

图 10-19　穿孔

七、缆索吊装边段拱肋悬挂方法

在拱肋无支架施工中,边段拱肋及次边段拱肋均用扣索悬挂。按支撑的结构物的位置和扣索本身的特点分为天扣、塔扣、通扣、墩扣等类型,可根据具体情况选用,也可混合使用。边段拱肋悬挂方法如图 10-20 所示。

图 10-20 中 1 号扣索锚固在桥墩上,简称墩扣;2 号扣索是用另一组主索跑车将拱肋悬挂在天线上,简称天扣;3 号扣索支承在主索塔架上,简称塔扣;4 号扣索一直贯通到两岸地锚前收紧,简称通扣。

扣索一般都设置有一对收紧滑轮组。在不同的悬挂方法中,收紧滑轮组的位置各不相同。在墩扣和天扣中,设置在拱肋扣点前,在通扣中则设置在地锚前。塔扣中如用粗钢丝绳做扣索,为方便施工,收紧滑轮组设在两岸地锚前;如单孔桥和扣索为细钢丝绳时,则收紧滑轮组设在塔架和拱肋扣点之间。

在墩扣和通扣中,扣索和主索不在同一高度上,可采用正扣正就位和正扣歪就位方法施工。在塔扣和天扣中,由于扣索和主索均布置在塔架上,因此都采用正扣歪就位的方法。

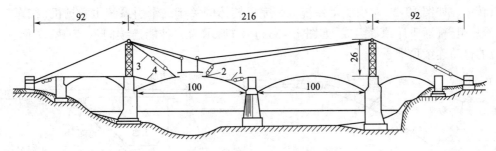

图 10-20 边段拱肋悬挂方法(尺寸单位:m)
1-墩扣;2-天扣;3-塔扣;4-通扣

任务三 拱桥的转体施工

转体施工一般适用各类单孔拱桥的施工,其基本原理是:将拱肋或整个上部结构分为两个半跨,分别在河流两岸利用地形或简单支架现浇或预制装配半拱,然后利用动力装置将两个半跨拱体转动至桥轴线位置(或设计高程)合龙成拱。

采用转体施工法的特点:结构合理,受力明确,节省施工用料,减少安装架设工序,变复杂的、技术性强的水上高空作业为岸边陆上作业,施工速度快,不但施工安全,质量可靠,而且不影响通航,施工费用和机具设备少,工程造价低。因此,转体施工是一种具有良好技术经济效益的拱桥施工方法。

拱桥转体施工根据其动力方位的不同,分为平面转体、竖向转体和双向转体三种。

一、平面转体施工

平面转体施工就是按照拱桥设计高程在岸边预制半拱,当混凝土达到设计强度后,借助设置于桥台底部的转动设备和动力装置在水平面内将其转动至桥位中线处合龙成拱。由于是平面转动,因此,半拱的预制高程要准确。通常需要在岸边适当位置先做模架,模架可以是简单支架也可做成土牛胎模。平面转体分为有平衡重转体和无平衡重转体两种。

1. 有平衡重转体

有平衡重转体以桥台背墙作为平衡和拱体转体用拉杆(或拉索)的锚碇反力墙,通过平衡重稳定转动体系和调整其重心位置。平衡重的大小由转动体的重量大小决定。由于平衡重过大不经济,也增加转体困难,所以采用本法施工的拱桥跨径不宜过大,一般适用于跨径100m以内的整体转体。

有平衡重转体施工,平衡重转体主要由平衡体系,转动体系(包括底盘、上转盘、锚扣系统、背墙、拱体结构、拉杆或拉索等部分转轴及环道)和位控体系三部分组成。其平衡体系一般利用桥台或配重来平衡主拱,转动体系为拱脚后的球铰,同时在球铰周围布置千斤顶或卷扬机使转动轴转动,转动轴上的半跨拱肋随之徐徐转动,直到就位,如图10-21所示。

有平衡重转体施工的特点是转体重量大,要将成百上千吨的拱体结构顺利、稳妥地转到设计位置,主要依靠转动体系设计正确与转动装置灵活可靠。目前国内使用的转动装置主要有两种:一是以四氟乙烯作为滑板的环道承重转体;二是以球面转轴支撑辅以滚轴的轴心称重转体。如图10-22牵引驱动系统也是完成转体的关键。牵引系统由卷扬机(绞车)、倒链、滑轮组、普通千斤顶等组成,如图10-23a)、b)所示为一种能连续同步、匀速、平衡、一次到位的自动连续顶推系统。

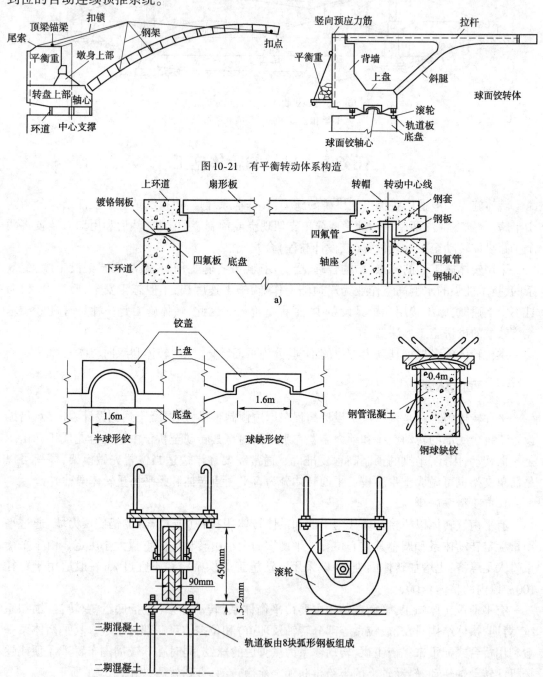

图10-21 有平衡转动体系构造

图10-22 转动装置图

有平衡重转体施工的主要内容与步骤包括转盘制作、布置牵引驱动系统的销旋及滑轮、试转上转盘、浇筑背墙及拱体结构、设置锚扣系统并张拉脱架(指拱体结构)、转体与合龙、封闭转盘与拱顶以及松锚扣系统。

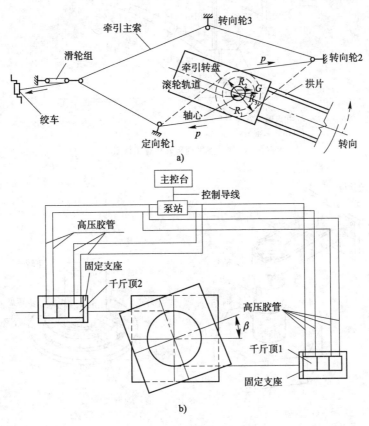

图 10-23 转动牵引驱动系统

2. 无平衡重转体

无平衡重转体是以两岸山体岩石锚洞作为锚碇来锚固半跨拱桥悬臂状态平衡时所产生的水平拉力,借助拱脚处立柱下端转盘和上端转盘使拱体做平面运动。由于取消了平衡重,可大大减轻转动体系质量和圬工数量。该法适用于地质条件好的 V 形河床上的大跨径拱桥转体施工。因无平衡重转体施工是把有平衡重转体施工中的拱圈扣索锚在两岸岩体中,从而节省庞大的平衡重。锚碇拉力是由尾索预加应力给引桥桥面板(或轴力、斜向平撑),以压力形式储备,桥面板的压力随着拱体所处方位而不同。

如图 10-24 所示,无平衡重转体施工体系包括三部分:

(1)锚固体系。由锚碇、尾索、平撑、锚梁(或锚块)及立柱组成。锚碇设在岩体中,锚梁(或锚块)支承于立柱上,两个方向的平撑及尾索形成三角形稳定体,使锚块和上转轴为一确定的固定点,无论拱体处于哪个方位,其扣索力均与锚固体系平衡。

(2)转动体系。转动体系则由上下转动构造、拱体及扣索组成,如图 10-25 所示。

(3)位控体系。为有效控制转体在转动过程中的速度和位置,常由系在拱体顶端扣点的浪风索与无级调速自控卷扬机、光电测角装置、控制台组成位控系统,如图 10-26 所示。

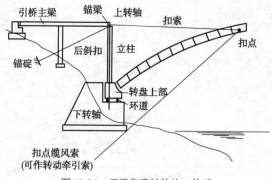

图 10-24 无平衡重转体施工体系

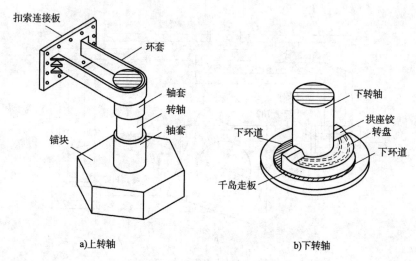

图 10-25 转动体系

无平衡重转体施工的内容及步骤如下：

(1)转动体系施工（包括下转轴、转盘及环道设置、拱道设置及拱体预制、立柱施工、锚梁、上转轴、扣索安装等）。这一部分施工主要保证各部件制作安装精度及环道的平整度。

(2)锚碇系统施工（包括锚碇施工、安装轴向及斜向平撑、张拉尾索与扣索等）。

(3)拱体转动、合龙与松扣。

二、竖向转体施工

竖向转体是根据桥位的情况，采用在桥轴线竖向预制半拱肋，然后再在桥位平面内绕拱脚从两边向上或向下转体施工就位的施工方法，如图 10-27 所示。竖向转体施工法一般用在小跨径的拱桥上。

根据河道情况、桥位地形和自然环境等方面的条件和要求，竖向转体施工有两种方式：一是竖直向上预制半拱，然后向下转动成拱，其特点是施工占地少，预制可采用滑模施工，工期短，造价低。在预制过程中应尽量保持位置垂直，以减少新浇混凝土重力对尚未硬结混凝土的弯矩，并在浇筑一定高度后加设水平拉杆，以避免拱形曲率影响，产生较大的弯矩和变形。二是在桥面以下俯卧预制半拱,然后向上转动成拱。

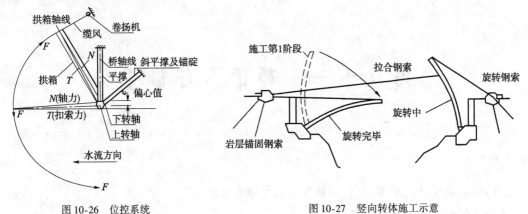

图 10-26　位控系统　　　　　图 10-27　竖向转体施工示意

三、双向转体施工

当桥位所处地形受到河岸地形条件的限制,拱桥采用转体施工时,可能遇到既不能按设计高程预制半拱,也不可能在桥位竖平面内预制半拱的情况。此时,拱体只能在适当位置预制后既需平转又需竖转才能就位,这种平竖结合转体基本方法叫双向转体施工。其转动设竖向转轴和平转体系满足双向转体施工,与前述相似,但其转轴构造较为复杂。

21-拱桥竖向转体施工

复习思考题

1. 简述现浇混凝土拱桥施工工序。
2. 拱桥悬臂浇筑施工有哪两种方法?各自的特点有哪些?
3. 简述缆索吊装边段拱肋悬挂方法。
4. 简述换桥转体施工方法的特点。

项目十一 桥梁下部施工

学习目标：

(1) 掌握基坑开挖的步骤、支护的种类以及排水方法。
(2) 了解沉井的构造与施工过程。
(3) 掌握桩基础的分类及其施工流程。
(4) 了解桥梁墩台施工工艺流程与施工方法。

任务描述：

桥梁下部施工包括基础工程施工与墩台施工两部分内容。基础工程施工着重介绍了明挖基础施工、沉井施工与桩基础施工的工艺流程；桥梁墩台施工着重介绍了施工要点及技术要求。

任务一 明挖基础施工

明挖基础是先开挖基坑，在坑内建造基础，所以又叫敞坑基础、扩大基础。由于其开挖深度较浅（一般不大于5m），所以又叫浅基础。这种基础具有开挖简便、需用机具少、便于组织快速施工、便于基底的检查和处理等优点，只要经济上合理、技术上可行，应优先选用明挖基础。明挖基础的施工程序与主要工作内容如图11-1所示。

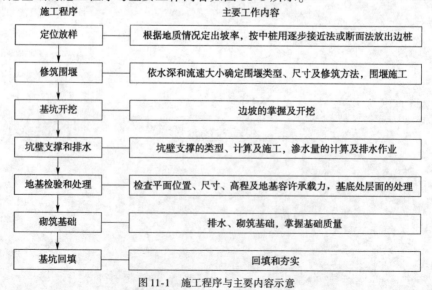

图11-1 施工程序与主要内容示意

一、旱地基坑开挖

1. 基坑尺寸的确定

合理决定基坑尺寸对开挖基坑有重要意义。基坑尺寸主要根据基础尺寸、深度、土质和渗水情况确定。一般坑底尺寸应比基础尺寸宽出一定距离,以便立模、挖排水沟和汇水井。通常每边加宽 0.3~0.6m,有汇水井一侧应宽出 1.0m 左右。如果边坡稳定,基坑无水,坑底尺寸可和基础尺寸一样大,边坡直立,可不立模板,直接向基坑灌注基础混凝土。

基坑边坡的大小应根据土质、坑深和渗水等情况而定。若挖深在 5m 以内,地下水很少,土的湿度正常,结构均匀,施工期短,放坡开挖,其坑壁坡度可参照表 11-1。

基坑坑壁坡度　　　　表 11-1

坑壁土	坑壁坡度		
	基坑顶缘无载重	基坑顶缘有静载	基坑顶缘有活载
砂类土	1:1	1:1.25	1:1.5
碎石类土	1:0.75	1:1	1:1.25
黏砂土	1:0.67	1:0.75	1:1
砂黏土	1:0.33	1:0.5	1:0.75
黏土带有石块	1:0.25	1:0.33	1:0.67
未风化页岩	1:0	1:0.1	1:0.25
岩石	1:0	1:0	1:0

当坑深大于 5m 时,可将坑坡放缓或加平台;若经不同土层时,坑坡可分层决定,层间可留平台,如图 11-2 所示。当土壤湿度大、坑壁有坍塌可能时,坑坡可用土的天然坡度;在山坡上开挖基坑,土质不良,除放缓边坡外,还要注意防止土滑坍。

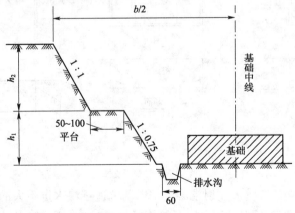

图 11-2　明挖基坑示意(尺寸单位:cm)
b-基坑开挖宽度;h_1、h_2-坑坡分层高度

2. 坑壁支撑

当基坑深度较大,放坡开挖土方量较大时,放坡开挖危及邻近建筑物安全时,或土质松软无法保持边坡稳定时,均可将坑壁挖成直立的,并设置适当支撑以维持坑壁稳定。

(1)横挡板支撑。由横挡板、立木及横撑组成,如图 11-3 所示,适于较深和较宽的黏性土质基坑。根据土质和坑深情况,可一次挖成后再支撑或随挖随支撑。

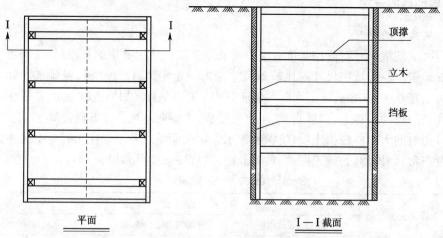

图 11-3 横挡板支撑

(2)竖挡板支撑。由竖挡板、横木、横撑等组成,如图 11-4 所示,适用于较浅和较窄的沙性土质基坑。一般是边开挖边打入竖挡板。如果土质较好,也可一次挖成后支撑。直撑式[图 11-4a)]较常用。当基坑尺寸较大时,也可用斜撑式[图 11-4b)]。近年来还有采用锚杆式支撑[图 11-4c)],这种支撑可以不干扰开挖工作,但造价高。

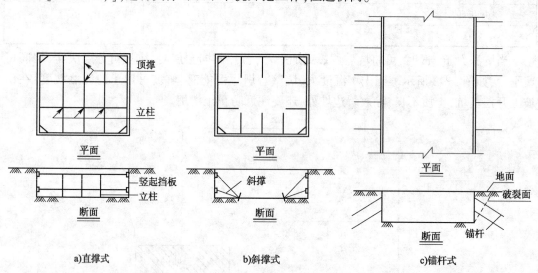

图 11-4 竖挡板支撑

(3)喷射混凝土支护坑壁。喷射混凝土护壁基坑适于渗水量不大的黏性土、粉细砂及卵石地层。考虑受力条件,宜用圆形基坑,开挖直径为 6~12m,深 10m 以内。当地质不稳定且有较多渗水时,除考虑坑底周围设排水沟和汇水井外,坑坡可用 1∶0.1~1∶0.07,据以定出地面处的开挖直径。

基坑开挖前,在地面处设混凝土环或弃土护圈,防止地表水或杂物掉入坑内。一般下挖一段,喷护一段。下挖深度,根据土质和渗水量而定。喷护混凝土工艺与隧道喷护混凝土相同。一次喷护达不到规定厚度时,待前次喷护混凝土终凝后再继续喷护至要求厚度为止。

一般喷护混凝土厚度可参考表11-2。

喷层厚度参考表(单位:cm)　　　　　表11-2

地质条件	基坑无渗水	基坑有少量渗水	基坑有大量渗水
粉砂	10～15	15(加少量木桩)	15～20(加较多木桩及塞草袋)
砂黏土	5～8	8～10	15～20(加较多木桩及塞草袋)
黏砂土	3～5	5～8	15～20(加较多木桩及塞草袋)
卵、碎石土	3～5	5～8	15～20(加较多木桩及塞草袋)
砂夹卵石	3～5	5～8	8～10

二、水中基坑开挖

1. 围堰工程

水中开挖基坑,必须先沿基坑周围修筑围堰,以便排水挖基和砌筑基础圬工。围堰分重力式围堰、木制围堰和钢制围堰三种。重力式围堰靠自身重力抵抗外侧水压力,只起防水作用。由于体积大,宜在浅水中使用;木制围堰和钢制围堰,一般须沉入河床一定深度,不仅可以防水,还起挡土作用,故可用于较深水中的基坑开挖。

对围堰工程的基本要求是:围堰顶面应高出施工期间最高水位0.7m;围堰要密实,减少渗漏;围堰断面应满足强度和稳定性(抗滑动和抗倾覆)的要求;围堰尽量少压缩河道流水断面,减少冲刷;围堰内尺寸应与基础尺寸相适应,不得任意压缩;围堰材料尽量就地取材。另外,尽可能缩短工期,保证施工安全。

各种围堰特点、适用条件、施工工艺等简要介绍如下:

(1)土围堰

水深在2m以内,流速缓慢,无冲刷作用,且河床土质渗水较小时宜采用土围堰,如图11-5所示。

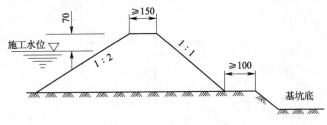

图11-5　土围堰(尺寸单位:cm)

土围堰的厚度及边坡应根据采用的土质、围堰高度等确定,通常堰顶宽不小于1.5m,外侧边坡不小于1:2,内侧边坡不小于1:1,内侧坡脚距基坑顶边缘的距离不小于1m。

土围堰宜用黏性土填筑,当流速增大时,临水面边坡可用片石、草袋盛土、柴捆、竹笼等加以防护。

(2)草袋围堰

草袋围堰是明挖基础中最常用的一种围堰,不仅施工简便,取材较易,其适用范围亦比土围堰广。通常用于水深2.5m以内、流速小于1.5m/s的水流,且河床为透水小的土壤,在特殊情况下也可用于更深的水中,但围堰需要加强。

草袋围堰构造如图11-6所示。一般都采用双墙围堰,内外墙之间夹填黏性土,其厚度为0.5~1.0m,以便更好地起隔水作用。堰顶宽度根据水深来考虑,一般不少于2m,需存放机械时还要适当加宽。围堰的内外两则都要设一定坡度,使围堰保持稳定,其内侧底部距基坑边缘应不少于1.0m。

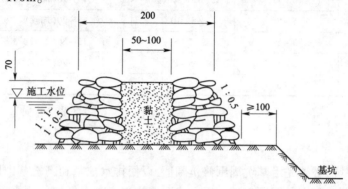

图11-6 草袋围堰(尺寸单位:cm)

(3)木板桩围堰

木板桩围堰适用于河床为土层的情况,但应注意土层中有无妨碍打板桩的大块石、树干等杂物。同土围堰比较,木板桩围堰由于断面小,对河流过水断面的挤压不甚严重,抗冲刷的性能亦较好,且板桩打入河床,可截断一部分渗流,故其防水性能比土围堰要好。

单层木板桩围堰(图11-7),一般适用于水深小于4m的情况。为了防止漏水,可在板桩外侧堆土。由于木板桩的榫头不够密贴,防水性能还不够好,故现场往往多采用双层板桩,两层板桩之间以黏土充填,以改善其防水性能,如图11-8所示。

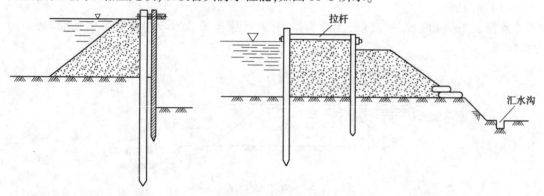

图11-7 单层木板桩围堰　　　　　　图11-8 双层板桩围堰

对于开挖深度较大的基坑,由于木板桩的打入深度有限,且板桩长度受板材及打桩设备的限制,所以现场有时不得不采用多级板桩围堰,如图11-9所示。显然,这类布置由于平面尺寸太大,将无法设置顶撑,而只能靠板桩的入土部分以自行锚固。

木板桩插打之前,须有定位装置。排水开挖时须有支撑装置,这套装置由定位桩、导梁及支撑组成。导梁固定在定位桩上,板桩即沿着内外导梁之间插下,如图11-10所示。

施工时,先打下定位桩。定位桩一般布置在最外侧。内导梁与外导梁之间安置短垫木临时固定其间距,待板桩插到垫木附近时将其拆除,并将内导梁固定到已插下的板桩上。插板桩可以从角桩开始,先插上游,在下游合龙。板桩下插时应让凸榫向前,以免泥沙堵塞凹榫。板桩插到转角处,内导梁的 A 段会成为障碍,须将其截除,而将内导梁固定到已插下的板桩上(图 11-10)。

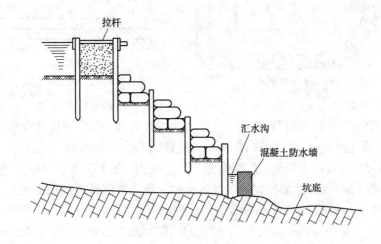

图 11-9　多级板桩围堰

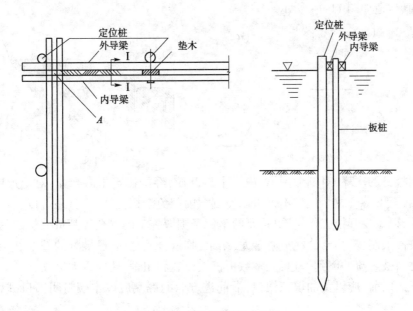

图 11-10　板桩围堰的定位装置

板桩围堰在平面上应布置成带分水尖的形式,如图 11-11 所示。实践证明,不带分水尖的围堰,其上游堰堤可能被冲垮,造成事故。

全部板桩下到设计深度后,才可以排水及开挖基坑。在排水开挖过程中,可逐层架设顶撑或框架支撑。

板桩的厚度由计算决定。厚度在 6cm 以下时可做成人字榫[图 11-12a)]连接;厚度超过时,可用三层等厚的木板叠合成凹凸榫,如图[11-12b)]所示。

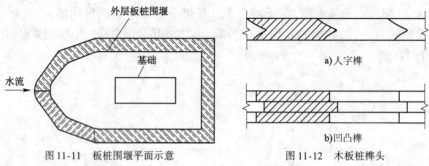

图11-11 板桩围堰平面示意　　　图11-12 木板桩榫头

(4) 钢板桩围堰

钢板桩本身强度大,防水性能好,打入土层时穿透能力强,因此,钢板桩围堰的适用范围相当广。从我国桥梁基础施工的实践来看,10～20m 深的围堰,用钢板桩是适合的。在特殊情况下,30m 深的围堰也曾使用过钢板桩。钢板桩不但能穿过砾石、卵石层,还能切入软岩层内。

钢板桩是碾压成型的,断面形式是多种多样的。我国常用的是拉森式槽形钢板桩,其断面如图 11-13 所示。钢板桩的成品长度,为了适应围堰深度,一般都有几种规格,最大为 20m,还可根据需要接长。钢板桩之间的连接采用锁口形式,这种锁口既能加强连接,又能防渗,还可以做适当的转动,以适应弧形围堰的需要。矩形钢板桩围堰的转角处要使用一块特制的角桩,其构造如图 11-14 所示。

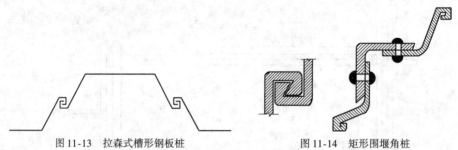

图11-13 拉森式槽形钢板桩　　　图11-14 矩形围堰角桩

插打钢板桩的次序,对圆形围堰,应自上游开始,经两侧至下游合龙;对矩形围堰,从上游一角开始,至下游合龙。这样不仅可以使围堰内避免淤积泥沙,而且还可以利用水流冲走一部分泥沙,以减少开挖工作量,更重要的是保证围堰施工的安全。某特大桥的钢板桩围堰因为特殊条件限制,不得已而在上游合龙,结果,临近合龙之前,已插好的整个右半圈的板桩墙在瞬息之间被急流冲倒到一边,大多数板桩被撕裂和扭歪,造成重大事故。

板桩下插以前,应以黄油填充锁口,沿前进方向的底端应以木楔封闭锁口,以防止泥沙堵塞锁口。

钢板桩围堰在合龙处往往形成上窄下宽的状态,这就使得最后一组板桩很难插下。常用的纠正办法是将邻近一段钢板桩墙的上端向外推开,以使上下宽度接近。必要时,可根据实测宽度尺寸,做一块上窄下宽的异形钢板桩。合龙时,先将异形钢板桩插下,再插最后一块标准钢板桩。

从围堰内排水时,若发现锁口漏水,可在堰外抛投煤灰拌锯末,效果显著。

钢板桩系多次重复使用设备,基础或墩身筑出水面后即可拔出钢板桩,撤除围堰。为了使拔出钢板桩的工作进行得顺利,可将板桩与水下封底混凝土接触的部位涂以沥青;在拔除钢板桩前,向围堰内灌水,使堰内水面高出河水面 $1\sim1.5m$,利用静水压将钢板桩推开,使其与水下封底混凝土脱离。必要时,可用打桩锤击打待拔的钢板桩,再行拔出。钢板桩顶应制备圆孔,便于连接起吊卡环。拔出的钢板桩应清刷干净、修补整理、涂刷防锈油;堆放时,应按板桩类型、长度,分别编号、登记,堆放整齐。

2. 基坑排水

用围堰法修建水下基础,通常在围堰建成后,即可从堰内排水。随后,在无水或少水的情况下开挖基坑。在达到设计高程并检验基底认为符合要求后,即可砌筑基础圬工。

在不透水的河床上建成的围堰,涌入坑内的水主要是经过堰堤渗透。这一部分水量可通过改善堰堤的防水性能使之减到最小。在透水性较强的河床上,涌入坑内的水主要是经过堰底土层渗透进来的。这一部分水量可通过加深板桩的入土深度,使之减少,或改用双层板桩使之减少,或在板桩内侧填土,使流线处于平缓,以防止涌砂。对于土围堰,则经河床涌入坑内之水量,只能通过加宽堰堤或以黏土覆盖河床使之减少。总之,用围堰法施工,排水是一个重要问题。涌水量很难估计,选用抽水设备时应有相当数量的备用。

排水设备用得最多的是普通离心水泵。在排水施工中要求不得中断排水,水泵的动力最好一部分用电力,另一部分用内燃机。由于排水到最后阶段必有泥沙混入,普通离心泵可能难于正常工作,故应选用 $1\sim2$ 台吸泥泵备用。

由于水泵的有效吸程只有 $5\sim6m$,同时,进水管太长也不合适,在抽水过程中往往要随着堰内水位下降而转移水泵位置,这显得很不方便。此外,由于故障而水位复升的事常常不能避免,水泵搬上搬下更是麻烦。对于很深的围堰,可以将水泵置于可升降的平台上,水泵随着水位而下降,使其处于最高效率的吸程。对于平面很大的围堰,可以将水泵置于浮排上。这样,水泵可以经常处于最有效的工作位置,无须人工转移位置,也可避免不必要的停止运转。

水泵的出水口应离堰堤稍远,不得让水流冲刷堤身。在水深较大的情况下,在围堰内抽水时应密切监视围堰的工作状态,以防意外事故发生。

三、基底检验和处理

1. 基底检验

基底质量是墩台稳定的关键,必须慎重处理,认真检验。基底质量在基础圬工修建后即被掩盖,属于隐蔽工程,应经专职监察工程师验收签证后,方可砌筑基础圬工。

基底检验需根据下列目的,对基底土质、基坑尺寸、基底高程和基底处理结果分别进行。

(1)基底土质符合设计要求,能满足墩台承载力要求。

(2)基底各部位土质相同;如有不同,不致发生墩台不均匀沉降。

(3)基底承重面与墩台压力线垂直,不致发生墩台滑动。

(4)基底平面尺寸应保证基础圬工能按设计尺寸顺利施工。

(5)基底高程符合设计要求。非岩石基底约每 $10m^2$ 测量一点,全基坑不少于 8 点,其平均误差在 $\pm50mm$ 之内;岩石基底则应清理至岩面。

(6)基坑防水措施恰当,能保证基础圬工施工质量。

2. 基底处理

(1)未风化的岩石基底

全部开挖到新鲜岩面。岩面倾斜时,应凿平或凿成台阶,使承重面与墩台压力线垂直。岩面上的淤泥、苔藓及松碎石块应清除干净。岩面如因部分溶沟、溶洞或破碎带等难以清理到新鲜岩面,应会同设计人员研究处理。位于基底中部的狭窄溶沟,可在基底高程以下设置混凝土拱,将力量传递到两侧岩石上;小面积溶洞可用混凝土或浆砌片石回填。

(2)风化岩基底

岩石的风化程度对其承载力影响很大,应会同设计、地质人员分析判断能否满足设计承载力要求,并注意基底各部位的风化程度是否相同。如基底承载力不够,可适当降低基底高程。如风化层不厚,宜清理到新鲜岩面。

(3)碎石土或砂土基底

将基底修理平整并夯实,砌筑基础圬工时,先铺一层2cm厚水泥砂浆。

(4)黏土基底

基坑分两阶段开挖,先挖到距设计高程20~30cm处,大致整平,做好排水和砌筑圬工的准备工作后,再开挖到基底并铲平。铲平时要注意不能扰动基底原状土结构,超挖处不得用土回填。基底铲平后应在最短时间内砌筑基础圬工,以免原状土暴露过久浸水变质。如基底原状土含水率较大或在施工中浸水泡软,可向基底夯入10cm以上厚度的碎石,但碎石顶面高程应不高于基底设计高程。基底土质应符合设计要求,如有不符或有怀疑时,应提请设计人员研究处理。如基底土质不匀,部分软土层厚度不大时,可挖除后分层夯填砂土或碎石予以更换。

(5)泉眼

泉眼应用堵塞或导流的方法处理。可先用水玻璃和水泥以1:1比例调匀捻团塞紧压实予以堵塞。由于地下水的压力,泉眼往往不能全部堵塞。如堵塞无效,或这里封那里冒,应改用导流方法处理。可将钢管插入泉眼,封闭钢管四周,使水沿钢管上升;或在泉眼处设置小井,将井中水引出基础圬工之外抽排,以后再用水下混凝土填井;如泉眼位置不明确,可在基底以下设置暗沟或盲沟,将水引至基础圬工以外的汇水井中抽排。

基坑有渗漏水时,基坑抽水应待基础圬工水泥浆终凝后才能停止,以免圬工早期浸水,影响质量。

任务二 沉井基础施工

一、沉井的分类和构造

沉井是一种四周有壁,下部无底,上部无盖,通常用钢筋混凝土做成的筒形结构物。一般先在地面或人工筑岛的岛面上制作井筒,就地在井内不断地挖土、运出。随着井内土面逐渐挖深,沉井依靠其本身自重,克服井壁与土层之间的摩阻力及刃脚下土的阻力不断下沉,直至预定的设计高程。最后,进行沉井封底及混凝土填心,便成为桥梁墩台及其他建筑物的基础,如图11-15及图11-16所示。

1.沉井的分类

按沉井制作的位置不同可分为就地制作的沉井及浮运沉井两种。第一种是在基础设计位置上制造,然后在井筒中挖土使其下沉。如基础位于浅水中,需先在水中筑岛,再在岛上筑井下沉。第二种沉井是在岸上制造,然后浮运到设计位置下沉,适用于深水区,筑岛有困难,或有碍通航,或河流流速较大的情况。

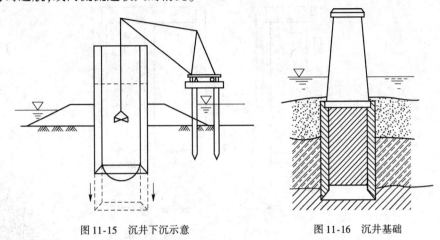

图 11-15 沉井下沉示意　　　　图 11-16 沉井基础

按使用材料可分为混凝土沉井、钢筋混凝土沉井及钢沉井等。

按沉井的截面形状可分为圆形、矩形及圆端形沉井等,如图 11-17 所示。

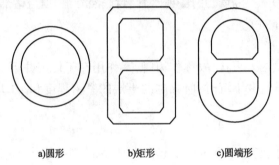

a)圆形　　　b)矩形　　　c)圆端形

图 11-17 沉井平面形状

按立面形状可分为竖直式、倾斜式及阶梯式(多阶式、单阶式)等,如图 11-18 所示。

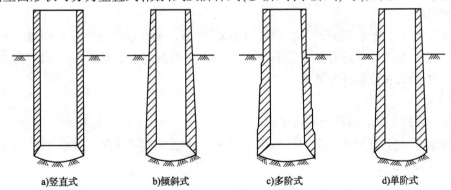

a)竖直式　　　b)倾斜式　　　c)多阶式　　　d)单阶式

图 11-18 沉井的立面形状

2.沉井的构造

现以最常用的钢筋混凝土沉井为例,如图 11-19 所示。

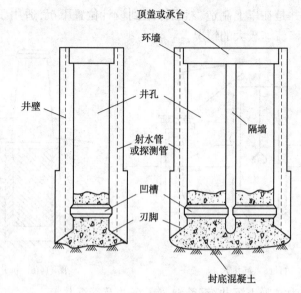

图 11-19 沉井构造图

22-混凝土沉井构造

沉井通常由刃脚、井壁、隔墙、井孔、射水管、封底混凝土、顶盖诸部分组成。现将各部分的作用及构造要求简介如下。

(1) 刃脚

沉井井壁最下端做成刀刃状,故称作刃脚,其作用在于使沉井下沉时,减少土的正面阻力。刃脚的式样应根据沉井下沉时,所穿越的土层的紧密程度和刃脚单位长度上的反力大小选择,以利切入土中。

(2) 井壁

井壁是沉井的主体,它在下沉过程中起挡土、挡水的围护结构作用;当施工完毕后,即成为基础或基础的外壳保存下来,而将上部荷载传至地基。井壁厚度除考虑沉井结构强度、刚度需要外,应根据下沉需要的自重确定。

(3) 隔墙

沉井长宽尺寸较大,则应在井筒内设置隔墙,以减小外井壁的受力计算跨度,增加沉井下沉时的刚度,同时将井筒分隔成若干个井孔,有利于控制挖土下沉的方向。因隔墙不直接承受土压力,所以厚度较外壁要薄些。

(4) 井孔

沉井内设置了隔墙而形成的格子称作井孔,它是挖土出土的工作场所和通道。井孔尺寸应满足施工要求,其宽度(直径)一般不小于3m。井孔的布置应简单对称,便于对称挖土,保持沉井均匀下沉。

(5) 射水管

(6) 封底混凝土

沉井沉至设计高程进行清基后,便可浇筑封底混凝土。如井中之水无法排干,可采用水下混凝土封底,达到强度后即可抽水,凿除与水接触的表层混凝土。

(7)顶盖

其作用主要是承托墩身传来的力量。顶盖一般用钢筋混凝土制作,厚度为 1.5~2.0m。

二、沉井的施工步骤

沉井的施工步骤如图 11-20 所示,简述如下。

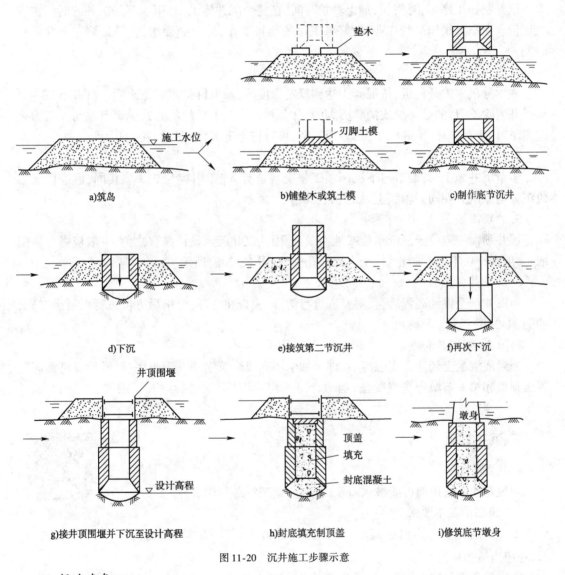

图 11-20 沉井施工步骤示意

1. 场地准备

墩台位无水,需平整场地;若地下水位较低,可挖坑建造沉井;若有地面水,则需筑岛建造沉井,如图 11-20a)所示。

由于底节沉井刃脚踏面窄,底面积小,若直接在土面上制造数百吨甚至上千吨自重的沉井,将会发生不均匀沉陷,导致沉井破坏。一般可用在刃脚下铺设垫木的方法来解决扩大刃脚支承面,这就是通常采用的垫木法。若在地基较好的情况下,也可采用土模法,即在土面上按刃脚内侧斜面形状和尺寸挖成或填筑成截头锥台形,既扩大了刃脚的支承面,又代替了刃脚内模板,如图11-20b)所示。

2. 制作底节沉井

垫木铺好后就可立模制作沉井。其工序有,立内模、焊接刃脚角钢、绑扎钢筋、立外模、灌筑混凝土,如图11-20c)所示。

沉井制作工序多,时间长,加上养护时间,在整个沉井施工中,用于制作沉井的时间占很大比例。所以要组织平行作业,做好各工序的衔接工作,采取必要措施,尽量缩短沉井制作时间。

3. 底节沉井下沉

先拆除沉井内外模板,待混凝土达到规定强度后,就可拆垫木或挖土模。沉井下沉主要靠在井内除土,目的是减少或消除刃脚的正面阻力,当支承面的反力减少至自重与摩阻力之差以下时,土被破坏,沉井则下沉,直至平衡,再行挖土下沉,如图11-20d)所示。

4. 沉井接高

多节沉井施工时,制造与下沉两项工作交替进行,施工内容与2、3项相同,但应保证接筑沉井与原沉井在同一轴线上,如图11-20e)、f)所示。

5. 井顶围堰

沉井顶面一般位于最低水位或地面以下,因此沉井沉至设计高程之前,一般应做井顶围堰,才能在继续下沉时防止水、土进入井孔中,如图11-20g)所示。

6. 清基封底

当沉井沉至设计高程后,要对基底进行清理、检查和处理,合格后方可进行混凝土封底,如图11-20h)所示。

7. 填充、制顶盖和建第一节墩台身

当封底混凝土到达一定强度后,即可抽水填充或浇筑钢筋混凝土底板,最后浇筑钢筋混凝土顶盖和第一节墩台身混凝土,当墩台身筑出水面后,就可拆除井顶围堰,如图11-20i)所示。

三、沉井制作

1. 筑岛

一般在浅水或地面可能被水淹没的旱地,则需筑岛制作沉井。

23-筑岛沉井施工工艺

(1)筑岛的基本要求

①筑岛的岛面应高出最高施工水位0.5m以上,并另加浪高,有流冰时,还应当适当加高。

②应避免在斜坡上筑岛,因新筑楔形土体容易在沉井重量的作用下沿斜坡下滑。楔形土体沉陷不均也容易使沉井发生倾斜,甚至引起沉井开裂。若不得已需在斜坡上筑岛时,应将斜坡表面挖成台阶形或将筑岛底面取平,再行筑岛。

③筑岛应用透水性好、易于压实的土料(如砂类土、砾石、较小的卵石)填筑,且不应含有影响岛体受力及抽垫下沉的块体(包括冻块)。土的颗粒不能过细,以免被水冲走。

④筑岛处河床如有淤泥,软土或杂物时应彻底清除干净。填土一般应由中央开始向四

周均匀扩大。临水的坡面一般采用1:2的坡度,水面以上应分层夯实。为防止土岛受水流冲刷,可在上游修建分水尖,并以土袋、片石等护坡。

(2)筑岛的分类及适用条件

最常用的有土岛、草袋围堰筑岛、板桩围堰筑岛、石笼围堰筑岛。

①土岛。不用围堰填筑的土岛只适用于流速不大的浅水中,通常水深不超过1.5m,筑岛后流速不超过筑岛土壤的容许流速(即不冲刷流速),如表11-3所示。土岛护道宽度不宜小于2m,与水接触的土坡不应陡于1:2。

各类筑岛材料容许流速表　　　　表11-3

筑岛土种类	容许流速(m/s)	
	土表面处	平均流速
细砂(粒径0.05~0.25mm)	0.25	0.3
粗砂(粒径1.0~2.5mm)	0.65	0.8
中等砾石(粒径25~40mm)	1.0	1.2
粗砾石(粒径40~75mm)	1.2	1.5

②草袋围堰筑岛。用草袋或编织袋装土或砂先堆筑围堰,然后再在围堰内填砂筑岛。一般在水深3.5m以下,流速在1~2m/s之间采用。

草袋装土不宜过满,一般装其容量的1/2~2/3即可,袋口需用麻线或细铁丝封口。施工时,要求草袋上下左右互相错缝,草袋分层之间,应用土填实,并堆放整齐。

③板桩围堰筑岛。在水深流急的河道中,因直接填筑土岛和草袋围堰困难很大时,或因修建断面较大的土岛使河道束狭过多时,可采用板桩围堰筑岛,但应在河床土质能够打入板桩时采用。

板桩有木板桩、混凝土板桩、钢板桩等。木板桩因受木料长度限制,一般只宜用在水深不超过5m处。混凝土板桩目前尚无定型产品而且也不常见。钢板桩的特点是强度高,锁口紧密,不易漏土,一般不受水深限制,用来筑岛非常理想。基于板桩围堰与填砂筑岛同时进行,防水要求不高,故近年来多用槽钢来代替钢板桩。

④石笼围堰筑岛。这种岛体主要适用在水深流急,且不宜打板桩的岩石、砂类卵石等河底上。石笼有木、竹、钢筋笼等数种。木笼体积较大,拆除不便;钢筋笼则耗用金属材料较多,但可根据起吊能力加工,拆除方便。我国南方盛产竹材,故亦可用竹笼。竹笼以直径50~60cm、长2~3m为宜。钢筋笼的体积宜控制在1~2m^3,不宜太大,以免钢筋变形。钢筋笼四边边框用ϕ10~ϕ12mm钢筋,中间用ϕ6mm钢筋,焊成20cm×20cm方格,然后向笼内抛填片石。

石笼围堰筑岛的步骤是先用其他材料制成笼,然后向笼内装填片石或卵石做成围堰,再向围堰内填砂筑岛。

2.垫木的铺设与拆除

(1)垫木的铺设

垫木的作用是扩大刃脚的支承面积,常用普通枕木与短方木相间对称铺设,沿沉井刃脚满铺一层；在刃脚的直线部分垂直刃脚铺放，圆弧部分则向心铺放。沉井的隔墙下面也须铺设垫木。隔墙与刃脚连接处的垫木应搭接成整体，以免灌注混凝土时发生不均匀沉陷，导致开裂。由于隔墙底面较高，其底模与垫木间的空隙，可设置桁架或垫方木挤紧。

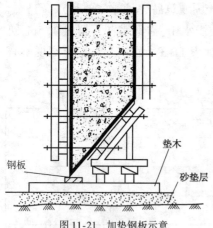

图11-21 加垫钢板示意

垫木的数量可按其底面全面积受压计算。垫木中心应对正井壁重心铺设。各垫木的顶面应与钢刃脚的底面贴合。在钢刃角尖下，应如图 11-21 所示加垫10mm 厚钢板。相邻两垫木顶面高差，不得大于5mm；全沉井各垫木顶面高差，应不大于30mm。

为沉井下沉时抽垫方便，垫木下应用砂填实，其厚度一般不小于30mm。垫木间应用砂填平。调整垫木高程时，不得在其下垫塞木块、木片、石块等。

定位垫木的位置，一般根据沉井在自重作用下受挠的正负弯矩大体相等而定，圆形沉井应布置在相隔90°的四个点上。

(2) 垫木的拆除

沉井底节混凝土达到设计强度后方可抽垫下沉。抽垫应分区、依次对称、同步地按下列顺序进行，并随即用砂土回填捣实。

①拆除内隔墙下的垫木。

②对称矩形沉井，先拆除短边下的垫木。

③从远离定位支垫处开始逐步拆除，最后同时拆除定位垫木。

抽除垫木，一般均于沉井内外两边配合进行。先掏挖垫木下砂垫层，于沉井内捶打、棍撬从沉井处向外拉，逐根迅速抽出。抽出几根后，随即按图 11-22 以碎石填塞刃脚并砸紧，再分层填砂并洒水夯实。必要时，可将井内填砂面提高，以增加支承面积，使最后分配在定位支垫上的压力不超过垫木下的支承力，亦不致压断定位垫木。

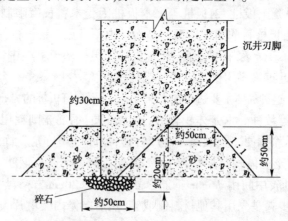

图11-22 刃脚抽垫后的回填示意

沉井刃脚斜面上的底模，一般在抽垫时拆除。为使拆模与抽垫互相配合，底模应按抽垫顺序分成若干段拼接，且使其段间的连接便于分段拆除。

抽垫后回填的砂土，虽经夯实砸紧，承受沉井重量后仍有沉降，因此，沉井在抽垫过程中必然下沉,其下沉的程度则因回填质量不同而不同。一般在抽除 2/3 垫木以前,下沉量不大,下沉也比较均匀。继续抽垫时,下沉量逐步加大,抽垫和回填工作也越来越困难,甚至有下沉很快来不及回填及压断垫木的现象。因此,应在沉井下沉量不大、有条件做好回填工作时,切实做好回填土的夯实工作,以减小沉井后期抽垫的沉降。抽垫至最后阶段,则应全力以赴尽快地将剩余垫木同时全部抽出,使沉井平稳地落入土层。

在抽垫过程中如发生下列情况,应及时研究处理,防止事态扩大。必要时,可变更抽垫顺序或加高回填土进行处理。

①沉井倾斜超过 1%,且有继续倾斜可能时。
②一次抽垫下沉量超过上一次抽垫下沉量 1 倍时。
③回填砂土被挤出隆起或开裂时。
④垫木被压断时。

3. 刃脚土内模

刃脚土内模的形式,一般依据沉井处表层土的土质情况和地下水位的高低,可做成填土式内模和挖土式内模两种,如图 11-23 所示。

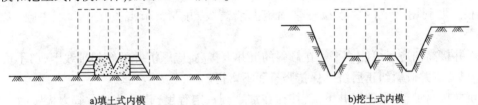

a)填土式内模　　　　b)挖土式内模

图 11-23　刃脚土内模型式示意

采用土模时,应先检查地基土有无软硬不匀现象,并对个别松软部分进行换填处理;地基整平后应碾压或夯实。一般在地基土上填不少于 30cm 厚的碎石垫层,并分层碾压结实,以分布沉井压力,并排泄地面水。

土模应用黏性土将土块打碎后分层夯填。平面尺寸先略为扩大,夯实后再按设计尺寸切削修整。为防水并保证土模表面平整地符合设计尺寸,应在土模表面抹一层 2~3cm 厚的水泥砂浆或垫一层油毛毡作为保护层。

土模顶面的承载能力应能满足计算要求。土模系新填筑土体,对填筑质量及其下的地基要求较高,否则会由于灌注混凝土时的不均匀沉陷而使沉井受损,必须妥善地施工,并做好防水、排水工作,防止土体受水浸泡后松软变形。

采用土模制作沉井底节,刃脚部分的外模无法设置对拉的拉杆,井壁混凝土重力在刃脚斜面上的水平分力将使刃脚滑移损坏,必须加强刃脚外模的支撑。

当墩位处土质较好且地下水位较低时,可开挖基坑而成型土模,如图 11-23b) 所示。挖成的土模比较坚实,表面可不需要水泥砂浆保护层,但应特别注意接近成型时的修挖,防止出现尺寸的亏缺。此外,应加强基坑排水,防止土模或基底受水浸泡。

土模的拆除,因无板料回收问题而省略一道工序,可于沉井下沉时按一般井内除土工艺施工,但不得先挖沉井外围土,以免刃脚外张开裂。附着于刃脚斜面及隔墙底面的残土应予清除。

4. 混凝土灌注及接高

沉井混凝土与一般结构的混凝土相同,可按混凝土施工规范施工。这里仅结合沉井施工的特点,提出有关要求及注意事项。

(1)沉井混凝土工程施工特点

①分侧立模、穿插作业。沉井制造一般先立底模和内侧模板,再绑扎钢筋(含焊接刃脚角钢工作),最后再立外模。

②底模接缝与垫木分段相匹配。沉井刃脚底模的接缝应设在拆垫木时的分段处,以适应分段抽垫时同时拆除底模的需要。

③圆弧刃脚内模呈空间曲面。当沉井为圆形及圆端形时,刃脚内模出现空间曲面,模板放样和支撑都较为复杂。

④外模刚性要好且必须刨光。强调沉井外模的质量,使井壁混凝土表面光滑不变形,不仅是美观问题,更主要的目的是减少下沉时的摩阻力。

⑤混凝土的灌注应均匀对称进行。可避免沉井因重量不均产生不均匀沉降而倾斜。

(2)沉井的接高

沉井一般在井顶下沉至距地面1m左右接高(此距离不宜过低)。模板及支架不宜直接支撑于地面,以免沉井因自重增加而下沉时,模板及支架与混凝土发生相对位移,致使混凝土受损。可利用下节的模板拉杆来固定上节模板,并在下节混凝土中预埋牛腿,以支承支架。

沉井接高前应尽可能调平。在倾斜的沉井上接高,应顺沉井的倾斜轴线上延,不可垂直接高,以使沉井倾斜纠正后沉井保持竖直而不弯折。

沉井接高加重,促使沉井下沉,往往在加重到一定程度,超过地基承载力极限时突然下沉,并同时产生较大的倾斜。为避免沉井突然下沉或倾斜,可在刃脚下回填或支垫。当沉井入土不深、刃脚下的土质比较松软时,有必要采取这些措施,以策安全。

四、沉井下沉

沉井下沉主要是通过从沉井内用机械或人工的办法均匀除土,消除或减小沉井刃脚下的正面阻力,有时也同时采取减小井壁外侧土摩阻力的方法,使沉井依靠自身的重量逐渐地从地面沉入地下。

沉井下沉施工可分为排水下沉和不排水下沉两种,一般依据沉井周边的水文、地质情况而定。下沉方法示意如图11-24所示。

在渗水量小(每平方米沉井面积渗水量小于$1m^3/h$)的稳定黏性土中下沉沉井,一般采用排水下沉法开挖排除井内土。当渗水量较大时,一般采用不排水下沉法,用水下抓泥、射水吸泥方法除土。若地层上部为黏性土,下部为砂土或卵石土,地下水位高于其交界面时,黏性土挖除后可能漏水翻砂,这时就不宜采用排水下沉法施工。

1. 排水下沉

排水下沉即用抽水降低井内水位,工人可直接下到井底进行挖掘作业。这种方法施工条件较好,其优点是:容易控制下沉方向;有利于防止下沉过程中出现较大的偏斜;易于处理下沉中遇到的特殊障碍,下沉速度一般较快;便于基础底层的检验和处理。

抽水宜用电动离心式水泵。当井深大于水泵有效吸程时,可将水泵安放在井孔内,用钢丝绳悬挂的活动平台上,使其能在井孔内随抽水深度变化而升降。

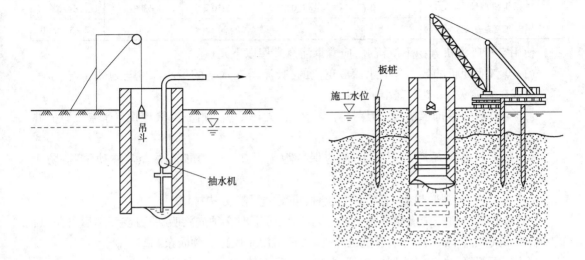

图 11-24 沉井下沉方法示意

开挖前首先应挖一个较深的汇水坑,在有横隔墙的沉井中,汇水坑宜挖在横隔墙下,以免影响挖土。

开挖方法:一般先从中央下挖 40~50cm,逐层开挖,每层 20~30cm,一圈一圈地向刃脚方向逐步扩大,每一圈均从远离定位支垫位置处开始,使定位支垫位置处的土在最后时挖除。土质松软时,在分层开挖的过程中沉井随即逐渐下沉。在坚硬的土层中,可能挖平刃脚仍不下沉。如挖平刃脚仍不下沉,就需掏空刃脚下土壤,这时,应比照抽垫方法,分段顺序掏土至刃脚外,随即回填砂砾,最后将支垫位置的土亦换成砂砾后,再分层分圈逐步挖除砂砾使沉井下沉。

2. 不排水下沉

不排水下沉是在井内外水头相同的静水条件下,利用抓土斗、吸泥器等机具除土的井上作业方法,它可以有效地防止"流砂",确保安全,因而特别适用于地下水位较高的粉、细砂地层。

水中除土,可将沉井中部挖成锅底。在砂及砾石类土中,一般当锅底比刃脚低 1~1.5m 时,沉井即可下沉,并将刃脚下的土挤向中央锅底,只要继续在中间挖土,沉井即可继续下沉。在黏性土或胶结层中,四周的土不易向中间坍落,需要靠近井壁偏挖,往往还需辅以高压射水松土。为避免沉井发生较大倾斜,一般应使锅底深度不超过 2m,相邻土面高差不宜大于 0.5m。靠近刃脚处,除处理胶结层和清理风化岩外,除土和射水都不得低于刃脚,还应注意提前挖深隔墙下的土,勿使搁住沉井。

吸泥机是不排水下沉的常用机具,它是由自制吸泥器配上高压风管组成,如图 11-25 所示。空气吸泥机的工作原理,是把压缩空气通入吸泥器,经斜向上的小孔进入排泥管中,与泥砂、水相混后,重度减轻,由于空气的上溢和管外水面形成的水柱反压力,迫使管内水土混合物上升,从管中涌出。

根据经验,各型空气吸泥机所需压缩空气量可参考表 11-4。

空压机容量与吸泥管径　　　　　　　　　　　表 11-4

空气吸泥机型号(mm)	φ100	φ150	φ250	φ300	φ420
需空压机供应能力(m³/min)	6	9	20	23	(2~3)台 20

使用空气吸泥机开挖下沉沉井时,应着重注意掌握以下几点:

(1)空气吸泥机的效力是与水深成正比的,吸泥器在水下的最小深度与地质情况、空气量及空气压力有关,一般不宜小于 5m。

(2)空气吸泥机排水量大,为保持井内外水位大体平衡,预防翻砂,应设置水泵及时向井内补水。

(3)吸泥机管口需离开土面,一般应保持距土面 0.15~0.5m,并经常移动位置,防止偏沉。

(4)风量大,吸泥效果好,若吸泥不佳时,可用"憋风"方法排堵。

(5)吸泥的全过程中应做好预防堵塞的工作,停吸时必须先将吸泥管提起,然后再关风,保持风压的稳定。若用几台小容量压风机时,宜增设储风缸。预防杂物坠入。

不排水下沉沉井,也有用水力吸泥机及水力吸石筒,如图 11-26 所示。

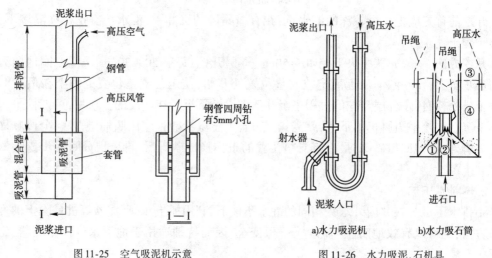

图 11-25　空气吸泥机示意

图 11-26　水力吸泥、石机具

3.下沉困难时的辅助措施

沉井下沉发生困难,主要是由于沉井自身重力克服不了井壁摩阻力,或刃脚下遇到大的障碍所致。解决上述问题,须从增加沉井自重和减小沉井外壁摩阻力两个方面着手。

(1)增加沉井自重

①提前接筑上一节沉井,以增加沉井自重。

②在井顶上压重物(如钢轨、铁块或片石等),但由于沉井自重很大,能够增加的压重有限,往往无济于事。除为了纠正沉井偏斜采取偏心压重外,很少使用。

③在不排水下沉的井内抽水减小浮力,可增加沉井重力,促使沉井下沉。但在砂类土等容易翻砂涌水的地层中使用时,井内水头降低容易引起翻砂,而且沉井往往突然大量下沉导致沉井倾斜。因此,井入土不深、稳定性较差时,不宜使用;一般抽水不宜过大,以防井孔内突然大量涌水危及安全。

(2)减小沉井外壁摩阻力

除在设计时对外壁形状、错台宽度以及施工制作中外模光滑度等提出较高要求外,通常采用以下方法。

①井外射水。在井壁上留有射水嘴的管组(施工中需防止泥砂堵死)。利用高压水流冲松井壁附近的土,且水流沿井壁上升而润滑井壁,使沉井摩阻力减小。

②井外挖土。在沉井周围挖除部分覆盖土,可减少部分摩阻力。

③炮振下沉。当刃脚下土已挖空,采取其他措施仍不能克服外壁摩阻力的不得已情况下,才允许采用炮振下沉。使用时必须严格控制用药量及操作方法(可只在沉井中央泥面放置炸药,且每次只起爆一处),炸药量一次不宜超过100g。应当指出,爆压通过水介质的传播,将形成很大的向外压力,极易引起沉井开裂,因而在水中炮振时,应严格控制每次用药量不超过100g的规定,以策安全。

4.沉井下沉中的防偏与纠偏

沉井下沉的全部过程,都是防偏与纠偏的过程。偏移对沉井基础不利,有偏移就有偏心矩和附加应力,对地基承载不利。若偏移过大,墩台身还可能偏位悬空,致使沉井报废。因此,施工的主要关键在于均匀除土,防止沉井偏斜,并及时调整沉井的倾斜和位移。这在下沉初期尤为重要,一定要做到勤测量、勤调整,千万不可麻痹大意,否则将酿成后患,难以处理。

竣工后的沉井位置容许误差规定如下:

①沉井底面平均高程应符合设计要求。

②沉井的最大倾斜度不得大于1/50。

③沉井顶、底面中心与设计中心在平面纵横向的位移(包括因倾斜而产生的位移)均不得大于沉井高度的1/50,对浮式沉井容许位移值可另加25cm。

④矩形、圆端形沉井平面扭角容许偏差值:就地制作的沉井不得大于1°,浮式沉井不得大于2°。

(1)沉井位置偏差的原因和防止措施

①沉井位于滑坡上,沉井下沉时土体下滑。防止措施:设计时应避免将桥墩建于滑坡上,施工时发现此种情况,应与设计部门共同研究,采取防止滑坡的措施或将桥墩移位。

②沉井之下的硬土层或岩面有较大倾斜,沉井沿倾斜层下滑。防止措施:在倾斜的低侧于沉井外填土,增加被动土压力,阻止沉井滑动,并尽快使刃脚嵌入此层土内。

③沉井部分刃脚下有孤石、树干、铁件、胶结层等障碍物,致使沉井的沉降不均匀。防止措施:施工前经钻探查明有胶结硬层时,可采取钻孔投放炸药爆破的方法,预先破碎硬层;铁件一般采取水下切割排除,孤石可由潜水员水下排除,或爆炸炸碎;如爆破,炮眼应与刃脚斜面平行,并应堵好,上加覆盖物,炸药用量一次不得超过150g。

④井外弃土高差过大或沉井一侧的土因水流冲刷,偏土压致使沉井偏斜或位移。防止措施:弃土不应靠近沉井;水中下沉时,可利用弃土调整井外土面高差,必要时可对河床进行防护。

⑤沉井刃脚下土层软硬不均致使沉井沉降不匀。防止措施:通过挖土调整刃脚下支承面积,或适当回填,或支垫土层较软的一边。

⑥抽垫不对称,或抽垫后回填不及时,或回填砂土夯实不够。防止措施:严格按抽垫工艺施工。

⑦除土不均匀,井内泥面相差过大,承载量不均。防止措施:严格控制泥面高差。

⑧刃脚下掏空过多,沉井突然下降。防止措施:严格控制刃脚下除土量。

⑨井内水头过低,沉井翻砂,翻砂通道处刃脚下支承力骤降。防止措施:一般情况下保持井内水头不低于井外,砂土层中开挖不靠近刃脚;沉井入土不深时,不采用抽水下沉的方法。

⑩在软塑至流动状态的淤泥质中下沉沉井,由于土的自然坡度很小,用井内偏除土的常用方法调整沉井倾斜造成的土面高差不大,倾斜难以纠正,而沉井重量的偏心却使沉井越来越倾斜,而且沉井下沉速度较快,往往使人措手不及。防止措施:可在沉井顶面的两边施加水平力,及时根据沉井的倾斜情况调整水平力的大小,勿使倾斜恶化。

(2)沉井纠偏方法

对已出现偏斜的沉井采用什么方法纠正,必须依据偏移情况、下沉深度等有关条件具体分析制定。在以往的工程实践中,曾积累了许多宝贵的经验,纠正方法尽管多种多样,但其共同的规律是在下沉中纠偏,边沉边纠。不下沉情况下的单纯纠偏是难以办到的。下面分别介绍几种常用的纠偏方法。

①井内偏挖、加垫法。这是偏挖土法与一侧加支垫法的结合纠偏方法,是基本和有效的方法之一。即在刃脚较高的一侧井内挖土而在刃脚较低的一侧加支垫,随沉井的下沉,高侧刃脚可逐渐降低下来,如图11-27所示。

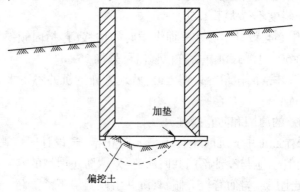

图11-27 井内偏挖、加垫

②井外偏挖、井顶偏压或套拉法。这是偏挖土与偏压重或偏挖土与一侧施加水平力相结合的纠偏方法,其目的是提高单纯偏挖土的纠偏效果。因为井外挖槽因土方量大,一般只挖1.5~2m。此法多用在入土较深时的纠偏,如图11-28所示。由于钢丝绳套拉时施加的水平力很大(可以大至百吨以上),滑车组的锚固需有强大的地锚(一般只能利用附近的桥墩作为地锚)。采用这一方法时,应使用平衡重,而不用卷扬机牵引,使作用力持续不变,避免沉井位移时钢丝绳松弛,也可防止沉井结构或千斤绳因受力过大而受损。

③井外支垫法。如图11-29用枕木垛托住拴于沉井顶面的挑梁,借枕木垛下的大面积支承力阻止该侧沉井下沉,可以比较有效地纠正沉井倾斜。但须防止千斤绳因受力过大而断裂。

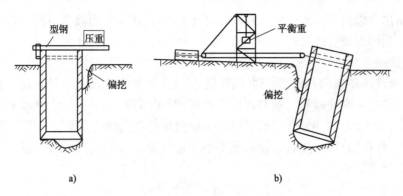

图 11-28 井外偏挖、井顶偏压或套拉法

④井外射水法。在沉井刃脚较高的一侧井外射水，破坏其外壁摩阻力，促使该侧沉井下沉，是水中沉井纠偏的一种方法（旱地影响施工场地，很少使用）。使用时，射水管的间距宜不超过2m。

⑤摇摆法。当沉井入土深度不大，但偏移量较大，且沉井结构中心线与设计中心线平行时，可采用摇摆法下沉逐渐克服土侧压力以正位。其做法是：先将偏移方面一侧先落低15～20cm，然后再将另一侧落低成水平状态，如此反复下沉使沉井回到正确位置，如图11-30所示。

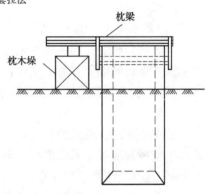

图 11-29 井外支垫示意

⑥倾斜法。当沉井入土深度不大，且偏移量较大，沉井结构中心线与设计中心线相交于刃脚下一定深度时，可沿沉井倾斜方向下沉，使沉井刃脚向设计位置接近，然后把沉井正平。

5. 沉井偏移量计算

沉井在沉至设计高程时，为了检验是否超过允许偏移量需要知道沉井实际的偏移值；而在开挖下沉过程中，为了及时纠偏的需要，也应经常了解实际偏移的大小，以有效地掌握标准，严防超限。

偏移量的计算是依据井顶轴线的方向差及相互间的高程差，直接计算或推算出井顶中心、井底中心的偏移值、井轴倾角以及平面扭角值，据此分别与容许值比较。

五、沉井封底

1. 井顶围堰

沉井基础顶面一般置于地面或最低水位以下一定深度。为此，当最后一节沉井顶面沉至高出地面或施工水位约0.5m时，应暂停下沉，在井顶面接筑临时防水挡土围堰，然后再下沉至设计高程。井顶围堰的高度、种类和施工方法视水深情况因地制宜，一般可用草袋装土、浆砌片石、混凝土或板桩等。井顶围堰的平面尺寸，应考虑井顶

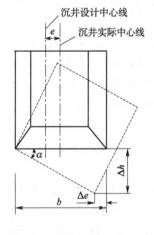

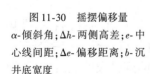

图 11-30 摇摆偏移量
α-倾斜角；Δh-两侧高差；e-中心线间距；Δe-偏移距离；b-沉井底宽度

襟边尺寸、留出立墩台模板的位置。若围堰内有支撑时,还应留出除土空间。待墩台身修筑出水面后,井顶围堰即可拆除。

2. 井底检验与处理

沉井沉至设计高程后,需检验沉井偏移量、井底及下卧层土质是否符合设计要求。对于井底能抽干水时,井底处理与明挖基础要求相同;对于不能抽干水时,应派潜水员进行水下处理;井底土(岩)面应尽量整平,清除陡坎,保证封底混凝土的最小厚度和灌注质量;清除井底浮泥和岩面残存物,保证井底有效面积不小于设计要求;对于岩石基底,刃角应尽可能嵌入岩层,防止清基涌砂。

井底经检验、处理认可签证后,方可进行混凝土封底。

3. 沉井封底

(1) 排水施工时的干封底

当沉井穿越的土层透水性低,井底涌水量小,且无流砂现象时,沉井应力争干封底。

沉井干封底能节约混凝土等大量材料,确保封底混凝土的强度和密实性,并能加快工程进度,省去水下混凝土的养护和抽水时间。故在地质条件许可的情况下,干封底比水下封底经济高效。

若在地下水位较低的挖井基础,或刃脚周围经堵漏后,井内无渗水时,井底可在无水的情况下按一般混凝土灌注进行。但通常的情况是水不易抽干,需在继续排水的条件下进行干封底,这时应注意下列几点:

① 在沉井下沉的同时就应抓紧做好封底的准备工作。因在软土中沉井下沉速度较快,当沉井下沉到设计高程后,若拖延时间,有可能发生条件转化,如沉井偏差增大,大量土体涌入井内等,给干封底工作带来很大困难。

② 基底土面应挖至设计高程,排除井内积水,对超挖部分应回填砂石,并清除刃脚上的污泥。

③ 排水问题是关系到整个沉井干封底成败的关键。因为新灌注的混凝土底板,在未达到设计强度之前,是不能承受地下水压力的。因此,自始至终必须十分重视,严格掌握。每个井孔的底部最低处均应放置不少于一个集水井,且其宽度应满足水泵的吸水龙头需要,但也不宜靠刃脚太近,以免带走刃脚下的泥沙,使沉井倾斜值增大。

集水井埋设后应在每个井孔内挖数条排水沟,沟内及集水井周围应抛填碎石或砾石,使从刃脚下渗入井内的水流,经排水沟流入集水井内,然后再用泵排出井外。

④ 当地质情况较差时,为了不破坏地基原状土的承载力,在沉井接近设计高程时,应停止使用水力机械冲泥等容易破坏地基的施工方法而改用吊车抓土或人力开挖。若在软土中下沉,自重又较大时,可能使沉井刃脚较深地埋入软土中。故此时应先开挖锅底,保留刃脚内侧的土堤,尽量使沉井挤土下沉,这样当沉井封底时,土堤可减少涌砂和渗水现象。

(2) 不排水施工时的水下封底

当沉井采用不排水下沉,或虽采用排水下沉,但干封底有困难时,可采用垂直导管法灌注水下混凝土封底。此法是在内外水位无高差的静水条件下施工的,即在沉井的各井孔内垂直设置 $\phi 200 \sim \phi 300$mm 的钢导管,管底距井底土面 $30 \sim 40$cm,在导管顶部连接一个有一定容量的漏斗,在漏斗的颈部安放球塞,并用绳系牢。漏斗内盛满陷度较大的混凝土后,可将球塞慢慢下放一段距离(但不能超出导管下口)。灌注时割断球塞的系绳,同时迅速不断地向漏斗内灌入混凝土,此时导管内的球塞、空气和水均受混凝土重力挤压由管底排出。瞬间,混凝土在管底周围堆成一个圆锥体,将导管下端埋入混凝土内,使水不能流回管内。之后再灌注的混凝土是在无水的导管内进行,由于管内重力作用形成的超压力作用,使其源源不断地向周围流动、扩散与升高。由于最初与水接触的混凝土面层始终被后续混凝土顶推上升而保持在最上层的位置不变,从而保证了混凝土的质量。只要适当留有厚度富余量(一般10~20cm),抽水后将表层浮浆层凿除即可。图11-31为灌注水下混凝土步骤示意。

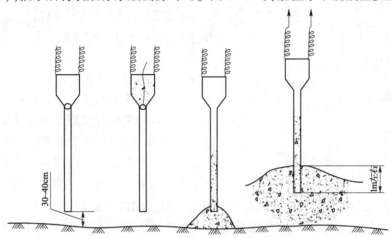

图11-31 灌注水下混凝土步骤示意

导管法灌注沉井水下混凝土施工设计要点如下:

①导管高度。为使混凝土通过导管能够流到需要的位置,除了混凝土配制时应具有足够的流动性外,还必须使导管底部管内混凝土柱的压力超过管外水柱的压力,超过的压力值称作超压力。其值取决于导管的作用半径,可参考表11-5。

不同作用半径所需的超过压力值及导管水面以上高度　　表11-5

导管作用半径 R(m)	① 管底处混凝土柱的最小超压力 P(kN/m²)	② 管顶露出水面最小高度 h_1(m)	③ 管底埋入已灌注的混凝土中深度 h_3(m)
3.0	100	4~0.6h_2	0.9~2
3.5	150	6~0.6h_2	1.2~1.5
4.0	250	10~0.6h_2	1.5~1.8

导管高度 h (参照图11-32):

$$h = h_1 + h_2 + h_3 \qquad (11-1)$$

式中:h_1——管顶高出水面的高度(随最小超压力 P 值而定)(m);

h_2——水面至挤出混凝土顶部的高度(m);

h_3——导管插入混凝土的深度(m)。

注:h_1 的采用值最少应有1~2m;若计算得出负值时,也应按最小备1~2m布置,以便保持必要的工作条件,不得按负值设置。

②导管的根数。导管的根数一般由灌注面积和混凝土的扩散半径布置确定,导管的平面位置应在各灌注范围的中心。当灌注面积较大时,可采用2根或2根以上的导管同时灌

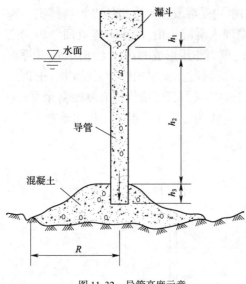

图 11-32　导管高度示意

注:R-导管作用半径。

注,但要使各导管的有效扩散半径(作用半径)互相搭接,并能盖满井底全部范围,一根导管的有效扩散半径一般为 3~4m,流动坡度不宜陡于 1:5。如果井底土面高低不平时,则应从低洼处开始灌注水下混凝土。

③对混凝土的要求。

a. 混凝土的生产量。混凝土在单位时间内的生产量,应不少于按下式计算所得的控制量:

$$Q = nq \quad (11-2)$$

式中:Q——混凝土单位时间的生产量(m^3/h);

n——同时灌注的导管数目(根);

q——一根导管混凝土的需要量(m^3/h)。

每根导管在 1h 内使水下混凝土面的平均升高量,称为灌注速度。根据施工实践,沉井水下封底混凝土的最小灌注速度不宜小于 0.25m/h。按此速度和导管的灌注面积,即可求算一根导管混凝土的需要量。

b. 混凝土用料和配合比。水泥强度等级为混凝土强度的 2 倍左右,并不得低于 325 号,初凝时间不宜少于 3h,出厂 3 个月以上或受潮后的水泥不应使用;砂子宜选用中、粗砂;粗集料可用碎石或砾石,砾石较碎石为好,石子粒径一般采用 0.5~4cm 为宜,粒径过大容易发生堵塞管路事故,所以最大粒径不得大于 6cm,且不宜大于导管内径的 1/6~1/4,不宜大于钢筋净距的 1/4。

水下混凝土的配合比可视施工条件根据试验选定。一般选用配合比最佳时,其强度比设计强度提高 10%~20%。水下混凝土应有足够的和易性和流动性,以便顺利地通过导管,并能在水下自动摊开。一般采用 18~22cm 的陷度,但在开始灌注时,为了保证导管底部立即被混凝土堆包围埋住,故陷度可减少至 16~18cm。水下混凝土含砂率较高,一般为 45%~50%,水泥用量也较大,一般为 380~450kg/m^3,如果掺用加气剂或减水剂等外掺剂时,水泥用量可适当减少,但也不宜小于 350kg/m^3。

④施工要点。在施工设备上,除导管、漏斗、球塞及混凝土拌和设备外,尚需在井顶搭设灌注支架,以悬挂串筒、漏斗及导管。串筒长度应大于灌注中逐节拆除的导管中最长一节的长度,并据此确定支架的高度。在支架顶部设置灌注平台,平台上搭设有储存混凝土的料槽。

灌注水下混凝土施工布置示意见图 11-33。

对灌注设备的要求,漏斗容量不宜太小,一般为 1~1.5m^3,导管每节长 1~2m,底节长度可采用 4~6m,各节用法兰盘连接。要求导管顺直、严密、内壁无杂物、抗拉好,球塞应作通过试验。导管埋入混凝土的深度,一般不得少于 1m。提升导管要做到慢升、快落,拆卸导管要快,一般不应超过 20~30min。

封底灌注工作应一次完成,不得中途停止。正常灌注间歇不宜大于 30min。

灌注完毕后,应将导管底提离混凝土面 1.5~2.0m,并用水将管壁上残留砂浆冲洗干净,以免混凝土终凝后导管无法拔出。

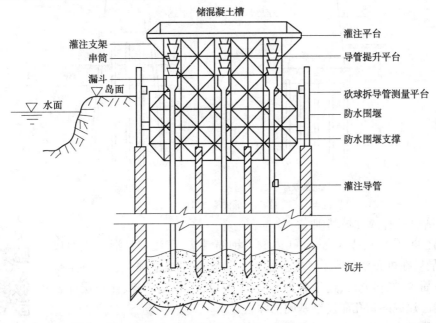

图 11-33 水下混凝土封底施工布置示意

在灌注过程中,应经常不断地使用测绳测量水下混凝土面的上升情况,及时掌握埋入导管的深度变化和拆卸导管时机。

任务三 桩基础施工

桩基础是一种常用的深基础。桩基的作用是将承台以上结构传来的荷载通过承台和桩传到深层地基中去。

桩基础与沉井基础相比,具有如下特点:

(1)桩长度可长可短,容易适应持力层面高低不平的地形变化。

(2)桩制作灵活方便,可以工厂预制,也可就地灌注,省工、省料,施工速度较快。

(3)桩基础容易适应不同的施工条件和外荷载情况,它可承受压力,也可承受拉力,当水平力较大时可设置斜桩承受,故在桥梁深基中较为常见。

一、桩基础的分类

1. 按承台位置分类

桩基按承台位置可分高桩承台桩基和低桩承台桩基两种,通常将承台底面置于土面或局部冲刷线以下的桩基称为低桩承台,承台底面高出地面或局部冲刷线的称为高桩承台,如图 11-34 所示。

2. 按施工方法分类

基桩沉入土中的方法因采用不同的机具和工艺过程,可分为:钻(挖)孔灌注桩基础、打入桩基础、振动沉桩基础。

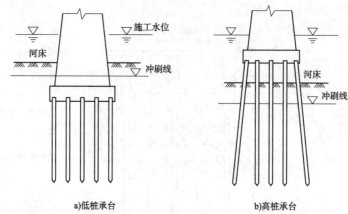

图 11-34 低桩承台和高桩承台

(1) 钻(挖)孔灌注桩基础

用钻(冲)孔机具造孔后,在孔内放入钢筋骨架,灌注桩身混凝土而成钻孔桩,最后在桩顶灌注承台(或盖梁),称钻孔灌注桩基础。它的特点是施工设备简单、操作方便,适于各种砂类土、黏性土,也适于碎、卵石层和岩层。我国已建成的钻孔灌注桩基础已深达百米。

24-干挖螺旋成孔灌注桩

用机具或人工在地基中挖出桩孔,然后在孔内设钢筋骨架、灌注混凝土成桩,称挖孔桩基础。其特点是不受设备限制,施工简单,桩的横截面可以做成较大尺寸。一般适于无水或渗水量小的地层,对可能发生流砂或含厚的软黏土地层则施工困难;在地形狭窄、山坡陡峻处采用挖孔桩较钻孔桩或明挖基础更为有利。为了增大桩底支承力,挖孔桩可以采用扩大桩底支承面的桩基,可以提高桩的承载力。由于挖孔桩入土深度常受到限制,一般采用几米至十多米深,很少采用20m以上的深度。

(2) 打入桩基础

打入桩是打桩机具(或辅以高压射水)将各种预制桩(钢筋混凝土、预应力混凝土管桩或实心桩,也可用钢桩或木桩)打入地基内达到所需深度。这种桩适于桩径较小(一般在0.6m以下),地基土为中密或稍松的砂类土、可塑的黏性土的情况。

在软塑黏性土中也可用重力将桩压入土中,称为静力压桩。这种压桩施工法可免除锤击的振动影响,在软土地区较为有利。

(3) 振动沉桩基础

振动沉桩是将大功率的振动打桩机安装在桩顶(预制钢筋混凝土管桩或钢管桩),利用振动力减少土对桩的阻力使桩沉入土中。它适于较大桩径,地基土为砂类土、黏性土和碎石类土的地层,尤其在受振动时抗剪强度有较大降低的土层中,其效果更为明显。

此外,还有打入式灌注桩(即先打入带有桩尖的套管成孔,然后边拔套管边灌注混凝土成桩)、爆扩桩(即成孔后用爆破方法扩大桩下端以提高桩底承载力)的施工方法。这些方法在桥梁桩基中用得较少。

3. 按基础的受力状态分类

桥梁墩台所受荷载通过桩基础传给地基,其中垂直荷载一般由桩底土层和桩侧与土之间的摩阻力来支承,桩的受力状态与地基土的情况、桩的尺寸和施工方法有关;水平荷载一一般由桩和桩侧土的水平抗力来支承,由于桩承受水平荷载能力与桩轴线方向及斜度有关,因此根据桩的受力状态,桩基又可分为以下几种。

(1)柱桩与摩擦桩基础

当桩穿过较松软土层,桩底支承在岩层或很硬土层(如密实的大块卵石层)等非压缩性土层时,基本依靠桩底土层抵抗力支承垂直荷载,称为柱桩或支承桩,如图11-35a)所示。如桩穿过并支承在可压缩性土层中,主要依靠桩侧土的摩阻力支承垂直荷载,则称为摩擦桩,如图11-35b)所示。

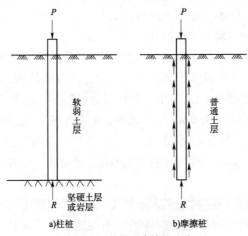

图11-35 柱桩和摩擦桩基础

(2)竖直桩和斜桩基础

按桩轴方向可分为竖直桩、单向斜桩和多向斜桩基础,如图11-36所示。

桩基中是否需要设置斜桩及设置多大斜度,可根据荷载、桩的截面尺寸和施工方法等因素确定。对钻(挖)孔桩基础,因受当前工艺水平的限制,设置斜桩的困难较多,常采用竖直桩基础。由于钻(挖)孔桩所采用的桩截面尺寸一般较大,抗弯抗剪强度较强,它可以承受较大的水平力。如采用打入桩基础,当桩基受水平力较大时,采用带斜桩的基础为宜。例如桥墩有时采用双向或多向斜桩,桥台有时采用单向斜桩。

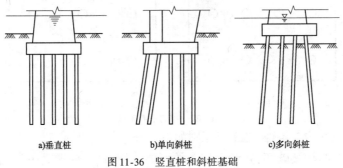

图11-36 竖直桩和斜桩基础

二、桩基础的构造

1.桩的构造

(1)就地灌注钢筋混凝土桩的构造

钻(挖)孔桩是就地灌注的钢筋混凝土桩,桩身常为实心截面,桩身混凝土强度等级可采用 C15~C25，水下混凝土不应低于 C20。钻孔桩直径分 0.8m、1.0m、1.25m 和 1.5m 四种，挖孔桩的直径或边宽不小于 1.25m。桩内钢筋应按照内力和抗裂性的要求布设，并可根据桩身弯矩分布分段配筋。为保证钢筋骨架有一定的刚度，以及主筋轴向受力的稳定，主筋不宜过少，钢筋直径不宜小于 16mm；箍筋采用 8mm；箍筋间距采用 200mm，摩擦桩下部可增大至 400mm；顺钢筋笼长度每隔 2.0~2.5m 加一道直径为 16~22mm 的骨架钢筋。考虑到灌注桩身混凝土施工的方便，主筋宜采用光面钢筋（挖孔桩可不考虑此项要求），必要时也可用螺纹钢筋；采用束筋时每束不宜多于两根钢筋；主筋净距不宜小于 120mm，任何情况下不宜小于 80mm；主筋的净保护层不应小于 60mm。

(2) 预制钢筋混凝土桩、预应力混凝土桩

预制钢筋混凝土桩或预应力混凝土桩多为工厂用离心旋转法制作的空心管桩，桩径有 400mm 和 550mm 两种，混凝土强度等级为 C30 以上，桩内钢筋由纵向主筋和箍筋组成。管桩在厂中分节预制，每节长为 4~12m，用钢制法兰盘、螺栓接头，桩尖节单独预制。

工地预制钢筋混凝土桩多为实心方形截面，通常当桩长在 10m 以内时横截面尺寸为 0.3m×0.3m，桩身混凝土强度等级不低于 C25，桩身配筋应按制造、运输、施工和使用各阶段的内力要求配筋，桩顶处因承受直接锤击应设钢筋网加固。此种桩在铁路桥中使用较少。

(3) 钢桩及木桩

由于我国当前钢产量尚不能满足多方面需要，在桥梁基础中很少使用钢桩，而木桩在永久性桥梁中已被承载力较高、料源充足的各类钢筋混凝土桩所取代，只在林区或临时抢修工程中可能被采用。

2. 桩的布置和间距

基桩布置应尽量使各桩承受的荷载大致接近，以充分发挥桩材的效用，且使桩群在受力较大方向上有较大的截面抵抗矩。一般直线上的桥墩台应使桩群在纵向（桥轴线方向）具有较大的截面抵抗矩，而曲线上的桥墩台应使横向具有较大的截面抵抗矩。

桩在承台中的平面排列多采用行列式，如承台面积不够，也可采用梅花式，如图 11-37 所示。

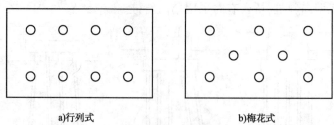

a) 行列式 b) 梅花式

图 11-37 桩的平面布置

根据受力情况和施工条件，其布置原则如下：

为了防止土的结构被破坏，并考虑施工的可能，对于打入或振动下沉的摩擦桩和柱桩，座板底面处桩的中心距均应不小于桩径的 1.5 倍。为了使桩尖平面处相邻桩作用于土上的压应力重叠不致太多，并考虑桩在打入下沉时，不致因土体挤密，使桩下不去，所以规定打入桩的桩尖中心距不应小于 3 倍桩径。振动沉桩时土的挤压更为密实，所以规定在砂类土的桩尖中心距不应小于 4 倍桩径。对于钻（挖）孔灌注桩，由于其施工方法与打入桩不同，施工

时土体挤密的影响很小,故规定竖直摩擦桩中心距较打入桩为小,但考虑桩与土体间的摩擦力不致降低,故规定钻(挖)孔摩擦桩中心距不应小于2.5倍成孔桩径。对于钻(挖)孔桩的柱桩,由于考虑相邻桩在成孔时,桩间土体太薄易引起孔壁坍塌,所以规定柱桩中心距可小于摩擦桩中心距,但不应小于2倍成孔桩径。

为了防止由于桩位不正而影响承台位置以及保证承台与外排桩的联结可靠,规定各类桩的承台边缘至最外一排桩的净距,一般情况下当桩径 $d \leqslant 1m$ 时,不小于 $0.5d$,且不得小于25cm;当桩径 $d > 1m$ 时,不小于 $0.3d$,且不得小于50cm。对于圆形截面桩,d 为设计桩径;对于矩形截面桩,d 为短边宽。

3. 承台的构造及桩与承台的联结

承台的作用是将桩联成整体,并与墩台身底部相连,因此承台的尺寸和形状,取决于墩台身底部的尺寸和形状以及桩群外围轮廓。承台的最小平面尺寸等于墩台身底截面尺寸加襟边宽度。其最大平面尺寸,如为混凝土承台,则不得超出混凝土基础刚性角(45°)的要求;如为钢筋混凝土承台,则不受刚性角的制约,由力学检算确定。

承台的厚度一般为1.5~3.0m,混凝土强度等级可采用C15~C25。承台配筋,对于混凝土承台,应设置构造钢筋,即承台座板底部应布置一层钢筋网,当桩顶主筋伸入座板内时,此钢筋网在穿越桩顶处不得截断。对于钢筋混凝土承台的配筋,应进行力学检算。

桩顶嵌入承台内应有适当的长度,以增强桩与承台的联结刚度。桩与承台联结有两种方式,钢筋混凝土桩多采用桩顶主筋伸入承台[图11-38a)、b)];而木桩和预应力混凝土桩则采用桩顶直接伸入承台方式[图11-38c)]。其中以前一种联结比较牢固,钻(挖)孔灌注桩一般采用此种联结方式。

当桩头主筋伸入承台时,桩身伸入承台内的长度一般为100mm(不包括水下混凝土封底的厚度)。桩头伸入承台的钢筋,可采用喇叭式[图11-38a)]或竖直式[图11-38b)]。前者对承受拉力的桩有利,而后者施工较为简便,特别是对靠近承台边缘的桩布置有利,不致因采用喇叭式而加大桩承台边缘的距离。

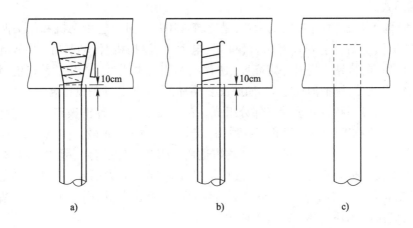

图11-38 桩与承台的联结

钢筋混凝土桩和预应力混凝土桩直接埋入承台联结时,桩头埋入承台内的长度应满足下列规定,以保证联结可靠。

(1)当桩径小于0.6m时,不小于2倍桩径。

(2)当桩径为0.6~1.2m时,不小于1.2m。

(3)当桩径大于1.2m时,不小于桩径。

当桩顶直接埋入承台联结,且桩顶作用于承台的压应力超出承台混凝土的容许局部承压应力时(计算此项压应力时,不考虑桩身与承台混凝土间的黏着力),应在每一根桩的顶面以上设置1~2层直径不小于12mm的钢筋网,钢筋网的每边长度不得小于桩径的2.5倍,网孔为100mm×100mm~150mm×150mm(图11-39)。

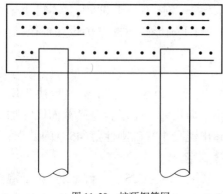

图11-39 桩顶钢筋网

三、钻孔灌注桩施工

钻孔灌注桩的施工程序和主要内容为:施工准备(选择钻机、场地布置、钻孔定位、埋设护筒、钻机定位及泥浆制备),钻孔(掌握钻孔要领及钻孔事故防治),清孔,下钢筋笼(制作与吊装就位),灌注水下混凝土,承台施工。

1.造孔方法与钻孔机具

目前常用的造孔方法有以下三种:

(1)冲击造孔

冲击法造孔是用冲击式钻机或卷扬机带动冲击钻头,上下往复冲击,将钻孔的土石砸裂、破碎或挤入孔壁中,用泥浆浮起钻渣,使冲击钻头能经常冲击到新的土或岩石,然后再用抽渣筒(或用管形钻头)取出钻渣形成桩孔。

冲击钻机大致分为两类:一类是冲击钻机及整体配套设备,本身配有钻架、起吊及冲击等设备;一类是由带有离合器的双筒塞卷扬机组成的简易冲击钻具,其钻架可用万能杆件或木料等制成门式。

图11-40为YKC30型冲击钻机示意,是比较常用的一种。它由钻机和钻头两大部分组成,并配有抽渣筒。钻机上安装有扒杆、机架、电动机、卷扬机、传动装置、滑车组及走行部分。钻机工作原理:将钻头提升一定高度(冲程),利用自由坠落所产生的冲击能,将土冲碎,然后将钻头提出孔外,用抽渣筒除渣,如此反复循环,直至桩孔冲到设计高程。

钻头由钻身、刃脚和转向装置三部分组成。钻头质量越大,冲击破碎能力越高。钻头有十字形、一字形(或称工字形)、管形等数种,而以十字形钻头用得较为普遍(图11-41),在砂黏土、黏砂土、砂砾石、卵漂石和软硬岩层均可适用。刃脚用优质合金钢,要求耐磨并易于修补,其直径根据设计桩径而定。钻头自重根据钻机的起重能力而定,一般不超过2.5t重。钻头高度以2.0~2.5m为宜。太高不稳定,容易晃动,撞击孔壁,引起坍孔。被钻头冲碎的钻渣,由抽渣筒排出孔外。杯式抽渣筒如图11-42所示。

(2)冲抓造孔

冲抓钻机适用于黏性土、砂性土、砂黏土夹碎石及粒径50~100mm含量在40%以内的卵石层。但孔深超过20m以上时,由于冲抓钻头起落时间长,钻孔进度慢,宜改用冲击钻机。

冲抓钻头在冲击钻头配合下,适用于各种复杂地层,均可钻进成孔。

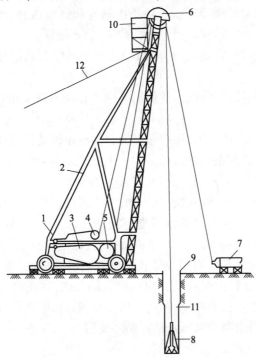

图 11-40　YKC30 型冲击钻机示意

1-电动机;2-机架;3-传动装置;4-起吊钻头卷扬机;5-起吊抽渣筒卷扬机;6-滑车组;7-抽渣筒;8-钻头;9-护筒;10-工作平台;11-桩孔;12-缆风绳

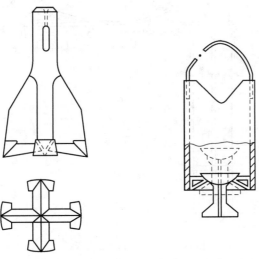

图 11-41　十字钻头　　　图 11-42　杯式抽渣筒

冲抓钻机由钻架、卷扬机、滑轮、钢丝绳、转向装置和冲抓钻头等组成,配合出土设备,冲抓孔内土层,将孔内钻渣抓出运走。冲抓钻头的冲击力主要靠钻头自重力,其值随直径增加而增加。如直径 1.3~1.5m 的钻头,自重以 2.0~2.4t 为宜。按操纵锥(钻头)瓣开合方法不同,冲抓钻头分双绳和单绳两种形式。

双绳冲抓锥的两根钢丝绳,一根是起吊钻锥用,另一根接在连杆和滑轮组成的开合机构上,通过钢丝绳放松与收紧使锥瓣开合。钻头由钻身和锥瓣两部分组成。锥瓣要根据不同地质条件选用:卵石地层,叶瓣要厚、钝、耐磨;砂土、黏土地层,叶瓣要像刀口一样,要薄、锐、耐磨,一般钻头有四瓣、五瓣、六瓣之分,前两种适用于河卵石地层,后者对于卵石、黏性土、砂性土等均能适用。

在钻头外套上设导向环,以防钻头倾倒。导向环直径和钻头相等。如钻头掉进孔内时,有导向环便于打捞。

单绳冲抓钻头仅有一条内套绳,用一条带离合器的单筒卷扬机操纵,抓土和提钻头出孔与双绳冲抓相同,但卸土和落钻头冲击可采用人工挂钩或自动挂钩使锥瓣张合。

(3)旋转造孔

旋转钻孔根据钻孔时泥浆循环的程序不同,分为正循环和反循环两种。

①正循环旋转钻孔。正循环钻机由转盘、动力机、卷扬机、泥浆泵、钻架、钻杆和钻头等组成,它的成孔过程如图11-43所示。当钻机钻孔时,由电动机驱使转盘带动钻杆使下端钻头旋转,切土钻进成孔,随着孔的加深而接长钻杆直至设计深度。在钻进的同时,泥浆泵将泥浆压进泥浆笼头,通过钻杆内腔从钻头出口射入钻孔内,在泥浆泵的输送压力下,泥浆挟带钻头切削下来的钻渣沿钻孔上升,从护筒上口泥浆槽排出引至沉淀池,泥浆中钻渣沉淀下来后,泥浆进入泥浆池,仍由泥浆泵压入钻杆循环使用。

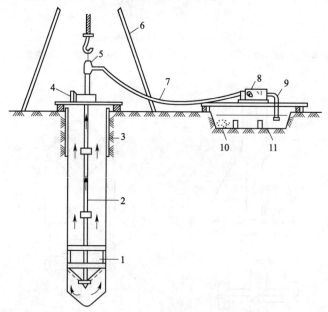

图11-43　正循环旋转钻孔示意

1-钻头;2-钻杆;3-护筒;4-钻机转盘;5-笼头;6-三脚架;7-高压胶管;8-泥浆泵;9-普通胶管;10-沉淀池;11-泥浆池

25-正循环回转钻孔灌注桩施工工艺及流程

②反循环旋转钻孔。反循环钻机的泥浆运行方向与正循环钻机相反,泥浆由泥浆池流入钻孔内同钻渣混合,在压缩空气或高压水造成的负压下,将钻渣通过空心钻杆排出孔外,如图11-44所示。它比正循环悬浮排渣要快得多,而且使用的泥浆相对密度小,旋转阻力也小,适用于各种地层,是桥梁钻孔桩基础施工较好的钻机。

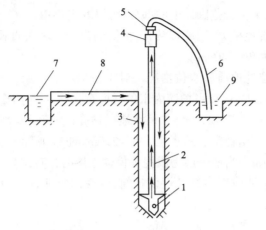

图 11-44 反循环旋转钻孔示意
1-钻头;2-泥浆流向;3-护筒;4-旋转活接头;5-水龙头;6-胶管;
7-泥浆池;8-流槽;9-沉淀池

26-反循环钻孔
灌注桩施工

反循环钻机的种类和型号较多,常用的有:

a. BDM 系列钻机。该系列钻机由大桥工程局桥机厂生产,钻孔深达 100m。其中 BDM-1 型钻机钻孔直径为 0.8～1.5m,钻杆内径为 120mm;BDM-2 型钻机钻孔直径为 0.8～1.5m,钻杆内径为 156mm;BDM-4 型钻机钻孔直径为 1.5～2.5m,钻杆内径为 241mm。上述钻机经实践证实效果较好。

b. 潜水钻孔。该钻机实际为配有排渣的潜水电钻,直接在孔底掘削土层。目前使用的潜水钻机有 GZQ-800 型和 GZQ-1250 型,均为新河钻机厂生产。它结构简单,由于钻杆不转动,因而耗功和噪声都小,是有发展前途的钻机。

c. 引进的钻机。我国引进的有日立公司生产的 S320 型和 S400H 型反循环钻机,最大钻孔直径为 3.2～4.0m,钻孔深达 300m,钻机内径为 200mm。

反循环钻机因吸渣动力不同,又分为泵吸反循环和压气反循环两种。一般冲孔深度不超过 30m 的桩可用泵吸反循环,以利开孔和钻进;若深度大,宜用压气反循环,且压气喷嘴宜装在排渣出口处,以利缩短钻孔时间。

2. 造孔主要技术措施

造孔是钻孔灌注桩施工的重要环节,造孔质量与护筒、泥浆、钻孔、清孔等各工序密切相关,下面就各工序的技术措施作扼要介绍。

(1)护筒

护筒的作用是固定桩位、钻头导向、隔断地面水、保护孔口防止坍塌、提高孔内水位,增加对孔壁的静水压力以防坍孔。钻孔前应按要求制作并埋设护筒。护筒要求坚固,有一定的刚度,接缝严密不漏水。

护筒一般可用木料、钢板或混凝土制成。木护筒一般用 3～5cm 厚的木板制成,比较轻,埋设方便,但易损坏,在深水中不宜使用;钢护筒常用 2～4mm 厚的钢板制作,易拼装接长,又可多次重复使用,采用较多;钢筋混凝土护筒一般用于深水,节长一般为 2～3m,壁厚为 8～10cm。壁厚和配筋应根据吊装、下沉加压等方面由计算确定。该护筒通常与桩身混凝土浇筑在一起,不拔出。但位于桩身范围以上的部分,可以取出再用。

护筒的内径应比钻头直径稍大,用旋转钻孔,护筒的内径比钻头直径大 10～20cm;用冲击或冲抓钻孔比钻头直径大 30～40cm。

护筒的长度要考虑桩位处地质和水位情况。对于易坍塌的地层,护筒顶要高出施工水位或地下水位 1.5～2.0m 以上,以提高护筒内水位增加对孔壁的静水压力;对不易坍塌的地层,护筒顶也应高出施工水位 1.0～1.5m;在无水地层钻孔,护筒顶宜高出地面 0.3m;当钻孔内有承压水时,护筒顶应高出稳定后的水位 1.5～2.0m。护筒底部在岸滩上埋深,黏性土不小于 1m,砂性土不小于 2m。当地表层为淤泥等松软土层时,应穿过将护筒底设置在较密实的土层中至少 0.5m;在河滩或水中筑岛埋设护筒,其底部应埋置在地下水位或河床面以下 0.5m。

护筒埋设应认真,保证坚固密实,防止在钻孔过程中发生孔口变形及坍塌,防止护筒底土层穿孔使筒底悬空,造成坍孔,向外漏水及泥浆等事故。

护筒平面位置应正确,一般要求护筒埋设好后其顶面中心与设计桩位偏差不得超过 5cm,斜度不得大于 1%。倾度大的护筒容易被钻头碰破或使桩偏离设计,造成桩身钢筋的混凝土保护层不足等。

(2)泥浆护壁

钻孔灌注桩施工实践证明,无水钻孔可深达数十米而不塌,甚至在不稳定的砂性土中有水钻孔亦能保持孔壁稳定。不坍塌的原因是在没有水的钻孔中,未支护的孔壁土层有向钻孔中心滑移的趋势,但由于孔壁土具有一定的抗剪强度和圆环作用(能够抵抗径向的向内土压力)的缘故。若在水中或含水地层中钻孔以及在松散的砂性土中钻孔,孔壁土体的抗剪强度低,圆环作用弱而不足以抵抗径向向内的土压时,就必须提高孔内水位,使其高于孔外水位,形成一定高度的水头,向孔壁产生静水压力,从而保持孔壁稳定。利用孔内水头压力护壁的方法,随地质条件的不同又分清水护壁和泥浆护壁两种。

在黏性土中钻孔,如土壤塑性指数大于 15 或内摩擦角在 16°以上,清水钻孔后 1.5～2.0h,沉渣厚度不超过清孔标准,可不采用泥浆护壁,而仅增高孔内水头保持孔壁稳定,称为清水护壁。在砂类土、砾石土、卵石土、黏砂土夹层中钻孔,必须用泥浆护壁。泥浆护壁是将事先挑选好的黏土加水调制成一定相对密度的泥浆,注入孔内,或直接向钻孔内投放黏土,在钻头的作用下形成泥浆。由于泥浆相对密度较水大,故对孔壁能增大静水压力,并在孔壁形成一层泥皮,隔断孔内外水流,保护孔壁,防止坍孔。同时泥浆还起浮渣及润滑和冷却钻头的作用。

为了充分发挥泥浆的护壁和浮渣作用,必须选用符合要求的黏土,并备足所需用量。一般选塑性指数大于 25,小于 0.005mm 的黏土粒含量大于 50% 的吸水性强,遇水膨胀分解的优质黏土。当缺少上述优质黏土时,可用略差的黏土,并掺入 30% 的塑性指数大于 25 的黏土,另掺入 0.3%～0.4% 的碳酸钠以提高其黏度。若采用黏砂土时,其塑性指数不宜小于 15,大于 0.1mm 的颗粒不宜超过 6%。黏土的备料数量,砂质河床为成孔体积的 70%～80%,砂卵石层为成孔体积的 100%～120%。

(3)钻孔

在钻孔桩施工中,钻孔是关键性的工序,不仅决定施工进度,而且关系到施工的成败,稍有疏忽,就会树孔,延误工期甚至使钻孔报废。因此,在钻孔桩施工前应根据实际情况制定预防坍孔和保证钻孔桩质量的技术措施,认真贯彻落实。下面以冲击式钻机为例,介绍钻孔施工要点。在冲击钻孔时,必须掌握好冲程、泥浆相对密度、抽渣和换浆工作。

①开孔阶段钻机用小冲程,简易冲击钻具冲程不宜大于1m。当孔底已在护筒脚下3~4m,可适当加大冲程。

②要随土层的变化适时调整冲程。在砂卵石地层冲进时,泥浆相对密度应大一些,可用1.5左右,以加强护壁防止渗漏。冲程亦可较大,以便松动和破碎卵石。在黏土层冲进时,在孔内可以自行造浆,故可只加清水,保持一定的水头。冲程亦不宜过大,以防吸钻。用简易冲击钻具时,冲程宜在2m以内。在砂层中或淤泥层中钻进时,将黏土掺适量片石投入孔内,用小冲程冲击将黏土和片石挤进孔壁加固。在基岩中冲进时,可用大冲程,但钻头磨损大,应用高强而耐磨钢材修补。泥浆相对密度以满足浮渣为度,约为1.3。如果岩面倾斜,可向孔内回填高约50cm的片石,用小冲程快打,待冲平岩面后,方可加大冲程,以免发生斜孔,同时钻机操作时,应保证钻头转动灵活,避免出现梅花孔以保证钻孔圆顺。在掏渣后或因其他原因停钻后再次开钻时,应由小冲程逐渐加大到正常冲程,以免卡钻。

③在钻大直径桩孔时,可采用先导钻后扩钻的方法钻进。当用十字形钻头钻150cm以上桩孔时,可分两级钻进,第一级钻头直径可为设计桩径的0.4~0.6倍。当用BDM-4型钻机钻直径为2.5m的桩孔时,应根据地质情况和钻杆容许扭矩决定是一次成孔或分级钻进,若土层坚硬可以三级钻进,第一级钻头直径为1.5m,第二级钻头直径为2.0m,第三级钻头直径为设计桩径。

④在开孔阶段,为了使钻渣泥浆尽量挤入孔壁,可少抽渣。待冲进4~5m后,即应勤抽渣。一般情况钻进0.5~1.0m抽一次,每次抽3~5筒。也可按钻孔进尺的变化来确定抽渣时间,当1h的进尺在卵、漂石地层小于5cm,软土地层小于15cm时,即应抽渣。

对于冲抓钻孔与冲击钻孔类似,冲抓钻孔时,需及时向孔内补充泥浆,不用抽渣,根据地层情况,采用冲抓结合的方法成孔。对于旋转钻机造孔时,开钻时泥浆要浓,钻头空转,以保证护筒底部的孔壁稳定。

(4)桩孔检查

桩孔钻至设计高程后,必须对桩孔质量进行检查。现用仪器用超声波井斜仪和DM-686型超声波孔壁测定仪两种,可直接测出桩孔各项质量特征值(如倾斜度、偏位值、扩孔率、孔径、孔深和壁面状况等),并用数值和图像直接显示,直观清楚、性能稳定,精确度可达0.5mm。

(5)清孔

桩孔钻至设计高程后,孔内一部分泥渣沉淀,一部分呈悬浮状态,另一部分附着在孔壁上。同时随间歇时间的增加,后两部分泥渣还会继续沉淀,从而使孔底积成一层沉渣,降低桩的承载能力。所以在灌注桩身混凝土前,必须将沉渣清除,这项工作称为清孔。沉渣的容许厚度为:摩擦桩不大于30cm;柱桩不大于5cm。清孔的方法应根据钻孔方法、设计对清孔的要求、机具设备和孔壁土质情况而定,常用的方法有:

①抽渣法。用抽渣筒清掏孔底沉渣,应边抽边加水,保持一定的水头高度。抽渣后,用一根水管插到孔底注水,使水流从孔口溢出。在溢水过程中,孔内的泥浆相对密度逐渐降低,达到所要求的标准后停止。此法适应于冲抓、冲击成孔的各类土质的摩擦桩,抽渣后孔内泥浆相

对密度应不大于1.3。

②吸泥法。吸泥法清孔用吸泥机或简易吸泥机进行,清孔时由风管将高压空气输进排泥管,使泥浆形成密度较小的泥浆空气混合物,在水柱压力下沿排泥管向外排出泥浆和孔底沉渣,同时向孔内注水,保持孔内水位不变,直至喷出的泥浆指标符合规定时为止,此法适用于不易坍塌的柱桩和摩擦桩清孔,如图11-45所示。

若在易发生坍塌的钻孔内清孔,可在灌注水下混凝土的导管内吸泥,清孔后立即灌注混凝土,这样可以减少桩底泥渣沉淀厚度,如图11-45b)所示。若清孔后孔底沉淀层仍较厚时,可在导管外安设 φ30mm 射水(风)管,冲射 3~5min,使沉淀层翻起,然后立即灌注水下混凝土,射水压力比孔底泥浆压力大于50kPa 即可,如图11-45c)所示。使用本法时,钢筋笼可先放入孔内。

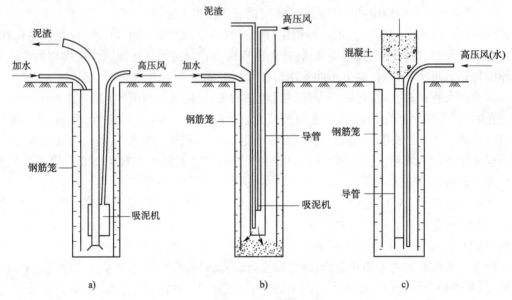

图11-45 吸泥机清孔

③换浆法。正循环旋转钻孔在终孔后,停止进尺,保持泥浆正常循环,以中速压入符合规定标准的泥浆,把孔内相对密度大的泥浆换出,使含砂率逐步减少,最后换成纯净的稠泥浆,这种泥浆短时间不会沉淀,使孔底沉淀层在允许范围内。其具体步骤是:当钻孔距设计高程为1m时,改用纯用的稠泥浆(相对密度不小于1.4),钻至设计高程;然后钻头提离孔底20cm 左右空转,继续供给稠泥浆,保持泥浆正常循环,经数十分钟或数小时,待孔内泥浆换完直至稳定状态为止;加入清水继续循环,直至孔底沉淀层不大于5cm 为止。

3. 钻孔灌注桩施工要求

(1)钢筋笼制作

钢筋笼应根据设计要求、起重设备能力,整体或分节制作。一般钢筋笼较长(大于12m)常分节制作,分节长一般为 5~8m。要求主筋平直,箍筋圆顺,尺寸准确,主筋接头应错开,同一截面内的接头根数不多于主筋总根数的50%,两接头的距离应大于50cm。然后分节吊装并焊成整体,并保证轴线为一直线。为防止钢筋笼搬运及吊装时变形,每隔2m 左右设一道与主筋直径相同的加劲箍筋。主筋与箍筋连接处应点焊牢固,必要时可用方木临时加固。

钢筋笼就位,应与孔壁保持设计保护层距离,可在钢筋笼主筋上每隔2m 左右对称设置四个"钢筋耳环",耳环钢筋直径一般用 10~12mm。或设混凝土垫块,其尺寸为 15cm×20cm×8cm,靠孔壁一面做成圆弧形,靠骨架面做成平面,并有十字槽,纵向为直槽,横向为曲槽,其曲率同箍筋的曲率,在纵槽两侧对称地预埋备绑扎的 12 号铅线。也可用导向钢管控制保护层厚度,钢管的数量不少于 4 根,其长度与钢筋笼长度相等,钢管可在混凝土灌注过程中逐步拔出。钢筋笼入孔后,要固定牢固,定位高程应准确,允许误差为 ±5cm,并在钢筋笼底部处于悬吊状态下灌注水下混凝土。

(2)水下混凝土灌注

灌注水下混凝土是钻孔桩施工的关键工序之一,应精心组织,保证质量。水下混凝土灌注原理与规定见沉井水下混凝土部分,现仅结合钻孔桩施工的特点补充如下:

①灌注水下混凝土的准备工作应迅速,防止树孔和泥浆沉淀过厚。开始灌注前应再次核对钢筋笼高程、导管下口距孔底距离、孔深、泥浆沉淀层厚度、孔壁有无坍孔现象等,如不满足要求,经处理后方可开始灌注。

②每根桩灌注的时间不应太长,尽量在 8h 内灌注完毕,以防止顶层混凝土失去流动性,导致提升导管困难,增加事故的可能性。要求每小时灌注高度宜不小于 10m。一经开灌,中途任何原因中断灌注皆不得超过 30min。

③灌注所需的混凝土数量,约为设计桩径体积的 1.3 倍。

④测量水下混凝土面的位置用测绳吊着重锤进行,过重则陷入混凝土内,过轻则浮在泥浆中沉不下去。一般用锤底直径 13~15cm、高 18~20cm 的钢板焊制的圆锥体,内灌砂配重,重度为 15~20kN/m³。

⑤导管埋入混凝土的深度取决于灌注速度和混凝土的性质,任何时候不小于 1m,一般控制在 2~4m。

⑥灌注高程应高出桩顶设计高程不少于 0.5m,以便清除浮浆和消除测量误差。

(3)桩身混凝土质量检测

钻孔桩施工应保证其质量合乎设计要求。由于施工不慎或其他原因,可能在桩身产生空洞、蜂窝、离析等缺陷。为了及时发现隐患,以便采取补救措施,保证设计要求,可利用超声波对桩身混凝土进行检测。

钻孔桩内部缺陷的超声波检测法,是通过事先预埋在桩孔内的声测管,把发射探头和接收探头分别置于两根管道中,使超声脉冲穿过两管道之间的混凝土,并使两探头在管中做等距离的上下移动,观测声波传播时间变化,据此判断混凝土缺陷位置和尺寸。声测管的布置应根据桩截面大小,分别采用图 11-46 所示形状。一般两根声测管的间距最大不超过 1.5m,常以 1.0m 为宜。声测管的截面积之和应小于桩截面积的 1%,外径过大会削弱桩的承载力,若桩径较大,声测管可按图 11-46b)、c)所示布置。若不用此法,对质量有怀疑的桩,应做取芯鉴定,每个桩基础检查的桩数应符合规范规定。

四、挖孔灌注桩施工

挖孔桩的构造除桩径稍大外与钻孔桩基本相同,但施工方法简单,只需用很少的机械设备,以人力开挖为主。桩有圆形、方形和矩形三种。只适用于无水或少水的较密实的各类土层中,桩的直径(或边长)不宜小于 1.4m,孔深一般不宜超过 20m,并可将桩尖扩大,以提高桩的承载力。一般情况下是在无水或抽水条件下灌注桩身混凝土,质量容易保证。

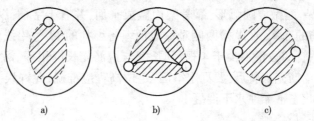

图 11-46　声测管的布置方案示意

挖孔桩开挖分无护壁和有护壁两种。无护壁开挖只在孔内无水,深度一般不超过 10m 的密实地层中采用,其他情况一般采用有护壁开挖。支护形式应视土质、渗水情况及保证施工安全而定。若土质密实开挖后短期不会坍孔者,可不设支护或间隔设支撑或采取喷射混凝土支护。土质不好则应采取框架支撑或混凝土预制圈支撑。一般情况下采用排架支撑,沿桩深每 $1\sim1.5m$ 设一横向排架,排架后设挡土板;或用壁厚 $10\sim20cm$ 的混凝土护壁,每掘进 $1.2\sim1.5m$,立模灌注混凝土一次。

挖孔桩施工必须在保证安全的前提下,不间断地进行。在软土地层,同一墩台内不宜两相邻孔同时开挖。如情况较好,以对角两孔或间隔开挖为宜。若孔较深应经常检查孔内二氧化碳浓度,若超过 0.3%,应加强通风。开挖时不必将孔壁修成光面,允许孔壁稍有不平,以提高桩侧的摩擦力。桩的截面尺寸须满足设计要求,桩孔中线误差不得大于孔深 0.5%。挖孔中遇有大漂石或基岩时,可进行孔内爆破法施工,但严禁裸露药包,必须严格掌握眼深和药量,以防因爆破引起孔壁坍塌。对于软岩石炮眼深不超过 $0.8m$,对硬岩层不超过 $0.5m$。炮眼数目和位置及斜插方向,应按岩层断面情况定,中间一组集中掏心,四边主要挖边,以松动为主,一般为中间炮眼装硝胺 $1/2$ 节,边眼装药 $1/4\sim1/3$ 节。放炮后应及时通风排烟。

施工期间应做好防水、排水工作,除在墩台四周挖截水沟外,还应注意防止孔内排出的水渗流孔内。孔内渗水量不大时,可用人力提升排水;渗水量较大时,则应用机械排水。同一墩台数孔同时开挖,渗水量大的孔应超前开挖,集中抽水,降低其他桩孔水位。在灌注混凝土时,若数孔桩仅有小量渗水,应采用措施同时灌注以免将水集中于一孔而增加困难。若水量大,影响灌注质量时,则应集中于一孔抽水,降低其他孔水位,此孔最后采用水下混凝土灌注。

五、打入桩施工

打入桩靠桩锤的冲击能量把桩打入土中,因此桩径不能太大,一般土质中桩径不大于 60cm,桩的入土深度也不能太深,对于一般土质为 $20\sim30m$,否则对打桩设备要求较高,而打桩效率低。现在主要使用的桩为预应力混凝土桩,少量使用钢桩。

任务四　桥梁墩台施工

墩台施工一般工程量较大,又常有高空作业,所有机具设备和材料较多,工期也较长,特别是高墩施工,这些问题尤其突出,往往是控制工期的关键工程。因此,如何解决好模板吊装、混凝土的运输、施工人员上下和高空作业安全等问题,对保证工程质量、加快施工速度、提高经济效益等方面有重要意义。

墩台施工有就地灌注混凝土墩台、砌石墩台、混凝土块墩台和预制杆件拼装式墩台四种形式。混凝土灌筑墩台运用最广泛,本节就此种墩台作扼要介绍。

一、墩台施工要点及技术要求

1. 混凝土墩台施工的基本方法

(1)分节立模,间歇灌筑法

将墩台沿高度分成若干节,分别制作各节模板。自底节开始,立一节模板,灌筑一节混凝土,待混凝土强度达 1200kPa 后,再立第二节模板,灌筑第二节混凝土,这样逐节升高,直至墩台灌筑完毕。此法的优点是需要的设备简单,其缺点是施工速度较慢,适用于一般高度的墩台。施工接缝处应安插接头短钢筋或埋接缝石,以提高混凝土墩台的整体性。

(2)分节立模,连续灌筑法

在灌注第一节墩台混凝土时,同时在地面将第二节模板拼组好,待第一节混凝土灌筑完后,立即将第二节模板整体吊装,并在混凝土允许间歇时间(一般为 2h)内安装完毕,继续灌筑第二节混凝土,如此循环直至墩台灌筑完毕。此法施工速度快,墩台整体性好,但应有相应的起吊设备。

(3)滑动模板施工

滑动模板是用一节模板,连同工作脚手架以整体形式安装在基础顶面,依靠自身的支承部分和提升系统,在灌筑混凝土的同时,模板也慢慢向上滑升,这样可连续不断地灌筑混凝土。墩台整体性好,施工速度快,高空施工安全。

2. 保证墩台施工质量的措施

墩台施工基本要求是:各部尺寸准确;圬工内实外光,强度符合要求。除此之外,还应做好以下几点:

(1)熟悉图纸,掌握设计意图及技术标准,复核图中高程和尺寸,如有错误及时更正。

(2)做好施工测量。除开工前认真做好墩台定位测量外,并要做好经常性的测量放样工作,如有纵向或横向预偏心桥墩,应特别注意墩中心与支承垫石和支座锚栓孔的测定。

(3)模板结构应有足够的强度、刚度和稳定性。模板拼缝严密不漏浆,表面平整光滑,倒用时应及时整修。

(4)加强检查工作,混凝土开灌前,应对模板、钢筋及预埋件和预留孔进行检查,符合设计要求后方可开灌。

3. 施工安全要点

墩台施工的特点之一是,高空作业和装吊工作较多,容易出现安全事故。因此,在制订施工计划时,应有必要的安全技术措施,并认真贯彻执行。在施工中,应定时对起重设备和索具进行检查,并严格按照施工安全技术规则进行装吊作业。

二、墩台模板

模板是混凝土墩台成型的重要结构。模板结构、制作质量、拼装速度和周转使用的次数,直接影响墩台混凝土质量、施工进度和工程成本。因此,混凝土施工中必须抓好模板这一重要环节。

混凝土墩台模板按材料分,有木模板、钢模板和钢木混合模板;按模板结构和施工方法分,有拼装式模板和滑动模板。一般墩台多采用拼装式模板,而高墩多采用滑动模板施工。滑动模板将在后文介绍。

1. 拼装式木模板

将整个墩台模板分成若干节,每节模板又由若干块组成。分节时,应尽量使其中大部分板块可以互相倒用(图11-47)。为便于模板运送、吊装和拆除,模板尺寸不宜过大,一般长3~4m,宽1~2m,并应与现场的板料长度和起吊能力相适应。

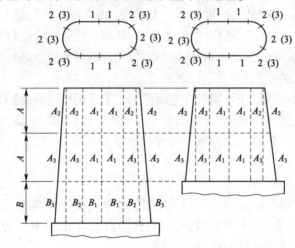

图11-47 模板分节与分块

拼装式模板由面板、横带木、立柱、拉杆、铁箍及撑木等构件组成,如图11-48所示。

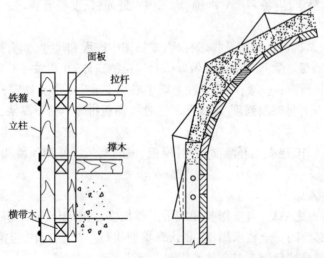

图11-48 拼装式模板的构造

面板紧贴混凝土,直接承受混凝土的侧压力,常用3~5cm木板制造。面板由带木(又称肋木)钉成整块拼板。带木支承面板传来的压力,常用方木或鼓形木制作。带木间距根据混凝土侧压力大小及立柱间距而定,一般为0.8~1.2m。将拼板分块组装成型后,用立柱支承带木、加固模板及连接上下节模板。在两侧相对立柱间,用拉杆(常用ϕ12mm左右钢筋制成)拉紧,在拉紧前需在模板内侧设临时水平撑木,以保持模板设计尺寸,同时拉杆又是立柱的支承点。撑木随混凝土的灌筑而逐根拆除,拉杆则留在混凝土中。拉杆两端宜用可撤式螺栓,以便拆除再用。曲面模板用铁箍箍住,防止弧形部分因受混凝土的侧压力而胀鼓跑模。铁箍间距同拉杆。

墩台顶帽托盘及道砟槽的模板,其悬臂部分可在墩台身模板的立柱上设置支架来固定,如图11-49所示。

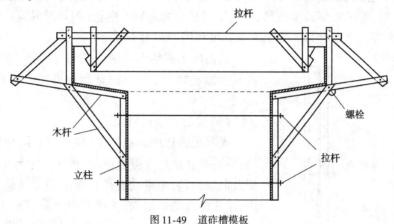

图11-49 道砟槽模板

2.整体吊装模板

整体吊装模板是在墩台附近地面上预先将整节模板组装好,然后一次吊装就位,使混凝土连续灌筑,并减少高空作业量,对提高施工速度和工程质量都有利。分节高度可视起吊设备能力而定,一般可为2~4m。在整体吊装前,应在模板内临时加固,防止吊装时变形。起吊时应多设吊点,使模板受力均匀。图11-50为圆形桥墩的整体吊装模板,由纵横四根扁担木起吊,模板靠外侧铁箍拉紧,其刚度较好,故内部未设支撑。

3.组合型钢模板

组合型钢模板是以各种长度(1500mm、900mm、600mm)、宽度(300mm、200mm、100mm)及转角标准构件,用定型的连接件将构件拼成结构的模板。它具有体积小、质量轻、运输方便、装拆简单、接缝紧密等优点。尤其是组合模板的连接件,不是用螺栓而采用U形卡及L形插销,使安装拆除简化,大大加速了施工进度。组合钢模宜用在地面拼装、整体吊装的结构上,也可在结构上分片安装。

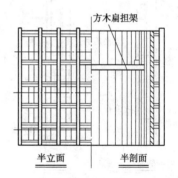

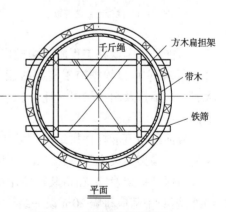

图11-50 圆形整体吊装模板

组合模板精度较高,组拼时要求预拼场地平整,宜用砂浆抹平。在使用、搬运时必须轻拿轻放,不得抛摔。使用完毕后,要及时清理修整,涂油防锈。存放时要按规格分类堆放,如存放现场应用帆布遮盖。

三、混凝土墩台施工提升设备

混凝土墩台施工常用的提升设备有钢塔架、缆索吊车及吊机等。

1. 钢塔架

钢塔架是用角钢制成的杆件和节点板组成的井形构架,用螺栓连接,并配有扒杆、混凝土吊斗、滑车组、卷扬机等起重机具,适用于较平坦的地形。模板、钢筋及混凝土等可用轻便轨道或手推车等运至墩台旁。施工人员亦可利用塔架上下墩台。

目前施工现场常用的钢塔架有两种:一种为厂制的混凝土输送塔架,另一种是利用万能杆件组拼的提升塔架。

（1）混凝土输送塔架

混凝土输送塔架由塔架、机杆、吊斗、导杆、漏斗、溜槽、卷扬机和缆风绳等组成,如图11-51所示。吊斗用来提升混凝土,它由电动卷扬机牵引沿导杆提升到灌筑高度,吊斗能自动倾倒,将混凝土卸入漏斗（图11-52）,再通过溜槽注入模板。塔顶扒杆,用来起吊模板和其他材料。目前这种塔架灌注高分为30m和60m两种。塔身断面尺寸为1.6m×1.6m,吊斗容积0.4m^3,扒杆长度7m。最大起吊量:与立柱夹角65°时吊重7kN;与立柱夹角25°时吊重15kN。电动机功率为11.4kW。

塔身构架的节点间距为1.5m。塔架立柱分底节、中间和顶节（均用90mm×90mm×8mm的角钢制成）三种,横撑和斜撑均用60mm×60mm×8mm的角钢制成。节点板已焊在立柱上,便于拼装。塔架基础用混凝土,顶部设缆风绳,高度大时应加设缆风绳,以保证塔架稳定。

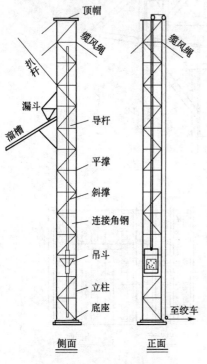

图11-51 混凝土输送塔架

（2）万能杆件拼组的提升塔架

万能杆件是铁路工程施工中被广泛使用的常备式钢构件。构件共有30个编号,基本杆件为角钢,它可以根据施工需要拼组成各种形式的辅助结构,由于万能杆件的断面尺寸较大,立柱、横撑及斜撑均可采用单根、双根或四根角钢拼组,故可拼成塔身较高、起重量较大的提升塔。

目前使用万能杆件拼组的钢塔架高度可达80m,自带扒杆用以提升模板、混凝土和其他材料。在塔架内设之字形梯或吊笼,供施工人员上下桥墩。

为保证塔架稳定,在拼装及使用过程中均必须设缆风绳,除在塔顶设置一组（四根）缆风绳外,塔身中部应每隔20m设一组。当塔架较高或起重量较大时,除设缆风绳外,还可采取在墩身一定高度预埋角钢或钢板与塔架相连,形成锚固式塔架。同时塔架还须设置适当的基础,当塔架高度不超过30m,且地基土比较密实时,可采用卧木基础。卧木基础是将基底整平夯实后,铺10~20cm碎石找平,再纵横密铺两层枕木,枕木间用扒钉连接,塔架底座用道钉或螺栓与枕木固定。当地基土较松软或塔架高超过30m时,则须采用混凝土基础,基础厚一般为0.7~1.0m,并应预埋螺栓固定塔架底座。

2. 缆索吊车

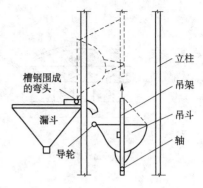

图11-52 吊斗自动卸料

山区修建桥梁,由于桥址地形陡峻,机具材料不便运至各墩台附近,而桥头两岸地势较高时,宜采用缆索吊车法施工。平原地区跨河亦可采用。缆索吊车既可作垂直运输,又可作水平运输,不受桥高和地形的限制,一套设置可以担任几个墩台甚至全桥的运输;可用于挖基运土、吊装模板、吊运混凝土及其他材料等;具有使用方便、节省劳力等多方面的优点,因此,在山区桥梁施工中运用较广泛。我国已建成的高达60~70m的山区高墩桥梁,很多是采用此法施工的。

缆索吊车通常由支架、承重索(又称主索)、牵引索、起重小车、地垄及浪风绳等部分组成,如图11-53所示。

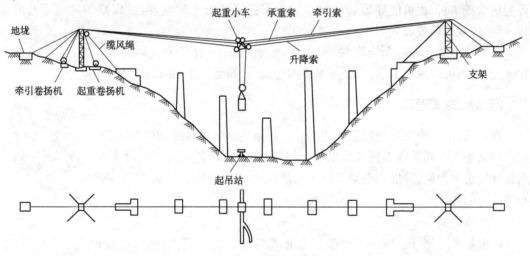

图11-53 缆索吊车示意

支架立于桥头两岸地形较高处,用于提高缆索的高度并支承缆索荷载。支架有木制的、钢制的和钢木混合制的,现场常用万能杆件拼组支架。如两岸地形适宜,高度满足施工,也可不设支架,直接将承重索锚固于地垄上。支架顶部设有索鞍,用来支承承重索,减小承重索的弯折,并减小重索与支架之间的摩擦阻力。索鞍有简易式、滑动式和滑轮式,如图11-54所示。支架应视地基土质情况设置卧木基础或圬工基础,同时,应设缆风绳以保证其稳定。

承重索即起重小车的行驶轨道,承受由起吊重量和索具自重引起的拉力。它是用一根或数根(常用的是两根)较粗钢索,纵跨桥孔,支承在支架顶部的索鞍上,并锚固于地垄上。牵引索是牵引起重小车在承重索上往返移动;起重索用于起吊重物做垂直升降。起重索和牵引索均用卷扬机牵引。

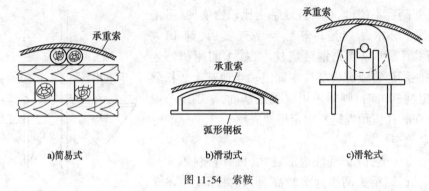

图 11-54 索鞍
a)简易式　b)滑动式　c)滑轮式

3. 吊机

墩台施工时,可按桥梁施工高度及混凝土运送条件,选用各式履带或轮胎吊机、塔式吊机等。塔式吊机用于地形平坦、桥墩数量较多的工地较为经济。

4. 混凝土泵

泵送混凝土是一种先进的施工方法。它是用压力把混凝土通过硬的或软的管道输送到指定地点的方法。混凝土应具有较大的流动性,泵机出口混凝土坍落度宜在 8~12cm 范围内。为此,拌和机出料坍落度宜控制在 13~17cm。坍落度过小,管道易堵塞;过大则混凝土可能析水或离析,也可能导致管道堵塞。为了提高混凝土的流动性,以减少管道堵塞的危险,可掺加减水剂或加气剂。

常见的混凝土输送泵有两种:移动式混凝土泵,一般只垂直运送混凝土,运送高度在 50m 左右;固定式混凝土泵,垂直与水平均可运送,其运送距离可各在 100m 以上。

四、滑动模板施工

27-爬模施工

在我国,滑动模板首先用于修建烟囱。在修建成昆铁路时,推广运用于空心桥墩施工。随着施工技术的发展,滑模结构已由最初的人工螺旋千斤顶提升的直坡滑模,发展为电动液压千斤顶提升的收坡滑模,解决了锥形空心墩施工问题。

1. 滑模的构造

根据桥墩类型、墩身坡度、截面形状和提升方式的不同,滑模可以设计成不同的形式。这里介绍电动液压千斤顶提升的圆形空心滑模的总体构造。

滑动模板主要由卸料平台、工作平台、内外模板、内外吊架和提升设备等组成,如图 11-55 所示。下面对各个组成部件的功能加以简述。

(1) 卸料平台

由钢环、横梁、立柱、栏杆、步板和串筒等组成,是堆放、灌注混凝土和起重指挥的作业台。

(2) 工作平台

由内外钢环、辐射梁、栏杆和步板等组成,是整个模板结构的骨架。它除了为捣固混凝土、绑扎钢筋、操纵液压系统、测量纠偏、存放部分钢筋和顶杆等施工材料提供场地外,还用来将滑模其他部分互相连接起来,并将整个滑模通过液压千斤顶支承到顶杆上。

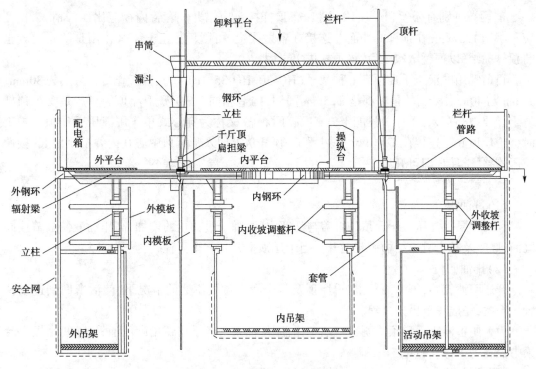

图 11-55　圆形空心桥墩滑模图

(3) 内外模板

内外模板采用薄钢板、角钢和槽钢制成，分固定模板和活动模板两种。固定模板为焊成整块的模板，如图 11-56a) 所示。活动模板由五块可拆卸的小模板组成，这些小模板的竖带上都焊有螺母，再用螺栓与横带组装在一起，如图 11-56b) 所示。固定模板安装在收坡丝杆上，收坡丝杆安装在立柱上，立柱固定在辐射梁上。活动模板则搭接在两块固定模板之间，支承在固定模板的横带上。

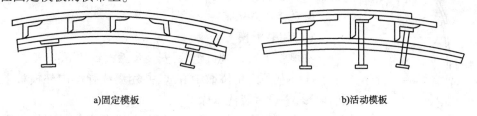

a) 固定模板　　　　　　　　　　　b) 活动模板

图 11-56　模板

(4) 内外立柱和收坡丝杆

内外立柱安装在辐射梁上，是内外模板的支承。收坡丝杆为一根车有螺纹的螺杆，它穿入焊在立柱上的螺母中，既固定模板位置，又是控制模板收坡的构件。

(5) 内外吊架

吊架由竖杆、横杆、步板和安全网等组成，为抹面、养护和收坡的作业脚手架。

(6) 提升设备

提升设备由电动液压千斤顶、顶杆与套管、液压操纵台和输油管路等组成。

顶杆是液压千斤顶的爬行杆，又是整个模板的支承杆。顶杆用 $\phi 25\text{mm}$ 圆钢制成，每节长

2~3m,两端分别有公丝和母丝,用来接长,顶杆接头应错开。套管内径应比顶杆稍大,长度应不小于1.5m,套在顶杆的外面并连接在辐射梁上,可随模板上升。其作用是防止混凝土与顶杆黏结,以便桥墩竣工后,将顶杆拔出再用。

目前常用的液压千斤顶有三种型号(HQ-30、HQ-35、HQ-40),其工作行程分别为30mm、35mm与40mm,采用的顶杆都是$\phi 25$mm圆钢,构造相同。HQ型千斤顶的特点是支承顶杆从千斤顶中心穿入,千斤顶只能上升,不能下降,故又称为穿心式单作用液压千斤顶。施工时将千斤顶底座连接在工作平台辐射梁上,顶杆从上插入千斤顶中心孔内并抵至硬底,接通液压管路,千斤顶即可开始工作。

2. 滑模提升

(1)进油提升

利用油泵将油压入千斤顶的缸盖与活塞之间,随着进油量的增加,高压油液使缸盖连同缸筒、底座及整个滑模结构一起上升。当千斤顶上升到一个行程时,提升暂停。

(2)排油归位

开通回油管路,解除油压,在千斤顶及整个滑模位置不变的情况下,使活塞回到进油位置。至此,完成一个提升过程。

为了使各液压千斤顶协调一致地工作,应使油泵与各千斤顶用高压油管连通,由操纵台集中控制。

3. 滑模收坡

滑模收坡主要靠转动收坡丝杆移动模板,使内、外模板在提升的同时,根据墩内外半径缩小的情况,在辐射方向变更模板位置。在提升过程中,随着墩身直径缩小,模板的周长也相应缩短;因此,各块固定模板之间的活动模板,相互搭叠(图11-57),随着墩身截面周长的缩短,模板搭叠范围将不断增大,待搭叠增大至一定限制时,可抽出部分活动模板,再继续提升收坡。

4. 施工程序要点

(1)组装滑模

在墩位上就地进行组装,安装步骤大致如下:

①在基顶定出桥墩中心线,并用墨线弹出内外模板上下口的坡影,搭设拼装枕木垛。

②在枕木垛上先安置内钢环,并准确定位。再依次安装辐射梁、外钢环、立柱与收坡丝杆、模板、千斤顶、套管、安插顶杆及输油管路等。

③待模板提升2m后,再安装内外吊架和安全网。

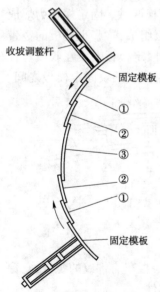

图11-57 滑模收坡原理
注:图中①~③为模板编号。

(2)灌注混凝土

①滑模施工要求混凝土早强,所以常采用低流动性或半干硬性的混凝土,以便及早脱模,加快提升速度。

②要分层、分片、对称地灌注,并及时进行捣固,不得漏捣或重捣,不得碰顶杆、钢筋或模板。

③脱模时,混凝土的强度需达 200~500kPa。为缩短脱模时间,可根据气温掺用速凝剂,以便使混凝土早强。

④脱模后,对混凝土表面的缺陷立即进行修饰。

(3)提升与收坡

当滑模组装好后,先灌注混凝土 50~70cm,进行试提升(初升)3~5cm,以防止已灌注的混凝土与模板黏着,检查提升设备和模板各部是否正常工作,发现问题及时处理,还应检查脱模混凝土强度增长是否正常。认为符合要求,方可进入正常提升阶段。正常提升是每灌注一层混凝土,即提升一次模板,在正常情况下,前后两次提升模板时间不超过 1h。提升后模板上口距混凝土面不宜超过 50cm,以防模板走动。

随着模板的提升,应转动收坡丝杆,调整墩壁曲面的半径,使之符合设计要求的收坡坡度。

(4)接长顶杆、绑扎钢筋

模板每提升一定高度后,就需要穿插进行接长顶杆、绑扎钢筋及按设计要求做好预留口和预埋构件的工作。

(5)混凝土停工后处理

在滑模施工中,由于工序的改变,或发生意外事故,使混凝土灌注工作停止较长时间,在此情况下,要注意进行停工处理。例如,每隔半小时提升模板一次,一般提升 3~4 次即可,以免模板与混凝土黏结;同时在混凝土表面插入短钢筋,以加强新老混凝土的连接,复工时要将混凝土表面凿毛并清除干净。

五、墩台混凝土灌注

1. 混凝土的配制

桥涵工程一般使用 325 号以上的普通水泥,受水流冲刷或冰冻作用部分不得使用火山灰质水泥。对大体积的实体墩台,为减少水化热,应优先使用大坝水泥或矿渣水泥,不宜使用快硬和高级水泥。水泥用量不得超过 $3500kN/m^3$,水泥强度等级不宜小于混凝土强度等级的 1.2 倍,也不宜过高,一般为混凝土强度等级的 1.5~2.0 倍。

粗细集料应清洁和有良好的级配,才能保证混凝土的强度、耐久性及和易性。粗、细集料的用量应精确到 ±2%。

拌和用水不得含有影响水泥正常凝结和硬化的有害杂质、油类和糖类,水的用量精确到 ±1%。

拌和混凝土应用搅拌机,只在工程规模很小时用人工拌和。在投料时必须按配合比进行,要求拌和均匀。

2. 混凝土的灌注

灌注混凝土前,应检查模板的位置和尺寸是否正确;钢筋及预埋件等是否符合设计要求。模板应湿润,必须清除模板内一切杂物并用水冲洗干净。墩台混凝土的灌注应连续进行,分节施工或因故停工时,必须做好接头处理;混凝土灌注的自由落体高度不超过 1.5m,超过时应用滑槽、串筒或减速串筒,以减小倾落高度,尽量减少离析现象。

混凝土灌注和捣固应分层进行,每层厚度为 15~40cm,视所用捣固方法及混凝土的坍落度而定。应在下层混凝土开始凝固前将上层混凝土捣固完毕。混凝土捣固密实的标志是：混凝土不再下沉，表面平整并浮现一层薄水泥浆，此时应立即停止振捣，否则将造成离析。同时也不允许漏捣。

为了节约水泥，在实体混凝土墩台中，可以填放抗压强度不低于30MPa的片石，填放量不超过全部混凝土体积的20%。片石应分层竖放，其间距不小于10cm，石块与模板净距不少于25cm，最上层片石顶面有不少于25cm厚的混凝土。

复习思考题

1. 基坑开挖的工作有哪些？
2. 基坑有哪些排水的形式？
3. 简述桩基础的类型及其构造特点。
4. 简述打入桩的施工工艺流程。
5. 人工挖孔桩施工中应注意哪些问题？
6. 正循环、反循环钻孔的区别有哪些？
7. 简述沉井基础的构造及各部分的作用。
8. 简述就地浇筑沉井的施工工艺流程。
9. 地下连续墙的适用条件有哪些？
10. 导墙的作用有哪些？
11. 简述滑模施工工艺。

参 考 文 献

[1] 中华人民共和国行业标准.JTG/T F50—2011 公路桥涵施工技术规范[S].北京:人民交通出版社,2011.
[2] 中华人民共和国铁道部.铁建设〔2010〕241号 高速铁路桥涵工程施工技术指南[M].北京:中国铁道出版社,2011.
[3] 中华人民共和国铁道部.TB 10752—2010 高速铁路桥涵工程施工质量验收标准[S].北京:中国铁道出版社,2010.
[4] 中华人民共和国铁道部.TB 10424—2010 铁路混凝土工程施工质量验收标准[S].北京:中国铁道出版社,2010.
[5] 铁道部经济规划研究院.TZ 324—2010 铁路预应力混凝土连续梁(刚构)悬臂浇筑施工技术指南[S].北京:中国铁道出版社,2010.
[6] 中华人民共和国铁道部.TZ 210—2005 铁路混凝土工程施工技术指南[S].北京:中国铁道出版社,2005.
[7] 中华人民共和国铁道部.TB 10110—2011 铁路混凝土梁支架法现浇施工技术规程[S].北京:中国铁道出版社,2011.
[8] 铁道部经济规划研究院.TZ 203—2008 客货共线铁路桥涵工程施工技术指南[S].北京:中国铁道出版社,2009.
[9] 国家铁路局.TB 10093—2017 铁路桥涵地基和基础设计规范[S].北京:中国铁道出版社,2017.
[10] 国家铁路局.TB 10621—2014 高速铁路设计规范[S].北京:中国铁道出版社,2014.
[11] 国家铁路局.TB 10002—2017 铁路桥涵设计规范[S].北京:中国铁道出版社,2017.
[12] 中华人民共和国国家标准.GB 50157—2013 地铁设计规范[S].北京:中国建筑工业出版社,2013.
[13] 姚玲森.桥梁工程[M].北京:人民交通出版社,2008.
[14] 范立础.桥梁工程(上册)[M].北京:人民交通出版社,2012.
[15] 黄绳武.桥梁施工及组织管理[M].北京:人民交通出版社,1999.
[16] 江祖铭,王崇礼.墩台与基础[M].北京:人民交通出版社,1997.
[17] 裘伯永.桥梁工程[M].北京:中国铁道出版社,2001.
[18] 葛俊毅.桥梁工程[M].北京:中国铁道出版社,2007.
[19] 李家林,刘孟良.桥涵设计[M].北京:人民交通出版社,2007.
[20] 孙立功,杨江朋.桥梁工程[M].成都:西南交通大学出版社,2011.
[21] 唐继舜.铁路桥梁[M].北京:中国铁道出版社,2011.
[22] 刘龄嘉.桥梁工程[M].北京:人民交通出版社,2008.
[23] 邵旭东.桥梁工程[M].北京:人民交通出版社,2007.
[24] 周传林.桥梁上部施工技术[M].北京:人民交通出版社,2011.

[25] 卿三惠.高速铁路施工技术[M].北京:中国铁道出版社,2013.
[26] 陈明宪.斜拉桥建造技术[M].北京:人民交通出版社,2004.
[27] 刘士林,梁智涛,等.斜拉桥[M].北京:人民交通出版社,2002.
[28] 周孟波.斜拉桥手册[M].北京:人民交通出版社,2004.
[29] 徐君兰.大跨度桥梁施工控制[M].北京:人民交通出版社.2008.
[30] 向中富.桥梁施工控制技术[M].北京:人民交通出版社,2010.
[31] 张庆贺,朱合华,庄荣.地铁与轻轨[M].北京:中国铁道出版社,2009.
[32] 刁心宏.城市轨道交通概论[M].北京:人民交通出版社,2006.